L'enfant, sa « maladie » et les autres

Du même auteur

AUX MÊMES ÉDITIONS

L'enfant arriéré et sa mère
1964 ; coll. «Points», 1981

L'enfant, sa « maladie» et les autres, *1967*

Le psychiatre, son «fou» et la psychanalyse
1970 ; coll. «Points», 1979

Éducation impossible, *1973*
(avec une contribution de S. Benheïm,
R. Lefort et d'un groupe d'étudiants)

Un lieu pour vivre
1976 ; coll. «Points», 1984

La théorie comme fiction, *1979*

D'un impossible à l'autre, *1982*

Le symptôme et le savoir, *1983*

CHEZ D'AUTRES ÉDITEURS

Un savoir qui ne sait pas
coll. «l'Espace analytique»
Denoël, 1985

Maud Mannoni et l'équipe des soignants
Bonneuil, seize ans après
coll. «l'Espace analytique»
Denoël, 1986

Ce qui manque à la vérité pour être dite
Denoël, 1988

Maud Mannoni

L'enfant, sa « maladie » et les autres

Le symptôme et la parole

Éditions du Seuil

ISBN 2-02-000632-4
(ISBN 2-02-002754-2 1re publication)

Pour Bruno

La majeure partie du contenu de ce livre a fait l'objet de conférences prononcées dans diverses Universités : Strasbourg, Louvain, Bruxelles, Rome, sous les auspices des Professeurs Israël, Schotte, Vergote, de Waelhens, Sivadon, Bollea.

Je dois mes remerciements à P. Aulagnier, M.-C. Boons, J. Barmont, F. Dolto, M. Drazien, E. Gasquères, L. Irigaray, Ch. Melman, L. Mélèse, G. Michaud, D. Lambert, J. Oury, M. Safouan, J.-P. Sichel, C. Simatos, A.-L. Stern, R. Tostain, P. Rufenacht pour leur collaboration à un travail d'équipe sur les questions posées par un externat médico-pédagogique.

Je dois mon orientation théorique à la pensée de Jacques Lacan. Mon mari et Colette Audry m'ont aidée de leur écoute critique.

Thiais, 1er juin 1963. — Paris, 19 janvier 1967.

Avant-propos

La psychanalyse d'enfants depuis Freud

La psychanalyse d'enfants, c'est la psychanalyse. Telle est la conviction de Freud lorsqu'il s'occupe en 1909 [1] de la cure d'un enfant de 5 ans atteint de névrose phobique. L'adaptation de la technique, à la situation particulière que représente pour l'adulte l'approche d'un enfant, laisse entier le champ sur lequel l'analyste opère : ce champ est celui du langage (même si l'enfant ne parle pas encore). Le discours qui se tient englobe les parents, l'enfant, l'analyste : c'est un discours collectif constitué autour du symptôme présenté par l'enfant. Le malaise *dont on parle* est objectivable (dans la personne de l'enfant); mais la plainte parentale, si elle a pour objet l'enfant réel, implique aussi la représentation que l'adulte se donne de l'enfance. La société confère à l'enfant un statut puisqu'elle le charge, à son insu, de réaliser l'avenir de l'adulte : l'enfant a pour mission de réparer l'échec des parents, voire de faire aboutir leurs rêves perdus. Les plaintes des parents au sujet de leur descendance nous renvoient ainsi d'abord à la problématique propre de l'adulte. Ces caractéristiques se retrouvent lorsque, en analyse, l'adulte nous parle de son passé. Ce qu'il nous expose, ce n'est pas tant une réalité vécue qu'un rêve déçu.

Dans la psychanalyse telle qu'elle s'est constituée au départ, l'enfance ne figurait (dans ce qu'en rapportaient les adultes) qu'à titre de souvenirs refoulés. Il ne s'agissait pas tant d'un passé réel que de la manière dont le sujet le situe en une certaine perspective : en reconstruisant son enfance, le sujet réordonne un passé selon son désir. Ainsi du petit enfant qui, dans son jeu, réordonne son

1. S. Freud, *L'Analyse d'une phobie chez un garçon de 5 ans*, in *Cinq Psychanalyses*, P.U.F.

monde présent ou passé selon son vœu. Son dire surgit alors pour toucher un adulte imaginaire ou réel (voire un compagnon imaginaire). Le discours qui se tient en psychanalyse, aussi bien chez l'enfant que chez l'adulte, nous renvoie donc non tant à une réalité qu'à un monde de désirs et de rêveries.

Cette vérité a été perdue de vue, dès 1918, par la première analyste qui s'est occupée d'enfants[1] et l'analyse dès ses débuts s'est ainsi développée dans deux directions opposées : dans l'une, les découvertes de Freud sont maintenues intégralement (notamment l'Œdipe et le transfert); dans l'autre, on s'en écarte pour modifier une *réalité :* l'enfant devient le support des bonnes intentions que les adultes nourrissent à son égard.

C'est que le psychanalyste confronté à l'enfant participe à la cure avec ses préjugés propres (son contre-transfert). Il arrivait déjà avant Freud que le médecin ne veuille pas entendre ce que l'enfant, non seulement lui signifiait à travers son symptôme, mais tentait même de mettre en paroles. Freud nous donne l'exemple de la thèse de médecine soutenue en 1881 par Debacker [2], qui écartait de ses conclusions toutes les données cliniques enregistrées à l'observation. A leur place apparaissaient des théories médicales sans aucun lien avec le discours tenu par le malade. Cette attitude

1. Hug Hellmuth.

2. Cité par Freud, *La Science des rêves* (Club français du livre), chap. VIII, p. 318. Freud cite la thèse de médecine soutenue en 1881 par Debacker : il y est question d'un garçon de 13 ans qui a, depuis l'âge de 11 ans, des nuits agitées, des terreurs nocturnes, des hallucinations. Le diable lui apparaît en rêve, seul ou avec d'autres, et lui crie : « Nous t'avons, nous t'avons. » A cet instant, l'enfant sent une odeur de bitume et de soufre, le feu brûle son corps mis à nu. Il se met à crier : « Non, ce n'est pas moi, ce n'est pas moi, je n'ai rien fait »; ou encore : « Laissez-moi, laissez-moi, je ne le ferai plus. » Il refuse de se déshabiller de crainte de se faire dévorer par le feu. Les adultes envoient l'enfant à la campagne pendant un an et demi. Albert en revient apaisé, mais garde le souvenir des terreurs passées. Devenu pubère, il donne de sa maladie l'explication suivante : « Je n'osais pas l'avouer, mais j'éprouvais continuellement des picotements et des surexcitations aux parties; à la fin cela m'énervait tant que plusieurs fois j'ai pensé à me jeter par la fenêtre du dortoir. » Freud souligne le lien des différents symptômes avec le désir réprimé de masturbation : « La crainte du châtiment, voire la lutte contre un désir ressenti comme coupable se serait, nous dit-il, transformé en angoisse. » Or Debacker avait simplement diagnostiqué un trouble cérébral.

(que l'on pourrait, sous d'autres formes, retrouver de nos jours) a amené Freud à dénoncer le danger d'une « fausse science » contraire à toute recherche véritable. Dans sa thèse, Debacker posait un diagnostic, celui d'anémie cérébrale (elle aurait été la cause des hallucinations démonomaniaques de l'enfant) : ce diagnostic n'avait pas grand rapport avec l'histoire clinique du malade (état phobique et terreurs nocturnes chez un garçon de 13 ans). Dans son rapport, l'auteur n'avait pas tenu compte des paroles du sujet, pourtant présentes dans son observation. Un non-initié se serait, nous dit Freud, mieux tiré d'affaire : il aurait retenu les paroles de l'enfant en proie à une intense angoisse persécutive. La clé du désordre somatique, Albert la donna le jour où il fut guéri et cette guérison survint au moment où l'enfant put verbaliser le sens de sa maladie, c'est-à-dire désigner en paroles ce que le symptôme avait pour mission de voiler. C'est par le détour des accusations hallucinatoires que l'enfant fit émerger la « parole première », à savoir l'aveu (chargé de culpabilité) des activités masturbatoires. Les paroles hallucinées ou accusatrices du délire sont généralement des paroles entendues, mais oubliées, qui laissent leur trace au niveau du symptôme. Dans une analyse, on arrive à cerner la marque des paroles (dites ou non dites) sur le somatique[1]. Ici, c'est l'enfant qui fut son propre médecin.

Comme clinicien, Freud est d'abord à l'écoute de ce qui parle dans le symptôme : cette voie seule ouvre sur la possibilité d'une attitude analytique devant une névrose et en particulier, une névrose infantile. A partir de ce point, les recherches de Freud vont d'abord suivre deux directions différentes : d'une part, il approfondit le sens du symptôme qu'il conçoit comme une parole[2]; mais, d'autre part, une croyance (non scientifique) à l'origine physiologique des

1. Les linguistes opposent la *parole* au *langage* ou à la *langue,* comme dans l'expression « prendre la parole ». Ici, le mot est pris dans le sens où il s'agit de la parole dite ou non dite, qui a marqué, ou dont l'absence a marqué, le sujet entendant. Cette marque se retrouve dans le symptôme, qu'il soit psychologique ou somatique.

2. Il suppose que c'est en fonction de lois précises qu'apparaissent dans le discours du sujet les effets des mécanismes de déplacement et de condensation. C'est ce déchiffrage du discours inconscient qui sera utilisé dans la *Science des rêves* et dans l'analyse de *l'Homme aux rats.* Nous sommes ainsi introduits à la lecture du symptôme (obsessionnel ou hystérique) que le sujet nous livre.

troubles psychiques lui fait porter son attention sur l'importance qu'il faut accorder au traumatisme dans la genèse des névroses (1896). Cependant, l'analyse des hystériques lui fait bientôt découvrir que l'enfance dont elles parlent n'est pas toujours l'enfance réelle, que les traumatismes auxquels elles font allusion peuvent très bien se révéler fictifs. Il découvre alors qu'une parole, même mensongère, constitue en tant que telle la vérité du sujet : son dire doit être intégré au discours de l'inconscient. Les souvenirs d'enfance et les « traumatismes » prennent un sens quand on les situe par rapport au *désir* du sujet.

Ces découvertes ne nous renvoient ainsi ni à une enfance réelle, ni à l'histoire du développement de l'individu, mais bien au langage de l'inconscient. Les notions freudiennes ont été cependant parfois tirées vers la recherche d'un parallélisme psycho-physique : on pensait ainsi pouvoir mieux rendre compte du processus de « maturation » de l'enfant. Des analystes (Hug Hellmuth, l'École viennoise, l'École zurichoise) ont cru voir dans la théorie des stades de Freud et d'Abraham les bases médicales d'une pédagogie, voire d'une psychanalyse conçue essentiellement comme éducative (Anna Freud). L'enfant, disent les pédagogues, relèverait de mesures de conditionnement ou de dressage (ses possibilités d'adaptation au réel sont étudiées dans une ligne qui va de Pfister à Piaget en passant par Pavlov). Mais si dans son œuvre Abraham fait une place importante à la description de stades (oral, anal, génital), c'est qu'il les conçoit surtout comme des positions occupées successivement par le sujet face au désir (dans une relation fantasmatique à un objet). C'est dans ce sens, et à la suite d'Abraham, que les recherches de Mélanie Klein se poursuivront. Elle décrira des *situations* d'angoisse survenant à telle ou telle étape de l'histoire du sujet, d'un sujet *marqué* par l'effet produit en lui par certains événements biographiques, surtout des paroles, paroles qu'il cherche à oublier, à annuler, ou à réaliser selon qu'elles renvoient à la puissance d'un certain mythe familial.

Freud [1] demandait à l'analyse d'enfants une confirmation de ses hypothèses théoriques. Il appréciait en elle la richesse d'*observations*

1. S. Freud, *The psychoanalytical movement*, p. 375. Freud insiste, dès 1914, sur le fait que toute analyse, et spécialement toute analyse d'enfants correc-

et c'est en cela que les travaux de Hug Hellmuth, qui venaient étayer ses propres découvertes sur la sexualité infantile, retenaient son attention. Quelques années plus tard, les observations d'Anna Freud et de Mrs. Burlingham à la Hampstead War Nursery apporteront, en confirmant les effets irréversibles de certaines conditions de vie, une précieuse contribution aux hypothèses *théoriques* de Freud. Néanmoins, la possibilité de *traitement* des cas graves demeurera longtemps incertaine : les psychanalystes admettaient à titre scientifique des faits d'expérience et d'observation qui confirmaient les conceptions de Freud; mais ils manifestaient une certaine « résistance » à utiliser leurs découvertes en les appliquant à la conduite d'une cure; c'est ainsi que Hug Hellmuth pratiquait l'analyse sans y faire entrer le refoulé, c'est-à-dire sans toucher au problème œdipien. Pourtant Freud lui-même avait montré, dès 1909, quel parti il fallait tirer de ses découvertes dans la *cure* d'un enfant.

Il avait à cette époque en traitement le père d'un petit garçon de 5 ans, Hans, qui lui-même souffrait d'angoisse phobique. Freud accepta de le voir à différentes reprises, tout en confiant au père un rôle d'observateur et d'intermédiaire : le père avait pour mission d'enregistrer les faits et dires quotidiens de son fils, et Freud se chargeait de lui en révéler le sens pour qu'il le transmette à Hans. L'enfant situe très vite le « Professeur Freud » à une place de Père symbolique, et c'est dans la parole venue de ce lieu qu'il cherche à accéder à la vérité de son désir. Hans, assez conscient du drame œdipien qu'il est en train de vivre, est embarrassé par l'idée que l'adulte ne veut pas qu'il sache ce qu'en fait il sait (les mystères de la procréation, etc.). Freud, en situant la jalousie œdipienne de Hans dans une histoire [1], introduit un mythe qui sera repris par Hans sous des formes diverses jusqu'à sa guérison. Hans sent qu'il tient là un fil directeur; c'est alors, autour de certains termes [2] et à travers des fantaisies de castration, qu'il réorganise son histoire œdipienne. Et c'est là que la guérison survient. Freud

---

tement conduite, doit permettre de dégager l'exactitude des bases théoriques sur laquelle l'analyse est fondée.

1. « Bien avant que tu fusses né... je savais », etc.
2. Autour de signifiants : le nom du Père, le phallus, etc.

fait ainsi la démonstration de l'efficacité que l'on obtient en amenant, dans la cure, les tendances inconscientes à la conscience.

La psychanalyse d'enfants se révèle dès lors une entreprise réalisable. L'analyse de Hans, en montrant que l'interprétation est possible avec un enfant, se constitue comme le premier modèle du genre. En tant qu'analyste du père de Hans, Freud ne pouvait à l'époque empêcher que le traitement de l'enfant n'ait comme effet d'accentuer la désunion du couple — la problématique parentale, dans ses effets fantasmatiques, ne fut guère étudiée. Le père de Hans était, *avec son enfant,* lié à Freud sur un plan imaginaire. Chacun rivalise dans ce qu'il peut apporter « au Professeur Freud ». L'intérêt de Hans se déplace des femmes de sa maison à celles de la maison de Freud. La mère, sans en prendre conscience, se sent alors exclue et intervient sans cesse par une parole qui *défait* le travail effectué par Freud. Comme Hans ne peut compter sur sa mère, c'est désormais une bonne, à qui il peut parler du sexe sans la choquer, qui va jouer pour lui le rôle de substitut féminin. Aux prises avec des difficultés qu'elle doit surmonter sans aide, la mère de Hans se replie sur sa petite fille et prend une femme pour confidente : dans son univers il n'y a désormais plus de place pour la parole d'un homme; on sait d'ailleurs qu'elle quitte un jour le foyer pour vivre seule, sans homme. Sans doute le divorce eût-il été évité si Freud avait été plus attentif aux plaintes maternelles : cette mère, à qui l'analyse avait « ravi » son mari puis son enfant, n'a trouvé qu'une amie (ignorante des questions analytiques) comme confidente. Les deux parents se sont trouvés chacun de son côté en situation homosexuelle régressive : c'était leur façon de participer aux questions amenées par Hans. Dans le discours qui se tient de Freud à Hans, il y a un carrefour vers lequel convergent les fantasmes de tous les adultes (les parents de Hans, et Freud), dans lequel Hans est le représentant du désir de l'adulte [1]; ce n'est que par la suite, en forgeant son propre outil de guérison, ses mythes, qu'il gagne son indépendance. La mère, malheureusement, a répondu dans le réel, par un « abandon », à l'indépendance de Hans. Si à cette époque Freud ne pouvait deviner toute la

1. Du désir du père de Hans pour Freud, et de l'intérêt théorique que son « cas » représente pour les recherches de Freud.

complexité de la situation dans laquelle son patient l'avait entraîné, il est néanmoins remarquable qu'il nous en donne la description impeccable. En devenant l'analyste du père et du fils sans que soit entendue la parole maternelle, Freud s'est introduit comme tiers dans le couple parental, satisfaisant (plus qu'il ne l'aurait désiré) les fantasmes de son patient. Il ne s'est pas trouvé en mesure de pouvoir aider la mère à supporter une situation dont elle ne saisissait pas le sens et dont les effets se traduisirent par une hostilité de plus en plus marquée à l'égard des hommes.

Les analystes mirent du temps à comprendre où se situait l'importance de l'apport freudien en psychanalyse d'enfants. Il leur semblait que l'enfant échappait à une véritable investigation analytique puisque, chez les adultes, celle-ci avait pour objet la recherche des souvenirs d'enfance, du moins le croyait-on ; c'est donc à la réalité de l'enfant qu'ils s'attachèrent à travers des perspectives médico-pédagogiques diverses, notamment sous l'impulsion de Pfister. Or, dans l'analyse du petit Hans, Freud dégageait clairement la place occupée par l'enfant dans le fantasme maternel [1]. En relisant ce texte, nous avons été saisie par la façon dont les questions de Hans produisirent un effet dans l'inconscient des adultes. L'enfant est le support de ce que les parents ne peuvent affronter, le problème sexuel. Il dévoile ce que l'on souhaite tenir caché et met ainsi le couple parental dans l'embarras (la bonne qui a apparemment une vie sexuelle satisfaisante est beaucoup moins gênée). Ce qui est remarquable dans l'analyse de Hans, c'est de voir à quel point, par sa seule présence, l'enfant met en jeu non tant la relation des parents à sa personne, que le rapport de chaque parent à sa problématique personnelle — et ceci au point que le couple se trouve finalement en panne avec sa propre sexualité. Mais la *situation* à laquelle l'analyste est ainsi confronté reste étrangère à toute relation interpersonnelle, car il s'agit en fin de compte du rapport du sujet au désir. Rapport rendu particulièrement compliqué dans le cas de Hans dans la mesure où il lui faut traverser le champ du désir parental pour avoir accès à la vérité de son propre désir et où la

1. La mère en rejetant, dans le réel, son fils (et ensuite tous les hommes), signait son impossibilité à renoncer à l'objet imaginaire que constituait pour elle son enfant en tant que substitut phallique.

mère lui ferme cet accès en lui opposant son vœu [1] inconscient : qu'il soit phallique pour demeurer éternellement captif de son regard admiratif à elle. Elle lui refuse une sexualité d'homme et le lui fait savoir très clairement en *paroles,* en lui donnant à entendre qu'elle ne désire aucun homme. C'est donc à partir de la parole maternelle que Hans se trouve en panne avec ce qu'il doit lui-même articuler pour franchir l'étape œdipienne. Le génie de Freud est d'avoir su dégager qu'il ne s'agissait pas tant de la confrontation de Hans au réel, que de son affrontement à un ordre de difficultés non résolues chez les deux parents. Le discours de Hans fait ainsi partie d'un discours collectif, chacun participe à une peur imaginaire dans un monde fantasmatique. L'apparition de la maladie de Hans peut être considérée comme le surgissement de ce qui est en défaut chez les parents. On ne pouvait donc soigner Hans sans ébranler tout un édifice. C'est cette notion qui sera développée plus tard par des analystes de l'École kleinienne (notamment A.-A. Pichon Rivière).

Dès sa première analyse d'enfants, Mélanie Klein a l'attention attirée par la façon dont le sujet situe sa propre personne et sa famille dans un monde de fantasmes. Elle nous montre comment l'enfant transforme la réalité de ce qu'il vit en fonction de ses peurs, de sa culpabilité, de ses défenses, ou encore des sentiments agressifs qui l'animent. Certains analystes, dont A. Freud, avaient étudié les difficultés présentées par l'enfant en les analysant dans une relation interpersonnelle marquée par l'opposition, l'hostilité ou la crainte. Mélanie Klein approfondit les notions d'instances psychiques développées par Freud et porte l'accent sur ce qui se joue dans le registre inconscient. Ce qui la frappe, ce sont les effets précoces produits par la sévérité du sur-moi chez l'en-

1. *Vœu (Wunsch, Wish).* Freud distingue dans la *Traumdeutung* le *désir* de la *tendance :* le désir s'oppose au besoin et révèle ce qu'il y a de trompeur dans l'envie. Il montre que le *vœu* ou souhait exprimé dans un rêve peut renvoyer à un *désir* qui s'articule en un discours trompeur, farceur, mystifiant. Il prend comme exemple le rêve d'une hystérique révélant une envie de caviar, et nous fait voir que ce vœu de caviar renvoie le rêveur, par un jeu de déplacements, au désir d'avoir un désir insatisfait. Lacan relie le désir à la marque du langage, il en fait la spécificité de l'inconscient freudien (*Écrits,* p. 620).

fant. Freud avait déjà montré le rôle joué par le sur-moi dans la répression des pulsions incestueuses et parricides de l'Œdipe. Il y voyait l'origine de la peur inconsidérée de certains enfants pour le parent du même sexe, peur qui se change en menace interne pour se projeter ensuite sur un monde extérieur ressenti dès lors comme dangereux. A partir de ces notions qu'on avait perdues de vue dans l'analyse des enfants, Mélanie Klein a trouvé, pour aborder les cas psychotiques, des repères nouveaux [1] aujourd'hui bien connus.

Les idées qu'elle développe sont celles de son maître Abraham [2] et celles de Freud qui reprit en 1917, dans *Deuil et Mélancolie,* les découvertes d'Abraham. Mélanie Klein ne s'occupe pas du comportement du point de vue réel, elle rompt avec les critères d'adaptation et d'éducabilité qui servaient de guide à Anna Freud. Elle introduit sa question en étudiant le lien fantasmatique mère-enfant dans une situation duelle et met en lumière l'acuité de la tension destructrice qui accompagne la pulsion d'amour. Cette notion avait déjà été introduite par Abraham et Freud; ils avaient dégagé l'importance du *jeu d'opposition* dans la notion de relation d'objet, c'est-à-dire l'équivalence paradoxale de termes apparemment contraires : bon-mauvais, donner-recevoir, conserver-détruire.

Ce sont ces idées-là que Mélanie Klein reprendra dans son étude sur le sentiment de culpabilité chez l'enfant [3]. Elle insiste

1. Mélanie Klein décrit comment c'est à la pointe du complexe d'Œdipe que l'enfant projette son agression sur le parent qui, dans son fantasme, devient un ogre introjecté et comme tel forme son sur-moi. Elle distingue deux étapes importantes dans la vie de l'enfant : la position *paranoïde schizoïde,* qu'elle situe dans les premiers mois de la vie et qui se caractérise par une anxiété persécutive, et la position *dépressive* dont le point culminant se situerait au milieu de la première année. L'anxiété dépressive normale semblerait être le résultat d'une sorte de synthèse du sujet, cherchant à sortir d'une situation d'alternative sans issue (traduit dans le langage kleinien sous forme de bons et mauvais objets). Les réactions pathologiques s'expriment sous la forme de défenses maniaques, à moins que le sujet ne retourne à une position persécutive plus précoce. Ces repères vont servir de guide à Mélanie Klein dans la conduite de ses cures, particulièrement avec les psychotiques.

2. Cf. G. Rosolato et D. Widlocher, *Karl Abraham,* in *la Psychanalyse,* nº 4.

3. D. W. Winnicott, *Psychoanalysis and the sense of guilt,* in *Maturational Processes and the facilitating environment,* Hogarth Press, 1955.

sur la notion d'ambivalence, c'est-à-dire sur la présence de l'intention agressive dans toute pulsion d'amour. C'est cette situation inconsciente, méconnue par l'enfant, qui le pousse, dans certains états de crise, à tenter de réparer un dommage imaginaire qu'il croit avoir infligé à sa mère. Ces notions permettent de comprendre ce qui se passe dans certains états psychotiques où le sujet se débat avec des idées de persécution, c'est-à-dire avec des intentions meurtrières ou suicidaires qui le conduisent à se défendre d'une façon compulsionnelle contre *sa propre projection agressive* (c'est-à-dire contre un danger inexistant dans le réel). Pour Mélanie Klein, l'enfant partage ainsi le monde en « bons » et « mauvais » objets. Il leur fait jouer alternativement un rôle de protection ou d'agression contre un danger qu'il situe tantôt en lui-même, tantôt hors de lui-même.

Lacan [1] a cherché à préciser la portée des idées kleiniennes : la dialectique des bons et mauvais objets se traduit pour lui dans le langage du *désir,* il la relie au double discours inconscient dont parle Freud (où le « qu'il est beau » du discours maternel manifeste, se superpose au « qu'il meure » du discours refoulé). Le mauvais objet kleinien se situerait ainsi pour lui, à une certaine place dans l'imaginaire, entre les deux chaînes du discours manifeste et refoulé. C'est bien dans le champ de la parole que toute l'œuvre kleinienne gagnerait ainsi à être reprise; elle ne fut que trop souvent tirée du côté d'une prétendue réalité de l'expérience vécue. Mélanie Klein a été continuellement gênée dans son écriture par le poids de l'influence behaviouriste. C'est à travers ses maladresses d'exposition que l'on retrouve la trame de ce qui la guidait sur le plan clinique — à savoir les effets, auprès de l'enfant, du jeu du signifiant.

Laing part d'une attitude inaugurée par Binswanger [2]. Ce dernier avait mis en lumière le drame existentiel du malade en montrant que le symptôme s'adresse à un autre, se développe avec et pour

1. J. Lacan, séminaire du 28 janvier 1959 (inédit), et du 17 juin 1959 (inédit).

2. C'est avant 1920 que Binswanger introduisit le premier la psychanalyse en clinique psychiatrique. Il chercha à repenser la structure hospitalière traditionnelle et à créer pour le malade mental un milieu de vie qui se rapproche de la normale.

un autre. Laing, lui, voit la position de l'enfant non tant dans une relation interpersonnelle que dans un fantasme, celui de la mère. Il cherche, à partir de cas cliniques, à préciser le concept d'identité chez le sujet [1], comme on peut voir dans l'exemple suivant :

Il s'agit d'un garçon de 4 ans, prénommé *Brian,* qui est conduit par sa mère auprès d'un couple, en vue d'une adoption. La mère embrasse son enfant, pleure et se sauve sans un mot. Brian ne la reverra plus. L'enfant est en désarroi, il ne veut pas de ce couple de nouveaux parents. Eux cherchent à s'imposer en lui disant : « Tu es notre fils. » L'enfant ne l'admet pas; il devient caractériel et, peu à peu, franchement inadapté.

Brian ne sait plus *qui il est,* nous explique Laing. Sa première identité était d'être le fils de sa mère. Cette mère une fois partie, il attend son retour pour savoir à nouveau qui il est. Pendant son absence, il est celui qui attend, il ne peut être autre chose. Si Brian ne sait plus qui il est, il sait désormais *ce qu'il est :* il est mauvais (puisque sa mère s'est débarrassée de lui) et Laing, dans une assez longue analyse, nous montre que c'est sur cette conviction que l'enfant traumatisé par l'abandon va construire sa vie : « Maintenant que je suis reconnu comme mauvais, il n'y a plus qu'à être mauvais », dira Brian plus tard.

Si Laing a entrevu l'importance du rôle joué par l'enfant dans le fantasme maternel, il n'a cependant pas tiré tout le parti qu'il aurait pu de cette recherche; et son étude sur l'identité devrait, pour ces raisons, pouvoir être poussée plus loin.

Entre le *qui suis-je* et le *ce que je suis* formulé par Brian, s'est introduite une coupure que l'auteur n'a peut-être pas suffisamment mise en valeur. Dans le passé qui liait Brian à sa mère, il y avait les paroles maternelles, celles qui le définissaient comme son fils. En perdant sa mère, Brian gardait en lui ces références passées qui le situaient dans une certaine lignée. Le traumatisme est bien cette façon dont l'enfant se trouve projeté dans une autre lignée, sans aucune parole d'explication. C'est là que se noue le drame. Il faut dès lors que l'enfant se construise à partir d'une parole forclose. « Tu es notre fils », lui disent les parents adoptifs — mais

1. Laing, *The self and the others,* Tavistock, 1961.

la mère a rendu ce passage impossible, puisqu'elle ne lui a pas signifié en parole qu'il n'était plus son enfant. Brian va dès lors s'affirmer comme mauvais (conformément à ce que disent de lui les nouveaux parents). Autrement dit, en faisant *dans le réel* table rase du passé, les adultes ont oublié que *le discours du passé* demeurait inscrit dans l'inconscient de l'enfant et continuait à produire ses effets au niveau du symptôme. La situation traumatisante ne peut être comprise que par référence au double discours de la mère (les paroles maternelles, avant l'abandon, devaient déjà renvoyer en l'un de leurs niveaux l'enfant à une forme de malédiction ou de haine).

Dans une autre étude, Laing nous livre différents discours maternels dans lesquels on peut lire de quelle façon se trouve introduite chez l'enfant une situation schizophrénisante. Ces travaux ont le mérite de remettre en question tout ce qui jusque-là avait été développé en termes d'environnement. Il est assez saisissant de lire ces enfances de schizophrènes évoluant dès leur plus jeune âge sous un feu croisé de commandements contradictoires. Toute demande de la mère se doublant d'un désir contraire, le seul choix laissé à l'enfant est celui d'une soumission au vœu maternel : qu'il ne naisse pas au désir.

Ces recherches rejoignent une ligne analytique vers laquelle convergent les efforts de différents théoriciens pour revenir à la source de l'inspiration freudienne, qui n'est rien d'autre qu'un retour à l'étude du discours inconscient. La psychanalyse d'enfants s'est régulièrement laissé prendre au piège d'une idéologie pédagogique, sociale ou morale. Nous avons vu comment, dès le départ, deux mouvements d'idées ont coexisté : si l'enfant est parfois étudié comme un objet réel, il est aussi saisi au lieu où il apparaît dans le discours de l'adulte, et l'enfance surgit alors dans le monde du fantasme. On retrouve ce problème chaque fois qu'on s'occupe d'enfants : l'analyste est alors confronté à sa propre représentation de l'enfance et le poids de ses motivations inconscientes pèsera dans l'orientation donnée à la cure; l'enfant et sa famille interpellent l'analyste dans ce qu'il y a en lui de plus ancien comme peurs, défenses et angoisse — il est sans cesse entraîné sur un terrain où s'opère la confrontation de chacun au problème du désir, de la mort et de la Loi.

Lorsque Freud [1] nous parle de la place qu'occupent les parents dans l'enfance du sujet, il souligne bien qu'il s'agit moins de leurs qualités réelles que de ce qui les a, eux aussi, marqués dans leur enfance. Erikson [2] attribue cette dépendance du sujet à la « marque » [3], au rôle inconscient joué par les différentes formes d'idéaux du moi, c'est-à-dire aux slogans qui ont prévalu à une période de la vie familiale. Ainsi se confirme l'idée que les conflits se nouent autour de paroles véhiculées; celles-ci cachent la peur du patient que ne soit découverte la fragilité de son identité idéale. La compréhension des résistances issues du conflit du moi idéal permettrait la mise à jour d'un noyau plus ancien, constitué par une « peur de perdre des identités gagnées durement ». C'est là que se situe certainement l'apport le plus original d'Erikson. Il situe l'identité dans un contexte historique. Contrairement à Laing, Erikson pense que l'enfant développe très tôt une identité séparée de celle du couple parental et, dit-il, il y renonce parfois par angoisse, y substituant des identifications aveugles. La carence parentale peut être acceptée par l'enfant si on arrive à faire jouer dans la cure un au-delà de l'image parentale réelle (c'est ce que Lacan introduit sous le terme de « dimension symbolique »). Les recherches d'Erikson rejoignent ainsi les travaux de l'école kleinienne : soucieux de montrer qu'il est possible d'introduire avec les enfants un style d'analyse qui se rapproche de l'analyse d'adultes, il insiste sur la place qu'il faut accorder au *non-dit* dans la constitution du symptôme, revenant ainsi en suivant l'exemple de Freud, à l'étude du discours symptomatique.

On a vu plus haut que dès l'époque de Freud un mouvement s'était dessiné pour sauver l'analyse de l'impasse organiciste et pédagogique dans laquelle elle risquait de se perdre. Ces positions théoriques successives ont influencé l'abord clinique des cas. Des différences dans les niveaux d'interprétation se sont fait jour : la technique met en particulier l'accent ou sur l'expression *ludique* ou sur la parole. Mais cette opposition doit elle-même être dépas-

1. S. Freud, *An Outline of psychoanalysis*, in *International Journal of Psychoanalysis*, XXI.
2. Erik H. Erikson, *Childhood and Society*, W. W. Norton, New York, 1963.
3. Lacan aborde ce problème comme le rapport du sujet au signifiant.

sée : car le jeu, dans une analyse, doit être compris non au niveau d'une expérience vécue (avec effets cathartiques, comme pour le psychodrame) mais comme un des éléments ou accidents du discours qui se tient. C'est dans cette perspective que se situaient déjà les observations de Freud sur ce point.

C'est en 1908 [1] que Freud a été amené pour la première fois à parler du *jeu* chez l'enfant; il le compare à la création poétique. L'enfant, nous dit-il, crée par le jeu un monde à lui ou, plus exactement, réordonne à son idée les choses de ce monde. En 1920 [2] l'attention de Freud est attirée par le problème posé dans les névroses par le principe de répétition. Il lui semble que les activités ludiques sont soumises au même principe. L'enfant chercherait ainsi à maîtriser par le jeu des expériences désagréables, c'est-à-dire à reproduire une situation qui a été originellement éprouvante. Dans la répétition, le sujet donne son accord, *il refait ce qui lui a été fait*. Freud nous apporte une observation qui va s'avérer capitale : il décrit la situation d'un enfant de 18 mois occupé à jouer au *fort-da*. A certains moments de la journée, nous dit Freud, cet enfant, pas du tout précoce mais bien adapté, jetait dans un coin de la pièce ou sous le lit tous les petits objets qui lui tombaient sous la main. La mine ravie, il émettait un long son « ooooh » qui, d'après sa mère, signifiait « va-t'en » *(fort)*. *L'enfant jouait au va-t'en.*

Quelques jours après, Freud observe le même petit garçon jouant avec une bobine reliée à une ficelle. Son jeu consistait à jeter la bobine en accompagnant le geste d'un « ooooh » et à la ramener vers lui, saluant le retour d'un joyeux « *da* » (ici). Il s'agissait là, nous dit Freud, d'un jeu complet, centré autour de la présence et de l'absence, ce qui se confirma un autre jour où l'enfant salua le retour de sa mère par « Baby ooooh ». Freud saisit enfin tout le sens de cette expérience au moment où il put observer ceci : l'enfant, durant de longues heures solitaires, avait inventé un autre jeu : il avait découvert son image dans le miroir et jouait à *se faire disparaître*.

1. S. Freud, *The poet and daydreaming, collected papers,* vol. IV, p. 174.
2. S. Freud, *Au-delà du principe de plaisir,* in *Essais de psychanalyse,* Payot.

Après avoir ainsi d'abord joué à faire disparaître sa mère, l'enfant, dans un deuxième temps, joue à se perdre. Il y a là, sur le plan de ce qui est en jeu dans l'identité, deux mouvements : d'une part, l'enfant lié à la mère semble attendre son retour pour pouvoir à nouveau vivre indépendamment d'elle; mais, d'un autre côté, tout nous indique dès le début que l'enfant est en possession d'une autonomie suffisante pour ne pas se sentir désorienté par le départ de sa mère — et ce qu'il fait surgir, c'est une *Parole,* probablement celle de la mère lui annonçant son départ : le jeu est ponctué d'un « va-t'en » *(fort)* et d'un « je suis là » *(da)*. C'est probablement par rapport aux paroles de la mère que l'enfant cherche à se situer. La mère réelle disparue, il met à l'épreuve le caractère magique de la parole (la mère a disparu, mais la parole demeure). Il peut ensuite jouer à se faire disparaître, puisqu'il est sûr du retour de sa mère. La première connaissance que tout enfant a de sa mère, c'est qu'elle apparaît à son appel pour disparaître ensuite. C'est toujours sur le fond de n'être-pas-là que la mère désirée par l'enfant surgit. C'est cette dimension-là que l'enfant cherche, semble-t-il, à reproduire dans son jeu. Quand il joue à disparaître à son tour, il s'agit de lui en tant qu'image réelle; une parole cependant subsiste. Ce qui apparaît dans le jeu du « fort-da », c'est donc le surgissement de la dimension symbolique dans la relation mère-enfant. C'est parce que cette dimension symbolique existe qu'une maîtrise peut être acquise, l'enfant réalisant alors sur lui-même l'abandon et le rejet dans une perspective de toute puissance infantile : il est celui qui est abandonné et qui rejette, gardant en lui une image suffisamment sécurisante de la mère pour qu'il puisse, dans le réel, ne pas mourir de son départ.

Ainsi, de 1908 à 1920, Freud traite le jeu comme une création poétique, puis découvre le rôle tenu par le principe de répétition comme fonction de maîtrise des situations désagréables. Le jeu de l'enfant est donné comme un texte à déchiffrer (Freud indique même la place qu'y occupe le spectateur); il est entrevu comme une activité investie émotionnellement par l'enfant, et susceptible aussi d'émouvoir l'adulte si elle atteint à une certaine qualité de création esthétique. Nous trouvons réunies dans ces différentes remarques les conditions pour une observation rigoureuse de l'enfant, voire pour l'utilisation de cette observation dans une cure. L'expression ludique est donnée comme « sérieuse » parce qu'elle est scandée par une modulation ou une parole.

L'École américaine a repris les intuitions de Freud sous le nom de « *play therapy* » — mais, d'une certaine façon, le sens de l'apport freudien a été trahi. Pour Anna Freud (1928), qui ne travaille pas avec l'inconscient de l'enfant mais avec son moi, il ne peut y avoir d'expression fantasmatique en analyse. Margaret Lowenfeld (1929) rejette toute dimension analytique, son orientation est psycho-physiologique [1] : elle ne veut voir dans le jeu de l'enfant que des patterns moteurs. Un peu partout se créent aux États-Unis des lieux de *play therapy* non directive. Les enfants sont conviés à jouer, détruire, abîmer, sans que rien de ce qu'ils font ne soit positivement interprété. Ils viennent pour « abréagir des émotions ».

Après avoir cru que cette méthode allait pouvoir guérir les maux les plus tenaces, certains Américains ont rediscuté leurs positions pour avouer [2] que « la *play therapy* non directive, subjectivement pleine de promesses, rencontre de sérieuses lacunes sur le plan méthodologique ». Avec Erikson [3], on revient vers Freud : l'enfant témoigne dans le jeu de sa position psychologique en une situation de danger (ce qui correspondrait à ses mécanismes de défense), l'enfant exprime dans le jeu ses défaites, souffrances et frustrations, mais cela suppose un *langage* du jeu, langage qu'Erikson compare aux dialectes culturels, aux dialectes d'âge. C'est ce langage que l'analyste doit arriver, d'après lui, à traduire. Seulement, nous trouvons dans l'analyse si pertinente d'Erikson la présence de deux conceptions qui ne se recoupent pas toujours. Si le jeu est pour lui langage, l'accent est mis également sur la « configuration du comportement », les observations étant alors classées en « descriptions morpho-analytiques ». Erikson, tout en livrant des observations de « bon sens », cherche à mettre en lumière la démarche à suivre par le thérapeute s'il

1. Cf. les travaux de Adolf G. Woltmann in *Child Psychotherapy*, Basic Books, 1964.
2. Dell Lebo, in *Child Psychotherapy*, p. 430.
3. Adolf G. Woltmann, *Varieties of play techniques* in *Child Psychotherapy*, Basic Books, 1964.

veut arriver à comprendre le sens de la situation en jeu. Le jeu est ainsi vu comme un texte dont le déchiffrage se ferait tantôt d'après des lois (celles de la linguistique), tantôt comme un fait ethnographique, et il s'agit alors de la situation d'un enfant à un moment de son histoire, dans certaines conditions culturelles précises. Ces deux démarches pourraient d'ailleurs ne pas s'exclure, à la condition de ramener avec rigueur les deux styles d'approche à une structure du langage, ce qu'Erikson ne fait pas. Il est partagé entre des influences philosophiques diverses et on pourrait lui reprocher, sur le plan théorique, de ne pas avoir fait de choix suffisamment tranché.

On sait comment Mélanie Klein a introduit dès 1919 le jeu en analyse d'enfants, tout en respectant, dans la direction de la cure, le caractère rigoureux de l'analyse d'adultes. Elle utilise une multitude de petits jouets et attache à leur choix une certaine importance. L'interprétation qu'elle donne, disent certains, est une interprétation de *symboles*. Ce serait certainement là le côté le plus faible de la théorie kleinienne. Tirée de ce côté, l'œuvre de Mélanie Klein apparaîtrait comme une caricature de l'analyse; cependant cette façon de la comprendre trahit sa pensée.

Mais revenons à l'observation décrite par Freud en 1920. L'enfant, avons-nous dit, ponctue d'un mot ce qui pourrait être interprété comme le rejet et le retour de la mère. Ce sont ces mots *fort, da,* qui introduisent une dimension tierce : au-delà de l'absence de la mère réelle, l'enfant rencontre à travers un vocable la mère symbolique. C'est ensuite avec son corps que ce même enfant va expérimenter le jeu de sa propre perte, de son propre retour, c'est-à-dire poser, par rapport au corps de la mère et par rapport à son corps propre, les bases de son identité. Mais le champ dans lequel il se meut est un champ de paroles, ce qui s'y trouve véhiculé c'est le langage maternel. L'objet sur lequel l'enfant opère est un objet indifférencié : il jette tous les menus objets se trouvant à sa portée, ou bien les remplace par une bobine. Ces objets substitutifs ne sont pas des symboles mais des signifiants — c'est-à-dire qu'ils peuvent être en eux-mêmes quelconques (ils ne sont pas « ressemblants »), seul l'usage que l'enfant en fait éclaire son rapport à sa mère — l'expérience qu'il fait non seulement de la présence et de l'absence maternelle, mais encore de ce qui intervient comme manque dans sa relation à la mère (le phallus). Nul besoin, donc, pour l'enfant d'avoir un arsenal de jouets. *Le sens, il peut arriver à le créer avec n'importe quoi.*

Le texte qu'il nous livre est un langage; dans cette syntaxe opèrent des mécanismes de surdétermination dont il faut arriver à comprendre les effets, qui s'exercent au niveau du texte [1]. L'enfant se présente, bien sûr, avec des gestes, une motricité, une attitude pleine de significations. Mais notre attention d'analyste se fixe *sur un discours qui n'est qu'en partie verbal.*

Répétons-le : pour déchiffrer le texte, nous devons y intégrer notre résistance et ce qui, chez l'enfant, fait écran à sa parole — mais nous avons aussi à comprendre qui parle, car le sujet du discours n'est pas nécessairement l'enfant. C'est en suivant cette ligne que nous retrouvons le sens du message freudien, d'un message sans cesse perdu et sans cesse à reprendre.

1 J. Lacan, cf. *Situation de la Psychanalyse en 1956, Écrits,* p. 459.

Première partie

Nous avons entendu, quand nous
faisons partie de ce qui nous est dit.

Martin Heidegger

1
Le symptôme ou la parole

I

L'École américaine, sous l'influence du behaviourisme, a mis l'accent sur le jeu conflictuel qui oppose le sujet à son milieu. Le symptôme névrotique doit-il dès lors se comprendre comme le résultat d'un tel jeu entre le développement du sujet et son environnement ? Et cette explication nous introduit-elle au sens de ce qui, dans une analyse, est véritablement en question ?

Freud a montré l'importance des premières années de la vie chez l'être humain. L'enfant doit passer par des conflits qui lui sont nécessaires. Ce sont des conflits identificatoires, et non des conflits avec le *réel ;* et si le monde extérieur est ressenti par l'enfant tour à tour comme bienveillant ou comme hostile, nous savons bien que ce n'est pas là une situation biologique, ou animale, de « lutte pour la vie », mais une situation *imaginaire* qui doit peu à peu se *symboliser* [1]. Dans ses rapports avec ses parents, l'enfant doit apprendre à quitter une situation duelle (de fascination imaginaire) pour s'introduire à un ordre ternaire — c'est-à-dire structurer l'Œdipe, ce qui ne peut se faire que par son entrée dans l'ordre du langage.

Ainsi l'apport de Freud est d'abord de nous indiquer que, dans

1. Symbolique : Lacan distingue, comme on sait, le *symbolique,* de l'*imaginaire* et du *réel.* La relation imaginaire à l'autre se déroule dans une situation duelle, éminemment narcissique. Ce qui domine à cette étape, c'est l'agressivité et l'identification à l'image de l'autre. L'élément *symbolique* est l'élément tiers qui intervient pour rompre une relation imaginaire sans issue. Cet élément tiers, l'enfant le rencontre à sa naissance : il entre dans un monde où règne un ordre de la culture, de la loi et du langage. Il est ainsi enveloppé dans cet ordre symbolique. (Le sens de symbolique est ainsi tout à fait différent de celui de Jung.) Enfin, Lacan distingue *l'Autre,* lieu du code, de *l'autre* imaginaire.

une analyse, il ne s'agit pas d'un individu affronté au réel, ni de sa conduite, mais bien de la méconnaissance imaginaire du moi, c'est-à-dire de formes successives d'identifications, de leurres et d'aliénations qui expriment une défense à l'avènement de la vérité du sujet.

La psychanalyse d'enfants ne diffère pas dans son esprit (dans son écoute) de la psychanalyse d'adultes; mais l'adulte, même psychanalyste, est souvent gêné lorsqu'il aborde les problèmes de l'enfance par l'idée (les projections imaginaires) qu'il s'en fait. (Freud lui-même n'a pas été à l'abri d'erreurs dans ce domaine.) Toute étude sur l'enfance implique l'adulte, ses réactions et ses préjugés.

Des observations faites par Françoise Dolto [1] sur des enfants normaux de 20 mois en proie à une tension émotionnelle aiguë lors de la naissance d'un puîné, nous montrent à quel point l'adulte est partie prenante dans le conflit. Ce que l'enfant en désarroi (par perte brusque de tout repère identificatoire) *demande,* c'est le mot juste, ce « maître mot [2] » qu'il invoque en état de crise, pour qu'à travers lui une maîtrise puisse être conquise : l'enfant réclame le droit de comprendre ce qui lui arrive d'absurde dans telle de ses réactions agressives. L'adulte observe rarement, il blâme une *intention* là où l'enfant présente un comportement à déchiffrer. Faute d'avoir pu en lire le sens, l'adulte laisse alors l'enfant en panne avec un désir de connaissance (de mot) que camouflaient ses revendications ou ses révoltes. Dans les deux cas rapportés par Françoise Dolto, l'enfant, en réponse au mot juste reçu, a pu introduire à son tour, en pleine crise de bégayement, sa propre vérité (son fantasme meurtrier) et sortir, par une parole, vainqueur du conflit (on notait dans la semaine une conquête dans le domaine du langage : acquisition du temps des verbes, enrichissement du vocabulaire, etc.).

Dans le cas de *Jean,* l'auteur nous relate les réactions de l'enfant pendant les vingt et un jours qui ont suivi la naissance du petit

1. Cf. F. Dolto, *Hypothèses nouvelles concernant les réactions de jalousie à la naissance d'un puîné,* in *Psyché,* nos 7, 9, 10, 1947.
2. Prononcé par un enfant de 5 ans, rapporté par F. Dolto.

frère. Nous assistons à un désarroi qui s'exprime par de l'incontinence, de l'encoprésie, du bégayement. Nous voyons les symptômes disparaître au fur et à mesure que s'expriment l'hostilité et la jalousie. Le bégayement cède le 21e jour, après que l'enfant a placé dans le lit de la bonne une poupée en celluloïd dénommée Guicha (nom du frère); il lynche cette poupée devant la mère, la rendant ainsi complice du meurtre (symbolique) du frère venu prendre sa place. Sitôt le lynchage opéré, l'enfant montre sa tendresse à l'objet attaqué, et ensuite au bébé. Le bégayement disparaît sans qu'il soit, nous dit l'auteur, tellement aisé de comprendre le mécanisme qui a pu jouer dans ces accès d'opposition et d'agressivité. Le symptôme s'est présenté comme une expression codée et la mère a su accepter d'être marquée par le message dont il était porteur. La « parole vraie » qui s'exprimait sous le déguisement du symptôme était fantasme meurtrier, mais non intention meurtrière. L'intervention de la mère a permis à l'enfant de quitter son déguisement « symptomatique » pour introduire l'envers de cette parole « vraie »; elle était *aussi* expression d'amour.

Dans le cas de *Gricha,* nous voyons un enfant en proie à un désarroi identique à propos de la naissance de sa petite sœur. L'enfant réagit par de l'opposition, avec refus de manger, incontinence, bégayement. Au 21e jour, l'enfant se met dans le lit du bébé avec, nous dit la mère, la mimique d'un débile mental, l'air niais : « ma to tati » (moi comme Katy). Il désire avoir sa mère auprès de lui. L'auteur nous explique que c'est également par une sorte de lynchage que l'enfant va sortir victorieux de son bégayement (et de son conflit). Ce qui est mis en avant dans les deux cas, c'est le conflit identificatoire dans lequel l'enfant se débat. Toute intervention normalisante de l'adulte ne peut que figer l'enfant dans un comportement régressif qu'il a choisi pour rester dans ce qu'il croit être le désir de la mère.

Dans une observation similaire, chez un enfant rendu névrosé par un même type d'épreuve, Françoise Dolto note que c'est au niveau du langage que le malentendu s'est noué, l'adulte éducateur s'étant montré plus soucieux de corriger un comportement de jalousie que de répondre aux questions en suspens. L'enfant, blâmé dans les intentions qu'on lui prêtait, perdu dans ses possibilités de repères identificatoires, fut en proie à un désordre intérieur qu'il ressentit comme menaçant. En position persécutive, cet enfant de deux ans, *Robert,* devint dangereux pour les autres. En trois jours, par la seule vertu des mots justes que sut prononcer une mère non névrosée (avec qui F. Dolto avait eu un entretien), l'enfant sortit guéri de la crise, et conquit du coup sa maîtrise dans le domaine du langage. C'est en réponse aux paroles maternelles que l'enfant était devenu dangereux pour le bébé. L'entretien analytique ayant aidé la mère à comprendre ce qui se cachait comme tension derrière des actes agressifs, dangereux mais dépourvus *d'intention* meurtrière — lui permit d'introduire une modification dans le discours qu'elle adressait à l'enfant. Elle mit en *paroles* l'agressivité de l'aîné, sans la blâmer, comme en la reprenant à son compte. Au bout de trois jours, Robert recouvra la santé, prit la défense du frère et reprocha à sa mère sa méchanceté — la *parole* de la mère lui avait permis de se situer. Jusqu'alors, faute de comprendre la tension dont il était l'objet, l'enfant se détruisait.

L'intérêt de ces observations réside dans le fait qu'on nous montre, pris sur le vif, un enfant en situation de crise et un adulte en situation d'y répondre selon ses propres fantasmes, préjugés ou principes éducatifs. Chez l'enfant devenu caractériel, Robert, la mère, qui ne voulait rien savoir de la jalousie, n'avait pas su trouver les mots justes. Elle avait fait effectivement tout pour que l'enfant ne soit pas jaloux, mettant ainsi en place des pions disposés selon son désir; l'enfant, en introduisant son propre désir, bouleversait tout, d'autant qu'à ce jeu d'échecs il lui avait été interdit de prendre part... « Maman savait ce qui était bon pour lui ». Le mot juste n'est donc pas aisé à introduire, il renvoie la mère à son propre système de références. Si des réponses doivent lui demeurer forcloses, l'enfant aura du mal à introduire sa question autrement que par le désordre de son comportement.

C'est ce problème que je voudrais essayer de mettre en lumière à propos de la célèbre étude de Freud sur *le petit Hans* [1]. Ce qui m'intéresse, ce n'est pas l'analyse du cas, mais les fragments d'ob-

1. S. Freud, *Cinq Psychanalyses,* P.U.F., 1954. Ces réflexions que je livre sur *le petit Hans* sont directement inspirées d'un travail original présenté par F. Dolto à un groupe d'études de l'École freudienne en mai 1965.

servation du père qui mettent en relief les écrans dressés par l'adulte pour que l'enfant demeure dans un certain *non-savoir*. L'observation débute par une interrogation de Hans à l'adresse de sa mère : « Maman, as-tu *aussi* un fait pipi ? » Ce terme ambigu (puisqu'il désigne à la fois l'organe de fonctionnement urinaire et le sexe, lieu de désir du garçon et de la fille) est celui qu'a employé la mère. Elle entend bien ne pas en donner un autre qui risquerait de désigner à la fois son sexe à elle et ce qui lui manque. Or, toute l'interrogation de Hans, pendant la première partie de l'observation, porte visiblement sur ce que sa mère *a* ou *n'a pas*. L'enfant recherche le mot adéquat au prix de mille détours, prêt à dire faux pour que le *vrai* lui soit donné (ou rendu). En fait, Hans, à l'âge de 3 ans, *sait* à quoi s'en tenir sur la différence des sexes, seulement il n'ose se donner le droit à ce savoir annulé par le vœu de l'adulte. Aussi, lorsque la mère lui répond par une vérité-mensonge : « Bien entendu, pourquoi ? », l'enfant est-il sans mots pour traduire ce qu'il pense : « J'ai seulement pensé », dit-il à l'adulte qui ne l'écoute pas.

Nous voyons au cours de cette observation comment Hans (non encore névrosé) *se* mystifie chaque fois qu'il se heurte à la résistance de l'adulte. Pour garder sa propre estime (qui passe par l'Autre), il ramène sa question, ou plutôt sa réponse, au niveau où l'adulte accepte qu'elle se tienne. Il se donne à lui-même la parole mystifiante qui répond au désir de l'adulte.

Reprenons tout cela. La quête d'un mot juste a, par moments, pour Hans, un accent angoissé : elle sous-tend, au moment de la naissance de la petite sœur, toute la position de Hans face au désir des parents. Il est visiblement à la recherche de repères identificatoires [1], recherche rendue bien difficile puisque le père le renvoie aux références maternelles, lui signifiant par là que lorsqu'il s'agit du sexe, c'est à travers l'idéal maternel que la question doit être posée. Or la mère, nous le voyons, aime les petites filles tout en considérant le sexe de son fils comme « un gentil petit machin » dont on parle à l'amie de cœur. Le sexe de Hans est l'objet à voir (pour l'adulte) mais que lui-même ne peut toucher;

1. A la naissance d'un puîné, l'enfant ne sait pas s'il peut continuer à grandir ou s'il lui faut rester petit pour être conforme au désir de l'adulte.

il est quelque chose qui « regarde » les autres, ou bien il est admis comme fonctionnel (urinaire), mais condamné comme lieu de désir de Hans. Or, la question qui sous-tend les incursions de Hans dans le domaine du langage est bien celle-ci : qu'est-ce qui est désirable ? La réponse maternelle à la situation érotique créée (par elle) lors des soins donnés à son enfant, est la suivante : il ne faut pas y toucher, « c'est une cochonnerie » — c'est-à-dire que du sexe de Hans, elle ne s'occupe que pour le dévaloriser sur le plan narcissique. Le sexe du garçon est voulu par elle comme organe urinaire et non comme lieu de désir. C'est en vain que Hans cherche à obtenir de son père le désaveu du discours maternel, voire la valorisation éthique du désir. Son père condamne Hans à demeurer devant le non-sens, à n'être que l'objet passif aimé d'une mère qui ne désire aucun homme. Elle-même participe à un jeu de corps à corps avec son fils tout en condamnant verbalement tout ce qui a trait au sexe. Le désir de la mère est bien que Hans ne soit pas le maître de son désir d'homme.

La maladie de Hans (phobie des chevaux) commence, nous dit Freud, à 4 ans et 9 mois. Il y entre par la crainte que sa mère ne parte. « J'ai cru que tu étais partie et que je n'avais plus maman pour faire calin avec moi. » Cette angoisse soudaine qu'il pourrait perdre sa mère se superpose vraisemblablement aux discussions parentales que Hans a pu *entendre*. Il attache une importance d'autant plus grande aux paroles qu'il a pu surprendre, que dans la réalité il se heurte au silence maternel. La mère ne lui dit pas qu'elle est sans désir pour son mari, elle masque cette vérité (danger qu'elle quitte le foyer) en se raccrochant à son fils (à une idée de petit garçon gentil). Dès que Hans quitte sa mère, c'est l'angoisse. Son sexe, lieu de tension, appartient à sa mère, pour être par elle regardé. L'enfant se trouve en panne dans son évolution virile : il se heurte au désir de la mère qui est celui de ne pas désirer un homme, au désir du père qui est celui de le voir se conformer au vœu maternel. L'un et l'autre parent sont voyeurs du sexe de leur enfant et de son désir. Ce désir on s'en amuse, il fait l'objet des conversations entre adultes, il est le lien qui unit le père à Freud. Ce n'est pas de sa sexualité propre que le père entretient Freud, mais bien de celle de son fils (c'est-à-dire de la sienne vécue à travers le sexe de son enfant). C'est également à travers Hans que nous voyons la mère aborder ses problèmes avec son amie.

Est-ce bien ou non (telle est la question voilée posée par Hans à son père) d'aimer jouer avec les petites filles ? Le père se contente de noter (à l'intention de Freud) la naissance du désir chez son enfant, il connaît l'embarras de Hans mais le laisse à sa perplexité : le sexe reste l'énigme.

A sa mère, l'enfant fait savoir qu'il connaît la différence existant entre le sexe organe urinaire et le sexe lieu de désir, mais il se heurte à une position de refus (la mère a l'air de lui dire : si c'est comme ça, je ne t'aime plus — et l'enfant a l'air de lui répondre : tant pis)[1]. Il manque à Hans l'appui du père pour se sentir le droit de quitter la relation duelle dans laquelle la mère souhaite l'enfermer.

L'arrivée d'une nouvelle bonne va permettre à Hans, au moment où il accepte de se conformer à l'attitude régressive proposée par le père (dormir dans un sac pour supprimer toute tentation de désir), de reprendre confiance dans son corps propre. Il peut, nous dit-on, parler à cette bonne de sa nudité à elle (cette femme s'accepte comme être dépourvu de pénis) sans qu'il soit en danger d'être menacé de mutilation (comme ce fut le cas avec sa mère : « Si tu fais ça je ferai venir le Dr A. qui te coupera ton fait pipi »). Hans peut ainsi montrer sa puissance. La bonne s'accepte comme lieu de manque — et à partir de là Hans trouve une possibilité de se réinvestir sur le plan narcissique. Aussi, lorsque son père lui dit : « Tu as probablement eu peur en voyant une fois le grand fait pipi du cheval. Mais tu n'as pas à en avoir peur. Les grands animaux ont de grands fait pipi, les petits animaux de petits fait pipi », Hans peut maintenant lui répondre : « Et tout le monde a un fait pipi et mon fait pipi grandira avec moi quand je grandirai

1. HANS : Alors c'est moi qui descendrai coucher avec Mariedl.

MAMAN : Tu veux vraiment quitter ta maman et aller coucher en bas ?

HANS : Oh, je remonterai demain matin pour mon petit déjeuner et pour aller aux cabinets.

MAMAN : Si tu veux vraiment quitter papa et maman, prends ton manteau et ta culotte... et adieu !

Hans prend ses vêtements et gagne l'escalier, afin d'aller coucher avec Mariedl, mais bien entendu on le ramène.

car il est enraciné. » Désormais, l'adulte peut le menacer de castration, il sait que le *désir,* lui, subsiste. Car c'est bien le désir que l'enfant introduit face à un père qui se contente d'observer la taille des fait pipi des grands et petits animaux — et qui, ensuite, n'osera pas expliquer à son enfant la part prise par le père dans la procréation.

HANS : Je suis pourtant à toi.
LE PÈRE : Mais c'est maman qui t'a mis au monde.
Tu appartiens ainsi à maman et à moi.
HANS : Anna, est-elle à moi ou à maman ?
LE PÈRE : A maman.
HANS : Non à moi. Pourquoi donc pas à moi et à maman ?
LE PÈRE : Anna appartient à moi, à maman et à toi.
HANS : Là, tu vois !

Expliquons un peu plus. En fait, dès le départ, Hans soupçonnait les implications génitales des deux sexes, mais le père se refusait à les lui révéler. Hans n'a pas reçu les mots qu'il était en droit d'attendre. On ne veut pas lui dire qu'il est né d'un père, et d'une mère, et cette vérité lui est cependant nécessaire pour qu'une identification virile puisse prendre un sens. Cette réponse que l'adulte lui refuse, Hans se la procure par le truchement d'un thème fantasmatique : « Quand il n'y a qu'un cheval et que la voiture est chargée à plein, j'ai peur. Et quand il y a deux chevaux et qu'elle est chargée à plein je n'ai pas peur »; signifiant par là qu'il *sait* que la procréation n'est pas le fait de la mère seule. Dans cette riche observation, mérite d'être souligné ceci : c'est au moment (vers l'âge de 3 ans) où Hans est arrivé à prendre conscience de son corps en étant fier de son sexe de garçon, que la mère est intervenue pour le dénarcissiser en ramenant le sens du sexe à une pure notion fonctionnelle : c'est un organe à faire pipi, c'est une cochonrie et tout cela n'a en fait rien à voir avec la fécondité. A l'instant où justement Hans a besoin, pour pouvoir se réaliser comme garçon, de sentir qu'il est né de l'union d'un père et d'une mère.

Ce qu'il traque chez l'un et l'autre parent, c'est leur position face au désir, afin de pouvoir, lui, se repérer en fonction d'une échelle de valeurs. Or la seule échelle de valeurs qui lui soit proposée, c'est l'idéal passif maternel (être un gentil petit garçon qui fait câlin). La soif de connaissance de Hans est directement liée à ses investigations sur le sexe (c'est-à-dire sur le sens de son existence : d'où suis-je venu, vers quoi dois-je tendre ?). La richesse de cet enfant fait qu'il supplée de lui-même, par une succession de thèmes mythiques, à l'insuffisance des réponses adultes. Il arrive (au prix d'une phobie) à imposer à l'adulte son savoir et, s'il ne le peut, à *se* mystifier plutôt que d'être mystifié (ce qui suppose au moins une sorte de libération intérieure, et permet la sauvegarde des possibilités intellectuelles : je me mens, a l'air de dire l'enfant, je peux donc continuer à me poser des questions au-delà du mensonge, pourvu que je respecte une règle du jeu qui est de *faire comme* si je ne comprenais rien). L'intervention de Freud, verbalisant le désir du père (« Dès avant que tu fusses né, je savais que ton père désirait un fils »), va être certainement décisive, apportant l'aide que l'enfant jusqu'alors sollicitait toujours en vain de l'adulte. Freud, en introduisant ainsi l'oracle de l'antériorité du père, permet à Hans de rencontrer sa dette au père. Tout le discours de cet enfant est au niveau de ce que l'adulte peut en supporter — et c'est par la tromperie que Hans par instants répond (pour soi) à la tromperie de l'adulte. C'est parce que l'enfant arrive quasi consciemment à se tromper qu'il demeure intelligent, au prix, il est vrai, d'un épisode névrotique : faute d'avoir le droit de se signifier vraiment dans le langage, c'est dans le symptôme qu'il manifeste ce qu'il a à dire. Le symptôme devient un langage chiffré dont lui, l'enfant, garde le secret. Ce ne sont pas les mythes (cigogne, choux) qui sont gênants pour les enfants, c'est la tromperie de l'adulte qui se donne *l'air de dire vrai* et bloque ainsi l'enfant dans la suite de ses incursions intellectuelles.

Ce couple en difficulté avec sa propre sexualité souhaite retrouver dans Hans le mythe d'une enfance « pure » ou « perverse », expression du refoulement de l'adulte ou encore de ses projections. En réalité, Hans n'est ni l'enfant ingénu qui souhaiterait « demeurer seul avec sa jolie maman », ni l'enfant pervers à la recherche constante de sensations sexuelles diverses. Cette représentation-là est celle qui émane du monde fantasmatique du père ou de la mère. L'enfant est à la recherche d'un père sur qui il puisse s'appuyer. Il craint, d'autre part, l'abandon de sa mère, prêt à développer une phobie pour y exprimer son angoisse, qui est aussi la crainte d'être enfermé dans une situation duelle sans issue. Hans a l'intuition juste de ce dont il a besoin pour vivre, il l'exprime autant qu'il peut dans sa parole et à défaut dans son symptôme.

L'histoire du petit Hans est celle d'un enfant confronté au mythe de l'adulte. C'est la *parole* de l'adulte qui va le marquer et déterminer les modifications ultérieures de sa personnalité. L'enfant apparaît comme le support des fantasmes et du voyeurisme adultes. Il évolue dans un monde où le *non-dit* traduit un embarras, un drame dans le couple parental, drame très nettement perçu par l'enfant. Le facteur traumatisant, tel qu'il peut s'entrevoir dans une névrose, n'est jamais un événement *réel* en soi, mais ce qui en a été dit ou tu par l'entourage. Ce sont les paroles, ou leur absence, associées à la scène pénible qui donnent au sujet les éléments qui vont frapper son imagination. Dans *l'Homme aux Loups*[1], la parole de la mère : « Je ne peux plus vivre ainsi », est associée à des maux de ventre où le sang joue un rôle et dont l'enfant est témoin. « Les doléances de la mère, nous dit Freud, lui font une vive impression et il se les appliquera à lui-même plus tard. » En effet, nous voyons le sujet souffrir plus tard de l'hallucination de la perte d'un doigt, et avoir à l'âge adulte des préoccupations délirantes à propos de son nez qui devient un véritable corps fantasmé et lui fait reprendre les paroles de la mère : *Je ne peux plus vivre ainsi.* »

Une cure psychanalytique se présente comme le déroulement d'une histoire mythique. Il est possible de retrouver dans l'histoire du sujet cette parole de la mère, liée à un émoi corporel pour l'enfant, qui signe le traumatisme, et reste comme une marque dont le discours du sujet garde l'empreinte. Le fantasme, voire le symptôme, apparaissent comme un masque, dont le rôle est de cacher le texte original ou l'événement perturbant. Tant que le sujet reste aliéné dans son fantasme, le désordre se fait sentir au niveau de l'imaginaire : c'est pour Hans sa phobie des chevaux, pour l'homme aux loups ses phobies et finalement son aliénation dans ce corps fantasmé. Le symptôme, comme nous le montre Freud, inclut toujours le sujet *et* l'Autre. Il s'agit d'une situation dans laquelle le malade cherche à faire entendre, par le détour d'un fantasme de castration, la manière dont il se situe face au désir de l'Autre. « Que me veut-il ? » est la question qui se pose au-delà de tout

1. S. Freud, *Cinq Psychanalyses,* P.U.F.

malaise somatique. Le médecin a pour tâche de faire rebondir l'interrogation que le sujet formule à son insu, mais pour cela il lui faut être capable de porter son écoute ailleurs qu'à l'endroit où la crise surgit.

Erikson[1] nous en donne une démonstration remarquable dans une étude sur une crise, qu'on avait d'abord appelée « neurologique », chez un enfant de 5 ans, *Sam*. A travers la présentation du cas, l'auteur s'efforce de nous montrer comment, à l'origine d'un symptôme d'apparence organique, il est possible de faire apparaître l'événement psychologique perturbant. On peut penser que l'intrication de facteurs psychologiques et somatiques constitue en soi un problème à ne pas négliger. Mais l'originalité de l'attitude d'Erikson réside dans le fait qu'il s'efforce de faire « parler » la maladie. Il la considère comme une situation dans laquelle le sujet et son entourage se trouvent impliqués. Pour en comprendre le ressort dynamique, Erikson cherche à s'introduire dans le monde fantasmatique du patient. En effet, constate-t-il, si l'analyste reste à l'extérieur, il ne peut donner du phénomène qu'une description sans utilité curative. En faisant surgir la cause pathogène, on n'est pas pour autant quitte avec le malade et la maladie. Une cure n'a de sens, nous montre Erikson, que si nous arrivons à faire rebondir la question (le thème de mort dans le cas présent) non seulement chez l'enfant, mais chez les parents. Nous ne reconstituons pas ainsi un passé réel, mais nous suivons le développement d'un thème mythique dans lequel le malade et sa famille ont une place à leur insu. Peu importe qu'Erikson donne de l'analyse du cas une explication dans laquelle se reflètent des préoccupations ethnographiques et éducatives. La rigueur avec laquelle la cure est conduite lui permet de dégager un matériel qui éclaire la situation de façon décisive. A travers la présentation de ce matériel, nous assistons (même si l'auteur ne les met pas toujours en relief) aux diverses permutations du thème initial qui, réarticulées dans le discours, nous font entendre la manière dont l'enfant et sa mère se situent l'un et l'autre face à l'interrogation inconsciente : « que me veut-il ? », et nous voyons comment les fantasmes de l'un ont besoin du support de l'Autre pour se développer.

1. Erik H. Erikson, *Childhood and Society*, Norton & Cie, New York, 1963.

Quand Erikson s'introduit dans ce lien fantasmatique de la mère à l'enfant, il se produit ceci : c'est désormais en référence à l'analyste que le discours mère-enfant va se tenir, faisant surgir un sens là où il n'y avait auparavant que conduite agressive ou expression somatique. L'intuition clinique d'Erikson l'amène, dès le départ de la cure, à s'intéresser à la mort (il y voit avec raison, dans le cas de Sam, l'élément déclenchant de la crise : la première attaque de l'enfant s'est en effet déclenchée cinq jours après la mort de la grand-mère). Il suit, tant chez l'enfant que chez la mère, les pistes qui se dessinent et nous font passer d'un fait réel au monde fantasmatique dans lequel on pourrait dire que la parole est ressentie comme meurtrière, s'il ne valait mieux dire qu'elle révèle le vœu inconscient. Il s'agit, notons-le, d'un fragment d'analyse. Nous n'assistons qu'à certaines étapes de la cure à cause du souci d'Erikson de ne nous présenter de l'analyse des cas cliniques que ce qui peut servir à illustrer la recherche qui est l'objet propre de son livre : l'étude de l'enfance et des modes de vie en société (dans des groupes ethniques divers). Mais c'est la justesse de sa démarche analytique qui a retenu mon attention. Je vais essayer à présent de rendre compte de ce qui m'a paru essentiel dans le rapport du cas :

1° Sam a 3 ans lorsque sa mère le découvre en proie à une crise qui ressemble à la crise cardiaque dont la grand-mère est morte cinq jours plus tôt. Le médecin établit un diagnostic d'épilepsie et l'envoie en observation à l'hôpital. Il y reste quelques jours. Ses réflexes neurologiques sont normaux, il n'y a apparemment rien à signaler.

2° *Un mois plus tard,* l'enfant découvre une taupe morte. Il est pris de vomissements au cours de la nuit et présente les apparences d'une crise épileptique. A l'hôpital où il est transporté, on émet l'hypothèse d'une lésion cérébrale dans l'hémisphère gauche.

3° *Deux mois plus tard,* une troisième attaque survient, après que l'enfant a écrasé un papillon dans sa main. L'hôpital nuance son diagnostic et émet l'idée qu'un facteur psychique est peut-être à l'origine de la crise. Le médecin est frappé par une ***constante*** qui se retrouve dans les trois crises : il y a une relation entre la mort de la grand-mère, celle de la taupe, celle du papillon et la crise épileptique. Comme aucune cause organique ne peut être décelée (l'électroencéphalogramme n'indique l'épilepsie qu'à titre d'hypothèse à ne pas écarter), Erikson s'attache à comprendre la part jouée dans la vie de l'enfant par l'idée de mort. Il s'efforce de recueillir d'abord des éclaircissements sur les circonstances de la mort de la grand-mère et interroge la mère à cet effet.

Il apprend que, à cette époque, la jeune femme se sentait tendue. L'arrivée de sa belle-mère cardiaque (dont elle redoutait les critiques) la préoccupait autant que la turbulence de Sam, enfant taquin et espiègle. Elle craignait qu'il ne fatigue la vieille dame. C'est au cours d'une absence de la mère que la grand-mère est prise d'une attaque. D'après la reconstruction des faits, il semble probable que l'enfant, durant cette absence, se montra taquin et fatigant. Au cours de l'entretien, la mère se rappelle que la veille du jour où il eut lui-même une « attaque », Sam disposa avec soin ses oreillers comme il avait vu la grand-mère le faire pour elle-même. Elle souligne que, d'autre part, Sam était censé tout ignorer de la mort de cette grand-mère : on lui avait dit qu'elle était partie pour un long voyage. En réponse, Sam pleura en demandant : « Pourquoi ne m'a-t-elle pas dit au revoir ? » Il fallut aussi expliquer à Sam la raison d'être du cercueil. On lui dit qu'il s'agissait d'une boîte contenant des livres de la grand-mère. Erikson doute que l'enfant ait pu croire les explications maternelles. Il fait part de son scepticisme à la mère. Celle-ci se rappelle alors un incident survenu à cette époque; comme elle demandait un jour à l'enfant de lui trouver un objet qu'il n'avait nulle envie de chercher, il lui répondit d'un ton moqueur : « Il est parti pour un long, long voyage à Seattle. » Plus tard, il oppose un refus catégorique à toute explication maternelle concernant la mort de la grand-mère : « Ce n'est pas vrai, lui dit-il, tu mens, elle est à Seattle, j'irai la retrouver. »

Au cours d'entretiens ultérieurs, la mère se rappelle un détail qu'elle avait oublié de mentionner : c'est à titre de punition qu'on avait obligé Sam à rester en compagnie de la grand-mère en lui recommandant de ne pas la taquiner. L'enfant avait battu un petit camarade, du sang avait coulé... et on préférait garder Sam à la maison de crainte qu'on ne cherche, à l'extérieur, à se venger de lui.

Ce qui intéresse Erikson dans le rapport de ces faits, ce sont les caractéristiques « agressives » d'un certain groupe ethnique : la minorité juive dont fait partie la famille de Sam. Cette famille a rompu avec ses ancêtres, elle s'est installée dans un quartier non juif où elle cherche à rivaliser de respectabilité avec les voisins. Le milieu familial semble avoir agi sur l'enfant pour freiner sa trop grande impulsivité afin qu'il se montre « gentil » comme les enfants non juifs.

Erikson commence la cure deux ans après le début des troubles et il note les étapes suivantes :

1° Lors d'une séance avec l'analyste, l'enfant, furieux d'avoir perdu à un jeu de dominos, lance à la figure d'Erikson un objet; il devient alors pâle, au bord du vomissement. Se ressaisissant, il dit : « Continuons ». Erikson lui donne (à travers la relation transférentielle) l'interprétation de son malaise :

a) « Si tu avais envie de voir les points de domino dans la boîte que tu as faite, il faudrait que tu te mettes dans cette petite boîte, comme un mort dans un cercueil. »

b) L'enfant ayant répondu : « Oui », Erikson enchaîne : « Tu as peut-être peur de mourir parce que tu m'as attaqué. »

c) « Croyez-vous ? » lui dit Sam. Et Erikson d'ajouter : « Bien sûr que non », et d'établir un parallèle avec la mort de la grand-mère et la crainte de Sam qu'elle ne soit morte par sa faute à lui. L'enfant acquiesce. Il n'avait jamais admis jusqu'alors qu'il savait que sa grand-mère était morte. Voici, remarque l'auteur, la *cause* déclenchante des troubles, mais nous ne pouvons nous arrêter là.

2° Erikson entreprend un travail avec la mère : toute origine psychique d'un trouble chez un enfant trouve, nous dit-il, son corollaire dans un conflit névrotique chez la mère. Ce conflit névrotique, Erikson le situe dans un cadre ethnographique : rupture de la famille avec la tradition juive, culpabilité de la mère à l'égard de son père, exigence auprès de l'enfant pour qu'il ressemble aux *non juifs*. Sam a jeté une poupée à la figure de sa mère et lui a cassé une dent. Elle l'a battu avec une rage jamais manifestée jusqu'alors. La mère de Sam, note Erikson, lui a en quelque sorte réglé son compte « dent pour dent » (tout en ne lui cassant rien sur le plan du réel). Erikson demande alors à avoir un entretien avec les deux parents. L'entretien porte sur l'histoire de ce couple qui a rompu avec une certaine tradition familiale. Erikson a une écoute pour leurs difficultés économiques passées, leurs inquiétudes présentes, leurs ambitions.

3° Quelques jours après, Sam monta sur les genoux de sa mère et lui dit : « Seul un très mauvais garçon aimerait sauter sur sa mère et marcher sur elle. Seul un très mauvais garçon aimerait faire ça, n'est-ce pas, mammy ? » La mère prit le parti de rire et répondit : « Je parie que tu as envie de le faire maintenant. Je pense qu'un bon petit garçon pourrait penser qu'il a envie de faire une chose pareille mais il saurait qu'il n'a pas vraiment envie de le faire.

— Oui, reprit l'enfant, je ne le ferai pas, il n'y aura pas d'autre scène ce soir, maman.

De même que le petit Hans dit : avoir envie, ce n'est pas faire, la mère ici dédramatise pour son fils tout ce qui touche au vœu inconscient de mort.

Que pouvons-nous à présent dégager de ce riche matériel ? Erikson nous présente une *méthode* d'investigation et de conduite d'une cure (dans son livre, il ne se soucie pas de problèmes techniques, tels qu'ils peuvent se poser à l'attention d'un analyste. Ses exemples, répétons-le, lui servent d'illustration à une recherche sur la signification sociale de l'enfance. Mais c'est bien comme analyste que j'ai été sensible à la présentation clinique du cas). Suivons-le. Le *fait réel* (traumatisme créé par la mort de la grand-mère) pour Erikson, n'a aucune importance au niveau de la pure recherche d'une cause. Il s'agit de lui faire prendre un sens. La démarche clinique s'effectue en deux temps (en cela, Erikson suit Freud) :

1° La période dite d'investigation.

2° La cure proprement dite.

1° Au cours de la période préparatoire, Erikson dégage les thèmes principaux qui seront repris ensuite dans la cure. C'est à travers le thème de mort que la mère exprime sa culpabilité (peur d'être critiquée), sa honte (peur que son fils ne se montre pas gentil comme un non juif). Cette mort survenant après les taquineries de Sam, la plonge dans un malaise qui l'amène à nier même l'événement (elle charge donc son fils d'être le support d'un mensonge). Elle introduit auprès de Sam une parole trompeuse pour (se) justifier de l'incident, et se rappelle que de cela Sam ne fut pas dupe. (Il répond à la tromperie par la tromperie, tout en ayant l'air de savoir de quoi il est question.)

2° Au cours de la cure, la mère amène un souvenir : sa rage lorsque son fils la mutile (dent cassée). Il y eut entre elle et lui comme un règlement de compte (cet incident renvoie la mère à ses propres vœux inconscients de mort et à un problème de castration). L'entretien avec les deux parents va permettre à Erikson de dégager le conflit dans lequel ce couple juif se trouve : ils se situent l'un et l'autre entre des ascendants plus ou moins reniés et une descendance à qui on demande de ne pas s'identifier à la lignée juive. Sam est voulu non juif, gentil [1]; or, l'enfant se montre impulsif, batailleur au lieu d'être bon « comme les enfants des autres ». Erikson ne nous donne que peu de détails sur cet entretien avec les deux parents. Il semble avoir été capital, car c'est à partir de là (à partir du jour où le père est introduit dans la cure de l'enfant) que la mère va pouvoir exprimer une parole juste ayant trait *au désir*. « Penser qu'on a envie n'est pas la même chose que faire. » Sam est sensible à cette réponse qui lui donne le droit d'avoir des pensées coupables, tout en lui assurant du même coup une sorte d'autonomie : celle d'avoir un désir en dehors de celui de la mère (dans la relation transférentielle, Sam reçoit d'une part une réponse qui porte sur son identification à la grand-mère et, d'autre part, éprouve la crainte que son agressivité ne soit meurtrière).

Les difficultés de Sam se jouent à deux niveaux : d'une part, il est le symptôme de la mère. C'est à travers lui que sa mère se sent jugée. Si elle le trompe, c'est qu'elle souhaite (à l'égard d'elle-même) nier cette mort. D'autre part, Sam est sujet dans son symptôme : qui dois-je être pour plaire à ma mère ? Sa mère lui demande en fait de renier son ascendance (c'est-à-dire le met en difficulté sur le plan de l'identification à une image masculine. Elle lui demande de ne pas être comme son père, mais comme un enfant de rêve, le « bon enfant » des mères non juives).

La mort de la grand-mère a pris une importance dans la mesure

1. *Gentil* en français se trouve réunir les acceptions de *gentile* et *good* en anglais, ce qui rend la traduction équivoque.

où la mère elle-même se sentait, à travers son fils, désignée comme meurtrière. Il n'y avait plus d'autre solution pour l'enfant que de se faire victime pour ne pas être bourreau.

Ce fragment d'analyse est trop peu poussé pour que nous puissions en tirer plus. Nous y retrouvons des thèmes que j'ai essayé de mettre en lumière à travers l'analyse du petit Hans : ce qui compte ce n'est pas l'événement réel, mais la tromperie de l'adulte autour de l'incident. L'enfant se trouve dès lors devant un dilemme : dénoncer la tromperie, ce qui le sauverait ou *se* mystifier (dans la mesure où il a une place comme support d'une mystification dont l'adulte a besoin [1]).

La démarche d'Erikson diffère de celle de Freud dans *le petit Hans*. Dans le cas de Hans, c'est le père qui, à travers Freud, s'institue analyste de son enfant, dans un rapport où toutefois il se fait à son insu voyeur des troubles de son fils (pour rapporter les faits à Freud à qui il est fixé). La mère a pu se sentir exclue d'un certain dialogue et c'est constamment qu'elle perpétue avec son fils une sorte de tromperie, annulant le travail qui se fait ailleurs.

L'écoute donnée par Erikson aux deux parents, à la mère en particulier, a permis à celle-ci de ne plus avoir besoin de son enfant pour exprimer son problème propre (rupture avec son ascendance). Le travail effectué avec l'enfant est celui d'une analyse classique. Erikson ne nous dit pas s'il a poursuivi cette analyse jusqu'à son terme; l'importance qu'il attache à des faits dits ethnographiques l'amène peut-être à perdre de vue le sens strictement analytique que ces observations peuvent prendre dans une cure, et qui en justifient la poursuite. Ce qui compte dans le cas de Sam, ce n'est pas tant l'histoire du couple juif déraciné que le rôle joué par l'enfant dans le fantasme des parents. C'est le vœu de rupture des parents avec leur ascendance juive qui va mettre Sam en difficulté dans son problème d'identification. Il n'est donc pas étonnant que ce soit à partir du Nom du Père et de la mort qu'une certaine démarche s'effectue dans la cure, ce qu'Erikson néglige de retenir dans ses considérations théoriques. Et cependant, dans le matériel clinique qu'il nous livre, c'est bien autour

1. Cf. O. Mannoni, *Je sais bien... mais quand même*, in *Les Temps modernes*, janvier 1964.

des « traces »[1], des « signifiants »[2], des « repères »[3], que nous voyons s'ordonner avec rigueur le déroulement de l'analyse. On peut donc regretter de ne pas trouver de lien entre la qualité du travail clinique et la théorie — Erikson expose un matériel clinique (de cure) qu'il n'exploite que du point de vue de l'ethnographie ou de la sociologie.

Dans la présentation que j'ai faite du cas de Sam, je pense avoir montré à quel point il ne s'agit pas, autant qu'Erikson paraît le croire, de la Société. Le problème n'est pas la situation d'une famille juive dans un milieu « Gentil », il s'agit du lien mère-enfant dans la relation fantasmatique de la mère. Cette situation particulière de l'enfant n'échappe pas à Erikson lorsqu'il est à l'écoute de cette famille comme clinicien. Il accorde une importance à la parole perdue, au non-dit, il suit une piste sûre à partir de thèmes qui ont une importance chez la mère et l'enfant; mais il quitte la clinique lorsqu'il élabore sa théorie; celle-ci n'apparaît jamais comme le prolongement du texte qu'il nous livre. Il interroge la Société, les traditions, alors qu'en analyste, il savait porter son écoute ailleurs. Il serait intéressant de pouvoir approfondir des problèmes techniques de conduite d'une cure à travers les cas cliniques présentés par Erikson, mais il faudrait pour cela pouvoir serrer de près la lecture du texte original (discours du patient) et, pour en dégager l'essentiel, les critères lacaniens m'ont été plus utiles que les considérations sociologiques d'Erikson; critères qui aident à ordonner le discours du patient, là où les thèmes risquent d'être noyés par des considérations trop éloignées de la clinique.

Au niveau de la clinique, Erikson n'est pas gêné par des préjugés, et c'est ce qui lui permet de faire des découvertes. Mais lorsqu'il s'efforce d'approfondir sur un autre plan ce qui se passe dans la cure, il semble n'avoir à sa disposition qu'une conceptualisation située bien en deçà de ses possibilités cliniques. Erikson nous parle d'expérience et de relation quand il souligne très justement dans le matériel la parole perdue. Ses hypothèses théoriques

1. Bernfeld.
2. J. Lacan.
3. M. Klein.

(qui font du langage une communication) l'amènent à mettre l'accent sur l'étude des liens interpersonnels, alors que ce qui se dégage au niveau de l'observation c'est bien ce qui se passe dans le discours du patient. Nous voyons dans le déroulement de la cure comment Sam est modifié par le langage : sa parole est d'abord négation puis acceptation de la mort. C'est dans le discours qu'il fait intervenir la position impossible qu'il occupe au sein du rêve maternel. Au fur et à mesure que la parole se fait non mystifiante, Sam modifie sa position à l'égard du désir de l'Autre. Il ne reste plus sous l'effet imaginaire du vœu inconscient de mort (le sien et celui de sa mère). Si Erikson nous livre le discours du patient, il n'en entreprend pas l'étude au niveau du texte. Ce sont les *patterns,* les usages, l'éducation, les coutumes qui le séduisent. Il est préoccupé par le problème que pose la communication[1], c'est de là que partent ses interrogations et ses recherches.

Lacan étudie au contraire la façon dont le sujet est modifié par le langage dans une conception où il n'y a plus de place pour une pensée antérieure à la parole. En cela, il suit les indications données par Freud dans *l'Homme aux rats* et dans *l'Homme aux loups :* le fantasme est une parole, cette parole est parfois perdue pour la conscience sous les effets fantastiques qu'elle a suscités. Cette thèse se vérifie dans la clinique comme je me suis efforcée de le montrer.

Le problème de la *communication* a été abordé par Freud[1] dans une remarque où il souligne la croyance de l'enfant en la Toute-Puissance de la pensée de l'adulte, à qui il prête le pouvoir de deviner ses pensées. Dans *Rêve et Occultisme*[2], il cite une histoire rapportée par un analyste ayant eu en analyse une mère et son enfant. Dans cette histoire, l'enfant apporte par deux fois à la mère, dans le réel, une pièce d'or au moment où, dans son analyse, la mère verbalise l'importance du rôle joué par une certaine

1. Il s'agit de la communication entre la pensée de la mère et celle de l'enfant, et Freud va jusqu'à envisager l'hypothèse — risquée à nos yeux — d'une transmission sur le modèle de la télépathie. L'origine de ces croyances est évidemment dans l'illusion propre à l'enfant : que l'adulte connaît ses pensées (voir le cas de *l'Homme aux rats*).

2. S. Freud, *Dreams and Occultism, Lecture 30,* vol. 22, Stand Edit., 1932.

autre pièce d'or au cours de sa propre enfance. (La première fois, l'enfant apporte à sa mère une pièce d'or qu'il lui demande de garder pour lui. La deuxième fois, il la réclame pour pouvoir en *parler* dans sa propre séance d'analyse — ceci à l'instant où la jeune femme se met à vouloir relater par écrit, à l'intention de l'analyste commun, le récit exact des faits, *pour pouvoir en parler*.)

Freud apporte cet exemple qu'il tient d'un autre pour clore d'autres exemples recueillis par des personnes intéressées par les sciences occultes. Il n'en conclut rien. Ces récits lui paraissent poser le problème de la *transmission de pensée*. Si Freud a été conduit, non sans avoir essayé d'y résister, à l'hypothèse de la transmission de pensée, c'est parce qu'il lui semblait que rien, dans le comportement *manifeste* de la mère, ne pouvait expliquer la communication de ses fantasmes à l'enfant. Dans l'anecdote de la pièce d'or, Freud ne s'attarde d'ailleurs guère sur l'importance de la transmission de pensée, il nous dit même en clair que cette histoire nous ramène à un problème d'analyse (soulignant ainsi que, si énigme il y a, c'est bien du côté de l'analyse que la clef se trouve). Cette petite pièce d'or, élément *commun* à la mère et au fils (commun au point de jouer un rôle dans une certaine relation fantasmatique) est ensuite reprise *pour qu'on en parle* (à un tiers, l'analyste). La petite remarque de Freud nous conduit donc à une parole — et c'est là que s'arrête son interrogation. Il ne peut en dire plus que ce qui lui a été rapporté. Les analystes anglo-saxons se sont intéressés à ce problème qui de Freud ne reçut aucune réponse. Chacun fait l'expérience dans sa pratique analytique de « coïncidences » comme celles mises en avant dans l'histoire de la pièce d'or, l'enfant ne percevrait-il pas [1] dans le comportement manifeste de la mère un élément d'incohérence, un signe particulier qui dicterait sa réponse (réponse à une conduite mal adaptée) ? Le vœu parental inconscient devrait ainsi se lire dans des actes et non dans les *mots*. Cette hypothèse reviendrait à supposer que les éléments manifestes que Freud (ou l'analyste) aurait dû connaître lui ont tout simplement échappé ou ont eu lieu en dehors de son champ d'observation. Si les analystes rejettent

1. Ilse Helman, *Psychoanalytic study of the child,* vol. XV; E. Buxbaum, *Psychoanalytic study of the child,* vol. IX.

(avec raison) la thèse de la transmission de pensée, ils s'exposent à un autre danger en adoptant une théorie platement positiviste, déclarant qu'il n'existe en fait comme communication entre mère et enfant, que ce que nous, adultes, pouvons reconnaître comme manifeste. Dans cette forme déroutante de communication, ce qui apparaît en fait, c'est l'inconscient de l'enfant qui est informé jusqu'à un certain point de ce que la mère désire ou refuse. Nous avons vu dans l'analyse du petit Hans, à quel point l'enfant était sensible, non tant à l'attitude de l'adulte, qu'à sa parole et à son silence. Là où, dans les phrases de la mère, l'adulte peut ne voir que ce qu'il appelle le manifeste, l'enfant, moins refoulé, reçoit un message plus riche. La lecture du message exige que l'on se dégage d'un réel toujours trompeur (dans le cas de Hans, la mensuration par le père des fait pipi grands et petits) pour porter l'interrogation du côté du désir (c'est le désir que Hans cherche à introduire quand il traque le désir de l'Autre). Ceci nous pousse à mettre l'accent sur l'importance à accorder dans la cure au *fantasme* (à comprendre non comme image ou trace d'expérience vécue, mais bien comme parole perdue).

Dans *Nouvelles remarques sur les psycho-névroses de défense*[1], Freud cite le cas d'un garçon de 11 ans qui avait introduit un cérémonial obsessionnel à l'heure du coucher, cérémonial s'adressant à sa mère : il s'agissait entre autres choses de lui parler en détail des menus faits de la journée. Or, cette parole voulue exacte s'accrochait désespérément à tout un contexte réel qui ne prenait une importance que parce qu'elle venait *à la place* de ce que l'enfant désirait avouer, mais n'osait faire entendre : à savoir le désir de la bonne pour lui, les séductions sexuelles dont il avait été l'objet. L'observation est courte, nous voyons la parole vraie se transformer en ce qu'on pourrait appeler un discours symptomatique (la confession circonstanciée) qui, tout discours qu'il est, n'est pas différent des autres symptômes (l'enfant tient à dire combien il aime avoir un plancher propre, il se protège par un rempart de chaises et d'oreillers destinés à empêcher le retour d'une personne sur son lit, c'est-à-dire le retour de jeux sexuels). Le symptôme vient à la place d'une parole qui manque. L'enfant introduit dans

1. S. Freud, 1896, *Collected Papers*, vol. I.

le dialogue sa position à l'égard du désir maternel (propreté du plancher) parce que ce désir-là ne tire pas à conséquence, *ce n'est pas cela qui est en jeu.* Ce qui est en jeu, ni l'un ni l'autre ne peuvent ou ne veulent s'en approcher. Le symptôme vient comme masque ou parole chiffrée. La mère, dans ce symptôme, est participante. Ce qui est important dans l'observation rapportée par Freud, c'est que nous voyons le *symptôme* accompagné de la *parole trompeuse.* Pourquoi cet enfant cherche-t-il à « donner » à la mère une parole fausse. Est-ce l'expression de son vœu à elle ? Quel lien existe-t-il entre cette histoire de séduction (que l'enfant brûle de raconter) et le désir incestueux mère-fils ? L'enfant, à l'instar du petit Hans, est *sans mots* pour exprimer ce qu'il pense. A la place de ce qu'il a à dire, il ne trouve que le symptôme qui, dans ce cas, est aussi parole trompeuse ou, plus exactement, énigme à déchiffrer. Ce symptôme s'adresse à la mère, c'est-à-dire touche à sa position personnelle face à un certain savoir du sexe. L'enfant confusément sent qu'il n'a pas le droit de communiquer à la mère un certain savoir dont elle ne veut rien entendre. Son déguisement (symptôme) est l'expression d'un langage codé créé à l'intention de l'interlocuteur. Ce fait, cliniquement, Erikson l'a parfaitement compris. Il est à l'écoute de ce qui parle dans le symptôme. Seulement, pour en rendre compte, il se heurte aux théories en usage sur le développement et ses vicissitudes, et c'est alors tout naturellement vers l'influence de l'environnement que sa question se porte. On a vu plus haut que l'explication qu'il en donne, pour intéressante qu'elle soit, n'est pas le reflet de ce qui se passe dans la cure; il ne s'agit pas d'un conflit ethnique, mais de la question même du sujet posée à travers le symptôme, du lieu de l'Autre.

« Quand il pose cette question, nous dit Lacan à propos de l'analyse d'un texte [1], *Qu'est-ce que c'est que cette toux ?,* c'est une question au deuxième degré sur l'événement. C'est une question qu'il pose à partir de l'Autre puisque aussi bien c'est dans la mesure où il est en analyse qu'il commence à la poser... C'est une question littéralement concernant l'autre qui est en lui, concernant son inconscient... Qu'est-ce que ce signifiant de l'Autre en moi ? »

1. J. Lacan, séminaire du 21 janvier 1959 (inédit).

En distinguant le réel de l'imaginaire et du symbolique, Lacan a permis d'éviter le contresens dans la démarche clinique — en faisant pivoter la cure autour de la manière dont le sujet se situe face au désir de l'Autre, il permet de rendre compte sur un plan théorique de ce qui se passe et qui est étranger à tout rapport à la réalité ou à l'entourage, puisqu'il s'agit « du rapport du sujet à la dimension du langage comme tel, du fait qu'il a à se situer comme sujet dans le discours, à s'y manifester comme être »[1]. Dans cette perspective, le symptôme apparaît bien comme une parole par laquelle le sujet désigne (sous une forme énigmatique) la manière dont il se situe à l'égard de toute relation de désir. Cette conception du symptôme telle qu'on peut la dégager à travers les travaux de Lacan remet en question toute une nosographie classique [2] fondée sur la séparation du médecin et du malade, ainsi qu'une forme de thérapeutique qui prendrait sa source dans une certaine expérience du patient soumise au jugement sûr du médecin. Ce qui échappe au médecin dans cette relation, c'est justement ce par quoi le sujet tient à se signifier (se faisant par là, dans son symptôme, le signifiant d'une reconnaissance). Le mérite d'Erikson est d'avoir, sur le plan clinique, échappé à une forme d'inopérance thérapeutique en étant à l'écoute de ce qui parle, là où « ça parle » (le symptôme). Mais sa conceptualisation restée fidèle à une théorie traditionnelle ne lui permet pas de serrer de près ce qui véritablement se passe pour le sujet. Il le croit modifié par l'entourage, là où nous le voyons « remanié » par le langage.

II[3]

Si Erikson, grâce à son intuition clinique, a pu échapper à une attitude étroitement médicale où l'interrogation porte sur les faits plutôt que sur l'être, il arrive à d'autres théoriciens, non délivrés

1. J. Lacan, séminaire du 17 juin 1959. Un résumé a été publié dans le *Bulletin de Psychologie* en 1960 : « Le désir et son interprétation », résumé des séminaires de l'année 1958-1959.
2. J. Lacan, séminaire du 1er juillet 1959 (inédit).
3. Paru in *Revue de psychothérapie institutionnelle*, n° 4.

d'une certaine pensée philosophique héritée du XIXe siècle, que leurs conceptions théoriques viennent les gêner dans l'appréhension correcte d'un cas. Nous les voyons interroger une « réalité » humaine et une conduite, partagés qu'ils sont entre un certain déterminisme biologique et les théories culturalistes. Des explications sont données là où les « faits » seraient non à décrire mais à interroger, afin qu'apparaisse la question du sujet.

Dans *Un cas de psychose infantile* [1], nous voyons à quel point certaines conceptions théoriques peuvent venir gêner l'analyste dans son écoute. Préoccupé par l'idée qu'il se fait d'une certaine situation, il capte un discours complet mais en laisse échapper le sens. Les auteurs nous livrent en effet un protocole quasi sténographié des séances; mais, faute d'un canevas autour duquel organiser le matériel, les thèmes essentiels se perdent. La fidélité de l'*enregistrement* dans le *réel* contraste avec le *non-enregistrement* au niveau du *sens*. Le discours de l'enfant est capté comme un fait expérimental, il est objectivé pour être soumis ensuite au jugement sûr du médecin. La production fantasmatique se mue ainsi en production littéraire [2] échappant à toute analyse de la parole.

L'analyste place le débat au niveau de la chose (les mots eux-mêmes se figent, se fixent comme des objets). Le sujet n'a pas à se constituer par sa parole, ni à se faire reconnaître à travers elle, on lui demande de vivre une expérience relationnelle, afin de s'adapter à un style de vie reconnu comme normal. Au lieu de serrer de près le texte d'un discours en aidant l'enfant à faire rebondir les éléments signifiants (le thème de mort, ici aussi, en l'occurrence), on fait du discours une sorte de nature morte dont l'analyste, par son savoir, connaît la signification; nous recueillons ainsi des schémas où l'on explique les fixations de l'enfant à tel stade de développement psychologique, stade accompagné de telle « organisation pulsionnelle et défensive », de telle « structure du moi » ou de telle forme de « relation d'objet psychotique »; les

1. *Un cas de psychose infantile,* S. Lebovici et J. McDougall, P.U.F., 1960.
2. L'enfant est autorisé à emporter chez lui ce qu'il a dicté à l'analyste — ce texte devient ainsi un écrit « donné » aux adultes pour qu'ils en parlent entre eux.

dessins prennent, eux aussi, dans cette perspective une « signification » que l'on nous livre [1].

Cette technique se fonde sur une théorie psychanalytique qui renvoie au parallélisme psycho-physique : l'analyste se tient, en observateur, hors du champ du malade; celui-ci est objectivé dans sa parole et dans sa conduite, il est soumis, en tant que malade, au jugement sain de l'adulte. Le patient est un sujet-objet appelé à « guérir » s'il prend conscience de ce qui est pathogène dans sa conduite. On le convie à une réadaptation. Ces critères analytiques se fondent sur la croyance en un moi fort ou faible, appelé à s'opposer à des forces instinctuelles plus ou moins puissantes. Toutes ces notions masquent le contre-transfert de l'analyste, c'est-à-dire l'idée qu'il se fait du patient. Ainsi, le réel auquel le patient a affaire dans l'analyse, c'est bien le monde fantasmatique de l'analyste, — ce qui échappe à ce dernier, abrité derrière une sûreté théorique qui ne peut conserver son caractère implacable qu'au prix d'une sorte de condamnation du malade à son statut de malade. Il y a opposition de deux mondes, celui du juste (bien portant), celui du coupable (le malade appelé à s'amender). Le problème qui se trouve être au cœur même de toute expérience analytique : De qui, dans ce discours, est-il question ? Qui parle, à qui, pour qui ? », ce problème est éludé. Le sujet n'est à aucun moment appelé à organiser en subjectivité dans son discours les événements de son histoire. Ces événements sont fixés une fois pour toutes dans l'esprit de l'analyste comme faits de croissance dont certaines étapes ont été manquées. Occupé de l'action qu'il lui faut exercer sur le sujet, l'analyste oublie d'interroger son discours.

1. « Il est possible d'admettre que Sammy se représente par la souris, animal avec lequel les chats jouent. On peut également supposer que la psychanalyste est représentée par la bouteille... L'enfant introduit alors un taureau qui est évidemment une représentation symbolique de l'image paternelle. L'introduction de ce symbole du père a, à la fois, un caractère rassurant devant les exigences de la petite souris vis-à-vis de la mère, bouteille de lait, puisque le taureau sépare les deux images du sujet et de sa psychanalyste... Cette situation œdipienne, pour compréhensible qu'elle soit à l'observateur, n'en avait pas moins un caractère très primitif et très bizarrement symbolique, le patient étant représenté par une souris et la psychanalyste apparaissant comme l'objet des pulsions orales dont on verra toute l'importance chez Sammy. »

Dans l'analyse qui nous est présentée du cas de Sammy [1], les auteurs nous donnent deux textes séparés : le discours de l'enfant et celui de sa mère dans leurs cures respectives. La cure se déroule dans une relation à deux, les parents sont entendus à titre d'informateurs. Les auteurs n'insistent guère sur la place occupée par l'enfant dans le monde fantasmatique de la mère et, cependant, ils notent très justement que la *mère savait avant la naissance* de son enfant qu'il ne lui apporterait aucune satisfaction. Un tel oracle souligne de quelle importance est, pour l'analyste, une écoute de la parole maternelle dans la cure de l'enfant. Dès avant qu'il naisse, Sammy est voué à être l'objet persécuteur de la mère. D'emblée, celle-ci le situe non pas à la place de l'Autre à qui on parle, mais bien à la place de l'autre imaginaire, et dans ce dialogue-là, il n'y a évidemment pas de place pour Sammy : la mère (y compris Sammy, qui est son symptôme) se suffit. L'adulte ne laisse guère de place dans la vie de cet enfant, au désir, qui toujours doit se conformer à celui de l'Autre (nous voyons ainsi l'enfant se débattre dans un type de relation duelle où il n'y a de place que pour l'un *ou* l'autre partenaire). Et c'est, de nouveau, sur ce schéma que la relation analytique s'instaure.

Il n'a pas été tenu compte dans la conduite de la cure d'un certain type de lien mère-enfant : la cure s'est engagée artificiellement autour du seul symptôme Sammy, alors que dans ce symptôme la mère était participante [2].

1. Sammy, enfant dit schizophrène, a 9 ans et demi lorsqu'il entreprend à Paris une psychothérapie avec, pour la troisième fois, un nouvel analyste. Enfant intelligent, il se montre, nous dit-on, agressif avec une sœur de 7 ans plus jeune que lui. Son comportement avec ses camarades est inadapté, les enfants le traitent de fou, il est renvoyé de toutes les écoles pour instabilité. Seul un séjour en colonie de vacances s'est avéré bénéfique, il s'y est lié d'amitié avec un enfant noir — amitié étiquetée « homosexuelle » par les adultes. L'enfant admire son père (peintre), mais il est manifestement à la recherche de punitions.

2. Les difficultés commencent dès la naissance (le bébé refuse le sein). Il s'instaure entre mère et enfant une relation de rejet réciproque (qui s'exprime ensuite chez l'enfant par un besoin insatiable et toujours insatisfait d'amour). Jusqu'à 9 ans, nous dit-on, il se retranche dans son monde de rêves, vivant avec des personnages imaginaires, mais un jour, le père « pour son bien » l'oblige à « intégrer une réalité », c'est-à-dire à abandonner les récits fantastiques (à changer en fait quelque chose au niveau de la parole). L'enfant aimait

L'enfant s'introduit dans l'analyse par le *Je* d'un discours où il pose une question ayant trait au désir de l'Autre [1] mais, faute de pouvoir faire entendre, à travers cette relation à l'Autre, les thèmes qui le préoccupent (thème de mort, angoisse de dévoration) [2], il se situe bientôt dans un discours impersonnel (le mythe) ou se réfugie dans un discours savant qui est celui de l'adulte [3].

La conception même du réel et du normal chez l'analyste renferme la clé qui va amener Sammy du terrain de la « réalité » à celui d'une relation duelle angoissante. La « réalité », c'est avant tout le monde fantasmatique de l'analyste [4]. Sammy s'y heurte d'une façon inflexible, tout comme il s'est heurté chez lui aux intentions et prévisions parentales. Prisonnier d'un personnage, Sammy l'est dramatiquement jusque dans l'analyse, cherchant par moments à réduire le transfert au point d'être seul afin de se mettre à l'abri d'une parole ressentie comme dangereuse [5].

Nous assistons ainsi au début de la cure aux efforts désespérés de l'enfant pour rester seul maître de la place forte.

Nous le voyons ensuite se perdre dans une sorte d'identification projective dont il ne peut plus sortir [6]. Les parents (il s'agit

---

écouter la mère lui lire des histoires. Un jour celle-ci s'arrête : Sammy est devenu trop grand pour cela.

1. Sammy se demande ce que l'analyste va faire de ses dessins. L'analyste désire-t-elle qu'il lui en fasse don — ou l'analyse consiste-t-elle à intégrer ces dessins dans un discours qui appartient à l'enfant ?

2. L'enfant représente les humains par des croix. Pourquoi les vivants sont-ils représentés par quelque chose qui désigne leur effacement jusque dans la mort ? (Le père de Sammy est juif, mais l'enfant n'est jamais replacé dans son histoire.)

3. « Il y a un pénis qui a été oublié dans votre vagin.
— Non, lui répond l'analyste, je n'ai pas pris ton pénis. »

4. Ceci nous ramène au problème du contre-transfert : les enfants psychotiques éveillent chez l'analyste une forme d'angoisse archaïque qui s'adresse, la plupart du temps, à la mère de l'enfant pris en analyse.

5. L'analyste confond *l'intention* meurtrière (agressive) et le meurtre (agression). Or Sammy vit dans un monde fantasmatique sadique où amour revêt la même signification que le meurtre. Cet amour (meurtre) ne s'adresse pas à l'Autre, mais bien à l'autre imaginaire (il s'agit donc autant de suicide que de meurtre).

6. Ceci s'amorce à la quatrième séance où l'enfant introduit le thème du « visage magique » qui va subir de multiples développements jusqu'à sa disparition dans la mort. (Il s'agit dans le discours d'un rapport *a a'*, que

surtout du vœu de la mère) décident, en accord avec l'analyste, de mettre Sammy en pension en Amérique, dans un internat pour enfants psychotiques. Le médecin de cet établissement lui demande de faire trois vœux : « Je veux être en parfaite santé quand je serai adulte. Je veux être la personne la plus intelligente du monde. Je veux être célèbre. »

L'enfant souhaitait rester dans sa famille. Jusqu'au bout il a essayé de faire entendre sa voix : « Je voudrais que mes parents me demandent ce que je veux faire au lieu de continuer avec leurs propres pensées. » De cette parole il n'a pas été tenu compte. Il s'agit d'un malentendu qui nous fait porter l'interrogation du côté de l'adulte.

Le symptôme se développe donc avec un Autre et pour un Autre. L'analyste se trouve ainsi impliqué dans le discours que livre le sujet. Sammy a eu besoin de dresser, entre lui et l'Autre, l'écran de sa folie. Il a fait de sa maladie l'enjeu. Tour à tour séducteur et menaçant, il avait un rôle, celui du fou. Il est devenu celui dont on parle, faute de pouvoir être celui à qui on parle. Pour qui parlerait-il, puisque son désir, on n'en a cure ? C'est bien aliéné dans le vœu du médecin qu'il fait son entrée dans la maison de Chicago. Chaque auteur du drame se situe tour à tour au lieu même de l'enfant (malheureux), à la place des parents (qu'il faut soulager), à celle de la mère adoptive (coupable d'aimer un enfant rejeté par sa propre mère). Et en fin de compte, c'est bien la mère de Sammy

---

l'analyste entend comme un rapport du sujet à l'Autre, faussant ainsi le style de son intervention. Cf. J. Lacan, *Du traitement possible de la psychose, Écrits,* p. 549.) « Cela bouillait toujours, nous dit Sammy, le soleil approchait, approchait; bientôt, tout n'était que mort, rien que la terre continuait à tourner toute seule. Tout n'était que mort. Rien que la terre qui brûlait et les eaux qui bouillaient. Et la terre devint de plus en plus petite, jusqu'à boum, boum, boum. La terre tamponna le soleil et éclata avec une explosion terrible. Il ne restait rien de vivant. Ce qui restait de la terre venait maintenant du soleil, rien que des cendres. Et ceci fut la fin de la terre. Et autour du soleil, il n'y avait maintenant que huit planètes au lieu de neuf. Ce qui était arrivé à la terre était très triste. Il n'y avait qu'un tout petit peu de musique. Même le visage magique était mort... » A mes questions, dit l'auteur, il répond : « Vous voulez trop en savoir. Que feriez-vous si la terre explosait vraiment ? » Il refuse de dire, ajoute l'analyste, ce qu'il pense que lui ou moi ferions dans une telle situation. (Or Sammy, même en disant *vous,* ne s'adressait pas à l'Autre, mais bien à l'autre.)

qui mène le jeu, dans l'ombre. Le père le perçoit, mais inconsciemment ne veut rien en savoir. C'est probablement pour cela qu'il a besoin d'un Autre comme support de sa croyance (ou de son mensonge). « Bien que mon fils soit psychotique, que ma fille ne puisse marcher, que ma femme soit alcoolique, tout le monde dit que tout va bien. C'est peut-être moi qui ne vois pas juste. J'ai l'intention d'aller voir le Dr B. *pour savoir* si je ne suis pas piqué. »

Le père sait que les symptômes sont des alibis à un malheur qui se situe ailleurs, mais il ne peut en découvrir le sens puisque, à chaque fois, le symptôme est objectivé [1]; il ne laisse alors aucune place à la parole du sujet. L'enfant devient le support anonyme d'un drame qui le dépasse. Dans ce monde de sourds, sa parole est vouée à ne délivrer aucun message.

L'intérêt de ce livre tient à son objectivité scientifique. Les auteurs ont le souci (et le courage) de livrer un texte complet plus qu'une méthode; ce texte invite à l'examen d'une technique. J'ai été sensible, lors de cette lecture, à une démarche clinique qui est à l'opposé de la nôtre. C'est la raison pour laquelle j'ai mis en relief ce qui diffère sur le plan de la méthode. Pour nous [2], l'analyse n'est pas une relation à deux dans laquelle l'analyste se désigne comme objet de transfert. Ce qui importe, ce n'est pas une situation relationnelle mais ce qui se passe dans le discours, c'est-à-dire le lieu *d'où* le sujet parle, *à qui* il s'adresse, et *pour qui*. Toute interprétation ne peut se faire qu'en tenant compte du registre sur lequel se trouvent analyste et analysé [3]. A manquer cela, on s'expose au contresens.

En 1907, Freud, tout en mettant l'accent sur le caractère de jeu du *day-dreaming,* le situe dans une relation transférentielle, avec cette indication : « Dans le coin de la rêverie, comme dans un tableau religieux où est la figure du donateur, il y a l'image de la personne à qui la rêverie est dédiée. » C'est à la place où nous a mis le transfert que nous recevons le matériel apporté par l'enfant.

Toute interprétation où l'analyste est objectivé déstructure le

1. Le médecin se satisfait d'un rapport au réel qui par moments apparaît comme une auto-justification.
2. Suivant en cela Lacan.
3. Il faut se garder d'interpréter à un niveau génital un matériel oral, car on renforce alors les défenses du sujet, ce qui s'est passé dans le cas de Sammy.

sujet et plus encore si nous ignorons quelle instance de sa personne nous représentons à cet instant pour lui. Les thèmes fantasmatiques[1] sont pour l'enfant des essais de symbolisation; l'histoire mythique porte souvent en elle la solution , la guérison (nous avons pu le voir dans le cas de Hans). Encore faut-il pouvoir faire rebondir les thèmes (les signifiants), et non les figer en leur donnant un caractère de production littéraire : on rate alors l'occasion d'aider le sujet à faire, du non-sens, surgir sa vérité [2].

L'abord de la psychanalyse d'enfants n'est pas chose aisée; aussi est-ce dans cette discipline que nous assistons au plus grand nombre de controverses sur des points de technique. La diversité des techniques employées [3] (*play therapy, relation therapy, release therapy, child guidance,* etc.) est à la mesure de l'embarras des thérapeutes. L'enfant et sa famille posent à l'analyste un problème; à travers la cure entreprise, il se sent lui-même mis en question [4].

En 1927, Anna Freud réserve l'analyse d'enfants à ceux dont les parents avaient été analysés (témoignant ainsi de son besoin *à elle* d'être comprise par des parents à qui inconsciemment elle « vole » leur enfant). C'est l'École de Vienne qui entreprend, la première, l'analyse d'enfants de parents non analysés; elle a le souci d'avoir avec ces derniers de fréquents entretiens. L'introduction des parents dans la cure de l'enfant est devenue pour les analystes presque une règle chez les enfants de moins de 5 ans (ainsi que dans les cas de psychose); cependant il est frappant de voir à quel point les auteurs sollicitent une aide *éducative* des adultes, intervenant sur le plan de la *réalité* dans des questions concernant la vie de la famille.

1. Le fantasme est une histoire bien précise qui ne peut sortir que de l'angoisse et implique pour le sujet une menace venant de l'Autre, doublée d'un danger d'atteinte corporelle.

2. C'est-à-dire quitter le discours impersonnel pour devenir le sujet d'un discours.

3. E. Buxbaum, *Technique of child therapy, Psychoanalytic Study of the child,* vol. IX.

4. A.-A. Pichon-Rivière, *Quelques considérations sur le transfert et contre-transfert dans la psychanalyse d'enfants,* in *Revue française de Psychanalyse,* janvier-juin 1952.

Cette optique éducative et sociale a même conduit les Anglais a créer un mouvement de *child guidance,* qui introduit un véritable travail d'équipe centré autour de l'enfant (étudié comme phénomène). Ce sont des analystes différents qui s'occupent de la mère et de l'enfant (*celui qui s'occupe de l'enfant se prive ainsi de l'apport nécessaire constitué par la parole maternelle* et il fait mal la part du fantasme, préoccupé qu'il est par une certaine conception de l'aide à apporter dans le réel). La psychanalyse d'enfants est conçue comme une expérience corrective, que la mère peut ensuite continuer seule chez elle. Cette mère est mise en tutelle : l'analyste va lui signifier ce qu'elle a à faire. Il arrive ainsi qu'elle s'excuse auprès de l'enfant d'erreurs commises. Les auteurs ne s'interrogent jamais sur la place de la parole de la mère dans le monde fantasmatique de l'enfant, ni sur la place du père dans la parole de la mère. Et lorsqu'on oblige une femme à se soumettre elle-même à une analyse (au lieu de *l'entendre dans la cure de l'enfant*), on ne songe guère combien il est vain de vouloir analyser une mère pour son compte à elle, lorsque son compte à elle est à ce point l'enfant, qu'elle exprime la pérennité de sa présence à travers le symptôme de ce dernier. Cette référence à la réalité est la marque d'une école et d'une technique qui échouent avec les enfants psychotiques. Le seul remède envisagé pour eux est le placement en institution, dans l'espoir que l'influence de l'environnement s'avèrera bénéfique à la longue. C'est l'École kleinienne qui, avec des conceptions théoriques différentes, a pu se permettre d'aborder l'analyse des psychotiques.

Nous allons voir, à travers l'étude de certains travaux d'analystes anglo-saxons, comment le problème de la cure, tout en y étant correctement posé [1], ne peut y être résolu par suite de conceptions théoriques qui créent sur le plan clinique malentendus et contresens.

Dorothy Burlingham [2] relate l'histoire d'un enfant, *Bobby,* vu

1. Le lien fantasmatique inconscient de la mère à l'enfant est clairement entrevu, mais n'est pas exploité dans la cure. Il n'est pas tenu suffisamment compte de la *parole* maternelle (et de ce qu'elle implique comme sens dans des registres différents).

2. Dorothy Burlingham, Alice Goldberger, André Lussier, *Simultaneous analysis of mother and child, Psychoanalytic Study of the child,* vol. X.

à l'âge de 2 ans et demi, 3 ans et demi, 4 ans et demi, par des analystes différents (pour incontinence, anorexie, retard du langage). Mère et enfant ont institué une « folie à deux » autour de rites anaux (jeu de chat et souris au cours duquel la mère en chantant recueille dans un pot les excréments de son enfant). Bobby entre dans l'arrangement sado-masochique de la mère, les rôles sont, nous dit-on, échangés comme sur une scène. L'analyse de l'un et de l'autre se solde par un échec attribué à l'effet réel des jeux sexuels avec la mère. Le père, à aucun moment, n'a été introduit dans la cure. Ce qui est retenu dans l'analyse, c'est l'attitude manifeste de la mère, et non sa parole. Cette position théorique limite l'analyste dans son écoute et dans l'exploitation du matériel qui lui est donné à entendre. Les psychanalyses séparées de la mère et de l'enfant laissent vierge le véritable terrain où se constitue la parole de l'enfant et de sa mère. Nous voyons dans l'analyse l'enfant se heurter à l'inconscient d'une mère qui, ayant déjà réussi à circonvenir le père, cherche à s'opposer aussi au travail analytique entrepris avec son enfant. Cette mère aurait eu besoin de l'analyste de son enfant pour introduire sa parole; n'ayant pas été entendue, elle témoigne sa présence par le jeu du symptôme qu'elle se plaît à perpétuer. L'échec de la cure est présenté par l'auteur comme un fait inéluctable, la méthode n'est jamais mise en question.

Ilse Helman [1] nous relate l'analyse d'un enfant de 11 ans (conduite par deux analystes différents, l'un pour la mère, l'autre pour l'enfant). Le terrain pathogène commun est l'angoisse hypocondriaque de la mère qui s'exprime dans les malaises somatiques de l'enfant, puis dans son refus de se séparer de sa mère pour aller en classe. C'est ce symptôme qui amène celle-ci à consulter un psychanalyste. L'auteur nous montre comment la mère projette sur son enfant les relations qu'elle a eues avec sa propre mère hypocondriaque (qui s'est suicidée). Elle ne peut rien refuser à son enfant par crainte qu'il ne meure. Ce lien (vraisemblablement homosexuel) de la mère à sa propre mère crée une situation d'où l'homme est exclu. L'analyse stagne autour de la *réalité* des agressions sexuelles commises par la mère sur son fils, mais la position

1. Ilse Helman, Oscar Friedman et E. Shepheard, *Simultaneous analysis of a mother and child, Psychoanalytic Study of the child,* vol. XV.

de la mère à l'égard du *désir* est passée sous silence. Nous ne voyons à aucun moment le rôle joué par l'image paternelle dans son monde fantasmatique. L'analyste la prend au mot, lorsqu'elle décrit son mari comme un être inférieur « à qui il manque un pouce » et ne s'interroge jamais sur son manque à être à elle. Les plaintes de cette femme trouvent un écho chez l'analyste qui déclare, elle aussi, « insuffisant » ce père qui ne peut être proposé comme identification masculine au garçon. L'analyste confond la personne du père réel, et la place que lui réserve la mère dans sa parole; elle est à l'écoute de ce qui s'offre dans le registre de la *demande* (plaintes multiples), sans se rendre compte que ce qui s'y exprime a trait au *désir* [1] (d'avoir un désir insatisfait [2]). Le vœu inconscient de la mère ne peut venir à jour dans sa propre cure, puisque l'analyste soutient l'interprétation à un niveau où le sujet n'a plus à se repérer par rapport à la structure de sa demande.

Ce qui est passé sous silence, c'est la façon dont la mère amène dans sa propre cure des « révélations » au sujet de « dommages » causés à son enfant. Ces révélations, elle ne peut les faire à l'analyste de son fils, puisque sa parole n'en est pas entendue. Manifestement, elle la donne ailleurs *pour qu'on en parle,* et ce jeu dans le discours n'a pas l'air d'être compris par l'analyste. La conduite séparée des deux cures ne permet pas, d'autre part, de comprendre la place tenue dans le fantasme de la mère par l'analyste de son enfant (en tant que tiers) et, faute d'être entendue là où son fils apporte son symptôme, la mère perpétue sa présence dans les désordres névrotiques de celui-ci. (Dans la cure de la mère, un certain style d'analyse des résistances rend impossible toute « révélation » inconsciente. Et la non-participation à l'analyse du fils empêche que soit ouverte à la mère l'accès à une dimension symbolique. Dans les deux cas, la mère reste à l'abri derrière l'organisation de ses défenses.) Les dommages avoués par la mère d'Éric sont « réels » et impressionnants : elle lui donne de la « nourriture pas fraîche », du contre-poison, voire des médicaments gynécologiques. Le style dans lequel s'effectue cet « empoisonnement » nous permet de comprendre qu'il s'agit en fait de

1. J. Lacan, *Le désir et son interprétation, Bulletin de Psychologie,* janvier 1960.
2. *Science des Rêves,* IV.

dommages imaginaires (ayant un support dans le réel). L'enfant n'est guère incommodé. Mais ce repas est à chaque fois le départ d'un cérémonial qui est avant tout un *discours,* au cours duquel la mère interroge l'enfant sur les malaises qui pourraient lui survenir. On voit clairement, mais ceci échappe à l'analyste, que c'est la mère qui s'interroge sur elle-même, c'est-à-dire que le dialogue n'est nullement avec un Autre réel, l'enfant, mais avec l'autre imaginaire de la mère. Cet échange de nourriture « meurtrière » n'a donc de sens que *de la place* qu'il occupe dans le discours général. Ce discours symptomatique (tel qu'il est ensuite rapporté) se tient *aussi* avec l'analyste de l'enfant — et on peut se demander si cela a pu à ce point échapper aux auteurs. Le discours maternel ne peut que se perpétuer puisqu'il n'arrive nulle part — il n'est pas censé rejoindre l'analyste d'Éric; il y arrive tout de même par la *parole* de l'enfant, mais nous ignorons comment ce dernier utilise la parole maternelle dans le jeu qu'à son tour il mène.

Les progrès de l'enfant s'accompagnent dès lors chez la mère de maladies et d'opérations diverses (qui viennent, je crois, à la place d'une parole qu'elle ne peut faire entendre à l'analyste de son enfant). Puis, c'est l'impasse. Le symptôme demeure, ainsi qu'une certaine parole trompeuse dont l'analyste s'est fait complice à son insu.

Quelque incontestables que soient les mérites de cette riche observation, il n'en demeure pas moins qu'une certaine croyance à des explications positives, c'est-à-dire, dans ce cas, l'explication par des faits « réels, » est venue gêner l'appréhension psychanalytique du cas, et l'incidence s'en fait sentir dans la conduite de la cure. C'est dans une relation duelle que celle-ci se constitue. La mère entreprend la cure « pour le bien » de son enfant, sans que l'on nous dise jamais ce que représente pour elle cet enfant dans son monde fantasmatique. Il n'est pas seulement l'objet de ses projections, mais encore, et surtout, ce qui lui sert à masquer son propre manque à être. Cette mère ne peut s'accepter comme manque, et c'est à partir de là que l'enfant ne peut se structurer hors d'elle. Les incidences de cette dimension essentielle ne sont guère exploitées dans la cure, puisqu'on s'en tient au seul rôle joué par le pénis *réel* de l'enfant et la nourriture réelle de la mère, laissant échapper ce qui manque à l'enfant et à la mère au niveau *symbolique ;* ceci nous renverrait au problème de la castration (chez la mère) et à sa présentation au niveau du désir, qui provoque la fuite du sujet dans une quête infinie de demandes.

Quand on oppose au discours du sujet la « réalité », c'est la « parole vraie » qui échappe, pour laisser la place à une parole ou à un masque trompeurs, c'est-à-dire au symptôme qui demeure. L'avènement de la parole du sujet se trouve ainsi compromis. C'est parce que les auteurs sont à la recherche de *significations* (d'interprétations des symboles) qu'ils passent dans la cure à côté du *sens.* Le sens ne peut apparaître qu'à mieux situer, dans le discours, le sujet par rapport à sa demande et au désir. Lacan [1] nous montre ce que le sujet désirant attend de l'Autre — de recevoir ce qui manque à sa parole. C'est pour lui, le sujet, que la parole est un message. Le sens caché se trouve inscrit dans le symptôme. C'est du lieu de l'analyste que le sujet va articuler un certain discours. Ce qui lui est *rendu* c'est sa vérité jusqu'alors masquée dans la maladie ou la souffrance. Dans cette perspective, il n'y a pas de *dialogue analytique,* il n'y a qu'un vaste discours qui se reprend du lieu d'un Autre dans un mouvement qui ouvre l'accès au symbolique, en dégageant le sujet de toute capture imaginaire. Freud avait souligné la part de sur-détermination qu'il y a dans le symptôme, Lacan précise que cette sur-détermination n'est concevable que dans la structure du langage, et il souligne que toute demande produit pour le sujet des effets en fonction de la manière dont il se situe dans un certain rapport à son semblable. C'est par le langage qu'il va sortir d'une capture imaginaire et articuler sa demande avec une maîtrise qui lui était impossible tant qu'il demeurait sous l'effet d'une pure relation imaginaire. La situation du sujet dans

1. J. Lacan, *La direction de la cure et les principes de son pouvoir,* in *Écrits,* p. 585. « Le désir est ce qui se manifeste dans l'intervalle que creuse la demande en deçà d'elle-même, pour autant que le sujet en articulant la chaîne signifiante amène au jour le manque à être avec l'appel d'en recevoir le complément de l'Autre, si l'Autre lieu de la parole est aussi lieu de ce manque... Repartons une fois de plus de ceci, que c'est d'abord pour le sujet que sa parole est un message, parce qu'elle se produit au lieu de l'Autre. Que de ce fait sa demande même en provienne et soit libellée comme telle, ce n'est pas seulement qu'elle soit soumise au code de l'Autre. C'est que c'est de ce lieu de l'Autre (voire de son temps) qu'elle est datée. »

le symptôme peut se comprendre comme l'effet d'une méconnaissance dans un certain type de rapport à l'autre. Ceci souligne l'importance qu'il y a pour l'analyste à situer ce qui, dans le discours de son patient, s'adresse à l'autre (imaginaire) ou à l'Autre (lieu de la parole) ; à le méconnaître on s'expose à de graves malentendus [1]. C'est ce qui est arrivé dans les cures de Sammy, Bobby, Éric. C'est bien à la place de « marionnette vivante » qu'ils sont restés fixés (et avec eux, le parent pathogène auquel, à travers le symptôme, ils sont attachés).

Comme analystes, nous nous trouvons aux prises avec une histoire familiale. L'évolution de la cure est en partie fonction de la manière dont une certaine situation est appréhendée par nous. L'enfant qu'on nous amène n'est pas seul, il occupe dans le fantasme de chaque parent une place déterminée. En tant que sujet, il est lui-même souvent aliéné dans le désir de l'Autre. L'enfant ne peut être isolé artificiellement d'un certain contexte familial, il nous faut au départ compter avec les parents, leur résistance et la nôtre. C'est parce que nous sommes impliqués dans la situation, nous et notre histoire personnelle, que nous pouvons trouver un sens au message de l'enfant, mais qu'en même temps nous sommes amenés à y résister. Le discours de l'enfant (surtout celui du psychotique et du débile) nous livre toujours un type particulier de relation à la mère. La maladie de l'enfant constitue le lieu même de l'angoisse maternelle, une angoisse privilégiée qui vient généralement en travers d'une évolution œdipienne normale. La valeur accordée par la mère à telle forme de maladie transforme celle-ci en objet d'échange, créant une situation particulière dans laquelle l'enfant va chercher à échapper à l'emprise paternelle. Cette maladie qui vient là en

1. J. Lacan, *La direction de la cure et les principes de son pouvoir*, in *Écrits*, p. 585. « Cela veut dire qu'aux effets qui répondent chez un sujet à une demande déterminée, vont interférer ceux d'une position par rapport à l'autre (à l'autre, ici son semblable) qu'il soutient en tant que sujet. » Qu'il soutient en tant que sujet « veut dire que le langage lui permet de se considérer comme le machiniste, voire le metteur en scène de toute la capture imaginaire dont il ne serait autrement que la marionnette vivante ».

travers de la relation de l'enfant aux parents, s'impose avec sa composante d'angoisse dans les tout premiers mois de la vie de l'enfant; elle peut aussi ne faire problème qu'après l'acquisition du langage ou de l'autonomie motrice. L'attitude de la mère, du fait même de la déficience physique ou psychique de son enfant, induit chez ce dernier un certain type de réponses : l'étude plus approfondie de cette question permettrait d'expliquer le choix privilégié fait par l'enfant parmi différents types possibles de réponses. Lorsqu'un facteur organique est en jeu, tel enfant n'a pas seulement à faire face à une difficulté constitutionnelle, mais encore à la manière dont sa mère utilise cette défectuosité dans un monde fantasmatique qui finit par leur être commun à tous deux.

La réalité de la maladie n'est à aucun moment sous-estimée dans une psychanalyse, mais ce que l'on cherche à dégager c'est comment la situation réelle est vécue par l'enfant et sa famille. Ce qui prend alors un sens, c'est la valeur symbolique que le sujet accorde à cette situation en résonance à une certaine histoire familiale. Pour l'enfant, ce sont les paroles prononcées par son entourage à propos de sa maladie qui vont prendre de l'importance. Ce sont ces paroles ou leur absence qui vont créer chez lui la dimension de l'expérience vécue. C'est aussi la verbalisation d'une situation douloureuse qui peut lui permettre de donner un sens à ce qu'il vit. Quel que soit l'état réel de déficience ou de perturbation de l'enfant, le psychanalyste cherche à entendre la parole qui reste figée dans une angoisse ou emmurée dans un malaise corporel. Dans la cure, ce qui va se substituer à la demande ou à l'angoisse des parents et de l'enfant, c'est la question du sujet, son vœu le plus profond qui jusqu'alors était resté caché dans un symptôme ou dans un type particulier de relation à l'entourage. Ce qui se dégage, c'est la manière dont un enfant est marqué, non seulement par la façon dont il est attendu avant sa naissance, mais par ce qu'il va ensuite représenter pour l'un et l'autre parent en fonction de l'histoire de chacun d'eux. Son existence réelle va se heurter ainsi aux projections parentales inconscientes d'où viennent les malentendus. Si l'enfant a l'impression que tout accès à une parole vraie lui est barré, il peut dans certains cas rechercher dans la maladie une possibilité d'expression. Lorsque, dans la cure psychanalytique, on situe dès le départ parents et enfant face au problème du désir dans la relation de chacun à l'Autre, on obtient des parents une mise en question d'eux-mêmes dans leur histoire — et de l'enfant sollicité en tant que sujet, on obtient un discours parfois étonnamment articulé. Ceci pose le problème du langage dans un certain mode de relation à l'Autre et à soi-même. La rupture avec un discours que l'on peut qualifier d'aliéné, dans la mesure où il est celui des autres et de l'opinion, représente pour le sujet une aventure pénible. Le rôle de l'analyste est de l'aider à assumer cette aventure.

« L'histoire du désir, nous dit Lacan, s'organise en un discours qui se développe dans l'insensé. Ceci c'est l'inconscient — en un discours dont les déplacements, dont les condensations sont sans aucun doute ce que sont les déplacements et condensations dans le discours, c'est-à-dire métonymies et métaphores — mais métaphores qui n'engendrent aucun sens à la différence de la métaphore, déplacements qui ne portent aucun être et où le sujet ne reconnaît pas quelque chose qui se déplace. C'est autour de l'exploration de ce discours de l'inconscient que l'expérience de l'analyse s'est développée [1]. »

1. J. Lacan, séminaire du 13 mai 1959 (inédit).

2

Le transfert en psychanalyse d'enfants
Problèmes actuels[1]

Ce qui rend la discussion difficile dans le débat qui s'est instauré à propos de l'existence ou non du transfert en psychanalyse d'enfants, c'est la conception que se font les auteurs du transfert. Leurs points de référence sont l'affectivité, le comportement et l'adaptation : or, ces notions sont insuffisantes pour permettre de cerner ce qui est véritablement en question.

Je me propose d'interroger d'abord les manifestations de la névrose de transfert, telles qu'elles ont été dégagées dans deux textes [2]. Je m'arrêterai à un moment de la cure. Ce qu'il y a de commun dans les cas de *Joy* et *Dottie,* c'est la façon dont analyste, parents et enfant se trouvent, à une certaine étape de l'analyse, entraînés sur un même terrain de jeu, dans une situation d'angoisse.

Joy, 11 ans, est une pseudo-débile. L'auteur nous montre que c'est l'aveu d'un vœu inconscient (le souhait d'avoir un pénis, la négation de la différence des sexes, les vœux de castration, tous associés aux difficultés du calcul) qui va scander les étapes du transfert et marquer les premiers progrès de l'enfant dans la cure. Joy formule ensuite des demandes orales sur un mode de plus en plus régressif, cependant que se manifeste dans la vie une soif de savoir, qui alterne avec une interdiction de recevoir. L'auteur nous décrit

1. Communication à la *Schweizerische Gesellschaft der Psychotherapeuten für Kinder und Jugendliche,* Zurich, 29 janvier 1966. Paru in *Revue de psychologie et des sciences de l'Éducation,* préface de A. De Waelhens, vol. I, nº 4, Louvain, 1965-1966.

2. Sara Kut, *Changing pattern in the analysis of an eleven year old girl, Psychoanalytic Study of the child,* vol. VIII.

Selma H. Fraiberg, *Clinical notes on the nature of transference in child analysis, Psychoanalytic Study of the child,* vol. VI.

une succession de comportements appelés ***patterns :*** il s'agit en fait de rôles. Joy *est* successivement son propre père, sa mère, le mari ou le fils de l'analyste, voire l'analyste elle-même. Ceci se traduit dans son discours : l'enfant adopte la façon de parler du père, ou l'argot d'un autre enfant (un client de l'analyste dont elle est jalouse). Elle tient avec des enfants plus jeunes le rôle d'analyste, et donne même des conseils à des mères de famille.

Surgit *l'épisode du téléphone,* qui éclaire ce qui est en jeu à un moment précis de la situation transférentielle. Joy, après avoir traduit dans le transfert sa jalousie et ses revendications, exprime son vœu d'être *l'unique*. Ses parents s'absentant (ils sont partis en province pour un deuil), l'enfant est mécontente; elle fait alors un aveu à son analyste : elle souhaiterait tomber malade pour obliger ses parents à interrompre leur voyage. Peu de temps après, Joy vient d'une façon irrégulière aux séances et se fait de plus en plus exigeante dans ses demandes. L'analyste a l'impression que l'enfant cherche à se venger sur elle de l'abandon dans lequel le départ des parents la plonge. Au retour d'une de ces absences, l'enfant informe l'analyste de son mauvais état de santé. Joy est seule et ne va pas bien. Elle s'arrange pour inquiéter l'analyste et lui fait promettre de téléphoner pendant le week-end pour s'enquérir de son état. A l'heure convenue, l'analyste téléphone. On répond que Joy est partie. Inquiète, elle renouvelle son appel un peu plus tard : l'enfant décroche l'appareil, mais, prise de panique, se sauve. Il faut un certain temps à l'auteur pour se rendre compte qu'elle parle dans le vide : il n'y a pas d'interlocuteur, Joy a disparu. Le lendemain, l'enfant lui fait savoir qu'elle sera absente à une série de rendez-vous.

C'est dans la culpabilité que s'effectue le retour dans l'analyse : Joy se sent de trop. Elle a l'impression de gêner le tête-à-tête que son analyste (célibataire) pourrait avoir avec un homme. Le travail scolaire est en panne. Joy est en désarroi. Elle ne peut plus rien faire seule. Elle *demande* à l'analyste des idées. Les demandes se font de plus en plus pressantes, l'enfant téléphone quotidiennement « pour recevoir une interprétation », jusqu'au jour où l'analyste lui verbalise son vœu d'avoir un bébé. L'analyse marque alors un tournant. L'enfant se découvre plus intelligente que sa mère; mais le vol, qui était un des symptômes, subsiste.

L'absence des parents dans le *réel* a fait surgir un dommage *imaginaire* que l'enfant cherche à combler en formulant des demandes de plus en plus pressantes à l'égard de l'analyste. L'interprétation, portant sur le vœu de Joy d'avoir un bébé, dévoile le désir inconscient, et comme telle est opérante, au niveau symptomatique : l'enfant ne demande plus rien. L'analyste s'est néanmoins prêtée *dans le réel* au jeu du téléphone, sans chercher à comprendre ce qui était en jeu dans la demande d'interprétation de Joy. Ce que la fillette introduit alors par son interrogation sur le désir de l'analyste pour un homme, c'est ce qui manque à l'analyste et à elle-même pour qu'un discours puisse s'articuler hors de toute relation duelle : elle attend de l'Autre qu'il relance *ailleurs* ses plaintes. Si la réponse de l'analyste n'est opérante qu'à moitié, c'est parce que n'a pas été abordé ce qui était en jeu dans l'angoisse de cet appel. Le vœu de recevoir un enfant du père ne fait que frayer le chemin à une interrogation qui doit être reprise, et qui ici tourne court. Joy est à la recherche de ce qui est en fonction dans l'Œdipe, les repères lui manquent. Elle tourne alors le regard vers ce qui est en jeu dans le désir de l'analyste. Nous la voyons, dans un deuxième temps, se préoccuper de la tenue vestimentaire de l'analyste, de ses intérêts, de ses sorties, de ses amours. C'est à des *signes* qu'elle se raccroche, mais ceci échappe à l'analyste qui soutient son interprétation au niveau de la *conduite* (imitation de *patterns*). Tout se passe alors comme si l'enfant ne pouvait qu'être renvoyée à des satisfactions sur le plan de la fascination imaginaire. (C'est là qu'elle loge les interprétations reçues; elle ne les reprend pas dans un second mouvement. La réponse de l'analyste est une fin (gratifiante), elle ne relance aucun discours — la fin de l'analyse est d'ailleurs conçue comme une identification au sur-moi de l'analyste.) Rien d'étonnant alors de voir que le symptôme du vol demeure. Il n'y a pas de résolution de l'Œdipe.

Dans ce fragment de névrose de transfert, la position de l'enfant face à son désir et à celui de l'analyste n'a été abordée à aucun moment. L'accent est porté sur les sentiments éprouvés, sur les imitations dans la conduite; mais ce qui est en jeu dans tout cela reste écarté. Si l'élément imaginaire du transfert est entrevu, l'élément symbolique est passé sous silence : et c'est à ce niveau-là que Joy demeure de quelque façon en panne.

Si Joy joue de son appel, *Dottie* (7 ans),[1] elle, devient la proie d'une phobie des chiens dans la maison même de son analyste.

Le jour où l'enfant abandonne les troubles du comportement qui avaient motivé son entrée en analyse, la mère fait une dépression. Dottie développe alors d'autres symptômes (tics, puis peur des chiens). Un épisode phobique aigu empêche l'enfant de quitter la maison de l'analyste pour celle des parents : il survient le jour précisément où la mère téléphonait à l'analyste (après la séance) pour lui faire part des fantasmes de meurtre qu'elle nourrissait à l'égard de la fillette : « J'ai peur, dit la mère, de ce que je pourrais lui faire. » Cet appel, l'enfant n'en n'a pas connaissance. Au moment du coup de téléphone, elle se trouve dans la salle d'attente où elle a cherché refuge, après la panique qui l'a saisie dans les escaliers de la maison de l'analyste. L'appel de la mère met S. Fraiberg mal à l'aise. Elle s'imagine que l'enfant est en danger et estime, d'autre part, que c'est à sa propre analyste que la mère de Dottie devrait livrer cet aveu. Elle ne s'aperçoit pas que c'est au lieu même où se joue l'analyse de la fille que la mère a besoin d'apporter son angoisse. Dottie, elle, est en larmes, elle n'entend pas ce que l'analyste lui dit et se contente de répondre : « Je ne veux plus revenir. » La mère est dépressive, l'enfant est prise de panique, et l'analyste s'inquiète de ce en quoi elle voit l'irruption d'un tiers — la mère — dans son rapport avec Dottie.

La résistance se lit du côté de *chacun* des termes (enfant, mère et analyste). Chacun a peur d'un autre. Chacun est sous l'effet imaginaire d'un danger qu'il situe dans le réel.

Au cours d'une séance où Dottie exprime son désir de fuite S. F. interprète *cette peur*, lui dit : « Crois-tu que je suis un chien qui risque de te mordre ? » et *aboie*. L'enfant, surprise, se met à rire et nous assistons alors à un véritable jeu psychodramatique des rôles sont distribués, chacun est tour à tour pour l'autre le chien dangereux.

C'est au moment où Dottie s'identifie à l'agresseur que le symptôme phobique cède *dans les allées et venues de l'enfant chez l'analyste* A l'intérieur du transfert, Dottie n'a plus peur. C'est ailleurs que

1. Selma Fraiberg, *Clinical notes on the nature of transference, Psychoanalytic Study of the child,* vol. VI.

désormais la peur va se localiser et céder à son tour, à travers l'analyse du matériel œdipien [1].

On voit là ce qui s'est passé. Les progrès de l'analyse ont amené Dottie à vivre avec ses parents une réactivation de l'Œdipe. Elle a cherché à s'en défendre, ce qui s'est traduit dans le transfert par une résistance, dont l'effet d'angoisse s'exprimait à son tour par cette soudaine apparition d'une phobie des chiens. C'est à la demande du père que l'enfant était entrée en analyse (sa mère y était opposée) et les progrès de Dottie avaient eu comme effet l'effondrement de la mère. Tout le monde s'était trouvé dès lors en analyse : le père, la mère, l'enfant (avec des analystes différents). Le jour où Dottie avait été prise en charge, le symptôme migraineux avait pris pour la mère le relais du symptôme « enfant », ressenti jusqu'alors comme objet persécuteur.

L'analyste a beau écarter les parents, elle se trouve prise malgré elle dans un discours collectif : enfant, analyste et parents sont impliqués dans une situation. Et c'est à cette place-là que Dottie doit arriver à se repérer et à déjouer les effets imaginaires de l'angoisse et de l'agressivité. Or l'analyste, bien qu'elle craigne que la mère ne se révèle dangereuse, s'efforce de montrer à l'enfant que le réel est dépourvu de danger. Il n'y a pas de place dans cette analyse pour les fantasmes maternels, ils ne sont abordés ni par l'analyste, ni par l'enfant. Dottie ne semble d'ailleurs guère préoc-

1. Dottie amène une suite de thèmes, dont celui de la *sorcière :* « Une méchante reine se débarrasse de son enfant, qui se sauve avec sa jumelle qui lui cause des ennuis. Les enfants s'enfuient, avec la reine à leur poursuite. Ils trouvent finalement refuge auprès d'une vieille femme recevant beaucoup d'enfants... » *L'interdit sexuel* apparaît sous la forme suivante : « Un garçon et une fille marchent dans la forêt avec l'inscription « Ne touchez pas ». Ils touchent et sont changés en statue. Un prince les sauve — mais la sorcière intervient à nouveau : en rentrant chez eux, les enfants voient des petites statues d'enfants changés en *candy*. Les enfants mangent le *candy* et la sorcière menace de les manger — elle se reprend, ne les mange pas, mais oblige les enfants à rester là pendant un an. Au bout de l'année les enfants jettent la sorcière au feu. » S. F. voit dans ce conte la confirmation qu'il s'agit bien d'elle-même. L'enfant, commençant à aborder les problèmes sexuels, cherchait à fuir l'analyse et avait demandé à son père pour combien de temps elle en aurait encore. Celui-ci avait répondu : « Pour un an. » L'enfant, ajoute S. F., semble craindre que quelque chose de terrible ne lui arrive si l'analyste est au courant de ses jeux sexuels.

cupée par un danger réel (c'est à une peur imaginaire qu'elle a affaire sous la figure du chien). Les histoires qu'elle s'invente l'aident à trouver des solutions aux effets fantastiques suscités par des agressions imaginaires. Ce sont ainsi les demandes de l'enfant qui occupent l'avant-scène et supportent tous les déplacements (exigences orales d'abord, puis séduction du père : elle lui offre de partager son lit pendant une absence de la mère).

Le jour où elle se heurte au refus du père (qui décline l'offre séductrice au nom de l'interdit de l'inceste) marque un tournant dans l'analyse; c'est par rapport à une situation triangulaire que l'enfant cherche désormais à se repérer; elle le fait à travers des mythes, eux seuls lui apportent cette possibilité de *symbolisation* qui manque dans l'analyse (l'analyste n'étant pas sensible à l'élément symbolique présent dans le transfert). Ce qui gêne S. F. dans la conduite de sa cure, c'est la conviction de se trouver face à une mère nocive *dans le réel*[1]. L'aveu des fantasmes maternels est toujours entendu comme projet meurtrier et l'angoisse maternelle rejetée.

Or, c'est bien aux effets imaginaires de la panique maternelle que Dottie est sensible. Les fantasmes de destruction chez l'adulte la mettent en danger parce qu'ils réveillent d'une façon archaïque ses propres fantasmes de dévoration. Mère et enfant sont ainsi impliquées dans la situation transférentielle. La mère, par son appel téléphonique, tient à rappeler sa présence à l'analyste de son enfant, cependant que, dans son symptôme, Dottie témoigne du malaise maternel. C'est bien au lieu même où se joue l'analyse de Dottie que la parole de chaque acteur du drame cherche à se faire entendre. L'analyste, qu'elle le veuille ou non, se trouve face à un discours collectif. Mère et enfant sont toutes deux aux prises avec une forme d'angoisse liée à la nature fantastique de leurs projections. Chacune est pour l'autre le chien dangereux, et c'est bien à l'analyste en tant que tiers que le symptôme est apporté pour qu'elle

1. « A examiner les choses de plus près, il ne s'agit pas d'un symptôme transférentiel, car la phobie reste dans une relation de l'enfant à la mère... le transfert de ce symptôme en analyse constitue une résistance au travail thérapeutique... Nous pouvions montrer à Dottie que l'analyste n'était pas dangereuse mais nous ne pouvions pas nous appuyer sur la réalité de ces facteurs dans la famille de l'enfant. »

les en délivre (même si la mère semble négative et si l'enfant fait semblant de ne rien comprendre à ce qui lui arrive).

L'analyste, enfin, est marquée par l'angoisse ou l'hostilité de leurs transferts réciproques, et c'est dans la mesure où Selma Fraiberg se sent impliquée dans une histoire qui, au niveau du malentendu, a la dimension d'un drame, qu'elle se défend en affirmant qu'il n'y a pas de transfert. Or, c'est dès le départ, avons-nous vu, que l'analyste s'est trouvée confrontée aux demandes de l'enfant, aux plaintes et revendications maternelles. Le danger n'était pas uniquement entre l'enfant et sa mère, il était entre l'enfant et l'analyste, dans la mesure où cette dernière craignait que l'enfant ne la préférât à sa mère.

Le transfert, dans l'analyse de Dottie, exprime une situation de défense contre l'angoisse aussi bien à la maison qu'à l'école ou en analyse. En ramenant la notion de transfert à une référence directe à la personne même de l'analyste, S. F. s'est empêchée de faire surgir l'élément symbolique inclus dans la relation transférentielle (la solution à sa phobie, Dottie l'a trouvée dans les mythes).

Ce cas montre aussi qu'en analyse d'enfants, nous avons affaire à plusieurs transferts (celui de l'analyste, celui des parents et de l'enfant). Les réactions des parents font partie intégrante du symptôme de l'enfant et, partant, de la conduite de la cure. C'est l'angoisse de l'analyste devant l'agression ou la dépression du couple parental qui l'amène le plus souvent à nier toute possibilité de névrose de transfert. L'enfant malade fait partie d'un malaise collectif, sa maladie est le support d'une angoisse parentale. A toucher au symptôme de l'enfant, on risque de mettre brutalement à jour ce qui dans ce symptôme servait à nourrir ou au contraire à colmater l'anxiété de l'adulte. Donner au parent l'idée que sa relation à l'objet de ses soins risque d'être changée, c'est susciter des réactions de défense et de rejet. Toute demande de cure de l'enfant, même motivée sur le plan du réel, met en cause le parent, et il est rare qu'une analyse d'enfant puisse être menée sans toucher en rien aux problèmes fondamentaux de l'un ou l'autre parent (à leur position à l'égard du sexe, de la mort, de la métaphore paternelle). L'analyste est sensibilisé par ce qui s'exprime dans ces registres. Et il participe à la *situation* avec son propre transfert.

Il lui faut situer ce que représente l'enfant dans le monde fantasmatique des parents et comprendre aussi la place que ces derniers lui réservent, dans les rapports qu'il établit avec leur enfant (des interruptions brusques de cure sont généralement en relation avec la méconnaissance par l'analyste des effets imaginaires, chez les parents, de sa propre action auprès de l'enfant).

Dans le cas d'un enfant *psychotique*, c'est de façon continue que nous voyons surgir dans l'analyse l'angoisse du parent. Elle souligne chaque progrès ou régression de l'enfant. L'analyse de l'enfant réveille d'une façon brutale le propre problème œdipien de l'adulte. La mère, qui ne se sent pas le droit de garder un enfant œdipien, le renvoie à l'autorité destructrice de sa propre mère : « Mon père accepterait que je prenne quelqu'un pour Sophie, ma mère ne veut pas, elle trouve qu'il n'y a que chez elle que l'enfant est bien. Elle ne veut pas avouer qu'elle en a honte. Sophie, c'est une anormale; ma mère ne veut pas qu'on le sache au village, elle la cache. » Le père, coupable d'avoir un enfant œdipien, le *sacrifie* (et se sacrifie dans une sorte de besoin de réparation) : « Pour que ma fille ne soit pas contaminée, je sais que mon garçon doit mourir », me dit un père.

Il arrive qu'en état de crise, le parent s'en prenne à l'analyste (qui s'en trouve déprimé) et à l'enfant (qu'il agresse pour atteindre l'analyste) : « Je l'ai battu, je l'ai rendu fou de peur. Mais moi, est-ce que je compte pour vous ? je peux bien crever », me dit une mère — ces paroles, à quelques variantes près, seront reprises ultérieurement par le père de ce même enfant !. Les paroles apportées à l'analyste sont des vœux de mort à l'égard de l'enfant. Et ces vœux de mort ne s'adressent pas tant à l'enfant *réel* qu'à l'autre *imaginaire* du parent [1].

Le conflit œdipien qui apparaît ainsi (et s'exprime dans la situation transférentielle sous forme de plainte, de revendication, ou d'offrande sacrificielle) cache un autre mécanisme plus compliqué. Le parent se situe alors *à la place* de l'enfant malade, avec un danger de désidentification : « Moi, comme lui, je suis fou et d'ici six mois je me tue », me dit un père. D'autres fois, il entre en rivalité avec

1. Le danger apparent de meurtre cache en fait un danger de suicide chez le parent.

l'analyste sur le plan de la relation imaginaire qu'il serait censé établir avec l'enfant : « Ce ne sont pas ces paroles-là que vous devez lui dire, me lance une mère, c'est tout de même moi la mieux placée pour penser les besoins de mon enfant, c'est moi seule qui sait à ce niveau-là. Vous ne pouvez m'ôter cela. »

Ce qui est en jeu dans cette situation duelle mère-enfant, apparaît dans la situation transférentielle et ne se limite pas au seul rapport de l'enfant au parent dit pathogène — mais surgit aussi dans la situation éducative particulière de l'enfant psychotique, telle que l'analyste la découvre lorsqu'il contrôle le travail de l'éducatrice à qui il a confié l'enfant. Ce sont ces différents points que je vais essayer d'approfondir maintenant.

Les parents d'*Émile* (6 ans) me sont adressés par l'hôpital qui leur a rendu le dossier médical après des années de soins demeurés sans effet. L'encéphalopathie organique de l'enfant ne fait aucun doute, mais l'appréciation de ses séquelles reste difficile à évaluer. L'enfant ne parle pas, il est saisi de terreur dès que sa mère s'éloigne. A 4 ans, Émile se laissait mourir de faim au cours d'une hospitalisation; à 5 ans, une séparation de dix mois a ramené un même état de dépérissement : « Ce cas relève de l'asile psychiatrique, dit-on pour finir aux parents. Tentez toujours une psychothérapie. » J'accepte de prendre l'enfant à l'essai pendant trois mois. Un neuropsychiatre m'y encourage : les diagnostics médicaux ont en effet toujours mis l'accent sur la gravité du facteur psychotique, mais tout abord psychanalytique du problème a été systématiquement refusé à cause de l'importance du déficit organique. « Émile a été examiné par tant de spécialistes, me dit la mère, personne ne l'a même regardé ou ne lui a parlé. Un coup d'œil suffisait. Ce coup d'œil le rayait comme être humain. C'est comme déchet qu'il nous était à chaque fois rendu. »

La mère est une jeune femme intelligente, Émile est son troisième enfant. C'est à cause de lui qu'elle a abandonné un métier qu'elle aimait pour devenir par contrainte « femme au foyer ». Le mari parle peu. Il est marqué par le poids que constitue la présence d'un enfant très handicapé. Il estime que cet enfant est victime des médecins et des drogues : « Émile a été désigné par le destin pour être sacrifié. « Que voulez-vous y faire ? », ajoute le père. Il ne voit guère l'utilité d'une psychothérapie. D'autres médecins n'ont-ils pas souscrit à la nécessité d'un placement à vie ? Pourquoi ne pas s'y prendre tout de suite ? Le père d'Émile est ému par la détresse de sa femme qui me lance un véritable appel au secours. L'échéance du placement définitif est finalement repoussée de trois mois. Le père accepte de n'opter pour l'irréparable qu'après une tentative d'approche psychanalytique. Si la mère me donne toute sa confiance au premier entretien, elle se reprend à la deuxième séance et me dit : « Et s'il n'y a rien à faire, pourquoi ne pas le placer tout de suite, comme cela je n'y penserai plus. » Chacun des deux parents est prêt à souscrire au diagnostic sans appel qui a été posé. Tout sursis est à nouveau refusé. Ce revirement brusque m'étonne. Cet enfant que je n'ai pas encore vu risque déjà d'être définitivement placé.

C'est la culpabilité des parents qui s'exprime à travers le diagnostic dont ils se sont emparés. Je leur réponds :

— On dirait que vous êtes persuadés qu'Émile n'a pas le droit de vivre, puis que le jour où vous rencontrez une équipe prête à vous aider, vous flanchez. Vous dites même qu'on ne peut faire ça au Dr X. Mais le Dr Y ne cherche pas à nuire au Dr X. Il demande un délai avant de se prononcer. C'est vous qui embrouillez actuellement la situation par votre hâte.

— On nous avait d'abord obligés de nous diriger vers la psychothérapie. Puis on nous a dit de choisir. C'est pas pareil. Nous, on ne sait pas. Seul le médecin *sait,* souligne la mère.

— La situation n'est pas claire, dis-je, c'est vous qui avez envie que l'on traite votre enfant « comme un être humain », ce sont vos propres paroles. Et le jour où cela pourrait être possible, vous vous retirez comme si l'équipe psychanalytique risquait, en gagnant, de faire du tort à l'équipe médicale qui a elle-même déclaré forfait. C'est vous et non les médecins qui portez la question sur le terrain d'une alternative : ou la psychanalyse (en gagnant ou perdant, on se met à dos le Dr X) ou le placement immédiat (pour ne pas mécontenter le Dr X qui pourrait se venger). Pour ne pas faire du tort à Émile, vous êtes prête à le sacrifier.

— Mais si son salut était dans l'au-delà ? reprend la mère.

C'est exactement dans ces mêmes termes que la mère m'a parlé, au départ, de son père : « Il a trouvé son salut dans la mort », c'est-à-dire en se suicidant. La mère d'Émile avait alors 14 ans. Elle chercha en vain à faire son deuil à travers une anorexie mentale qui dura plusieurs années. J'établis le rapprochement entre la mort du grand-père maternel et celle d'Émile (non encore mort). La mère en pleurs répond : « Eux, c'est comme moi, il y a au fond de nous une impossibilité à vivre. »

Voilà donc un enfant qui ne semble pas avoir d'autre choix que d'occuper, comme *sujet,* la place du mort. La gravité de la maladie d'Émile évoque pour sa mère l'anxiété suscitée par la dépression paternelle et ses propres vœux d'en finir avec la vie. Émile, elle le reconnaît justement dans cette façon qu'il a d'être un vivant mort aux vivants, excepté à elle : « Quand il bouge, je reconnais en lui mon père. » Le deuil qu'elle n'a pas fait de son propre père, amène cette jeune femme à faire le deuil d'un enfant non encore mort (dans lequel elle se reconnaît avec son père). Tout la pousse, d'autre part, à essayer de le sauver. « Seulement, ai-je le droit? que vont devenir mes autres enfants ? » Ce qui m'est demandé, est de l'ordre de la levée d'un interdit. (Une culpabilité œdipienne vécue à propos de la maladie de l'enfant amène les parents à poser les possibilités de guérison en des termes qui sont ceux du droit à vivre.)

A la troisième séance, je vois Émile avec sa mère. L'enfant est menu, il a de grands yeux noirs vides; dès qu'il se trouve sur les genoux de sa mère, les yeux deviennent expressifs : l'enfant à ce moment-là a l'apparence d'un bébé normal. Il circule dans la pièce, sans but, tout est vécu en dedans. Émile non seulement ne joue pas, mais est incapable de tenir quelque chose dans ses mains. Si je m'approche, il s'enfuit :

— Tu as peur que je ne t'enlève à maman. Quand on t'a séparé de maman tu as cru qu'on te punissait d'avoir été méchant et tu as été malheureux, sans trouver de mots pour dire ta tristesse.

L'enfant grimpe sur les genoux de sa mère et la couvre de baisers.

— Mon pauvre petit, il me rend folle, je n'en peux plus, murmure la mère émue.

— Ta maman est fatiguée, mais tu n'as rien mis de mauvais dans maman. Par moments, on dirait que tu cherches à être malade à la place de maman.

C'est alors que la mère évoque son anorexie mentale à elle, ses dépressions, la mort du père de son mari quand celui-ci avait

8 ans : « C'est la mort qui nous a rapprochés en tant que couple », ajoute-t-elle.

Dans ce fragment de cure, nous pouvons :

1° voir la place que j'occupe dès le départ dans la situation transférentielle : je suis celle dont on attend le miracle.

2° assister ensuite à une série de renversements dialectiques : *pemier renversement :* les parents renoncent à l'analyse et souscrivent au diagnostic premier, « dans l'intérêt de l'enfant »;

deuxième renversement : ce qui est mis en jeu, c'est la place réservée à l'enfant comme mort (en écho au problème œdipien des parents);

troisième renversement : la mère « sent » son enfant, elle pourrait jouer un rôle bénéfique dans la psychothérapie. Ai-je le droit ? se demande-t-elle alors. Tout se passe comme si la guérison de cet enfant se heurtait à un tabou.

3° La cure psychanalytique démarre avec la mère et l'enfant. L'enfant est sensible à mes interprétations, il le montre dans le langage du corps : en s'éloignant ou en se rapprochant de sa mère. La mère trouve alors une parole pour évoquer des souvenirs tout entiers centrés autour du deuil non consommé de son propre père.

Les parents sont entrés dans la cure par une demande qu'ils ont ensuite essayé d'annuler. Le désir qu'ils m'imputent de guérir leur enfant, réveille en eux des problèmes relatifs aux interdits. La question qui se pose à la limite dans le transfert est bien celle-ci : ne faut-il pas laisser mourir Émile (en suivant ce qui est censé être son destin) plutôt que de le forcer à vivre ? Les parents souhaitent que ce soit moi qui me prononce sur le choix.

Dans son discours, la mère se met parfois elle-même à la place du mort (par identification à l'objet perdu ?) et lorsqu'elle me lance un appel, il lui faut ensuite le défaire, comme si une sorte de panique la poussait à ne pouvoir jamais se soutenir au niveau de ce qu'elle désire. Lorsque cette mère se désire désirant la guérison de son fils, c'est le problème de la mort qui surgit (celle de son père, du fils et d'elle-même), comme s'il y avait une nostalgie d'un passé impossible qu'Émile aurait pour mission de perpétuer.

Toute maladie organique grave chez l'enfant marque les parents en fonction de leur propre histoire. C'est cela qui apparaît ici dans la situation transférentielle.

Réexaminons tout cela. Dans le transfert que fait la mère d'Émile sur moi, sont présents un élément symbolique et un élément imaginaire. Avant l'entrée de son fils dans la cure, la jeune femme sait qu'elle peut tout attendre de l'analyse, y compris d'en être marquée par la déception la plus radicale. Avant même que je m'introduise, les motifs de rupture sont rassemblés. C'est dans la mesure où, sur un plan fantasmatique, je suis (pour les parents et la mère en particulier) le support d'un savoir et le représentant d'une toute-puissance magique, que la rencontre dans le réel de ma personne peut précipiter une sorte d'*acting out* (décisions de rupture) selon un processus inconscient déjà en place. Le transfert est donc là *avant* l'apparition de l'analyste. Les consultations médicales multiples, les interventions du mari, le placement un instant entrevu puis rejeté, ne sont que l'effet de l'anxiété maternelle. C'est la mère qui tire les ficelles d'un jeu dans lequel tout le monde se trouve vite dépassé. Elle induit les décisions médicales contradictoires et panique ceux qui s'occupent de l'enfant. La mère trouve ainsi dans le réel la confirmation qu'elle ne peut rien attendre de personne (le jour où elle risque de ne pas être déçue, elle met tout en œuvre pour que rien ne se réalise).

Si la rupture n'a pas eu lieu, c'est parce qu'un élément *imaginaire* était également présent dans le transfert. Dans les séances, je vois ensemble mère et enfant. C'est de se sentir regardée par moi avec cet enfant (considéré par les autres comme un déchet) que la mère va pouvoir se réinvestir d'abord comme sujet sur un plan narcissique. Elle ne forme qu'un tout avec cet être perdu — et c'est à ce tout que je parle. L'enfant répond à mes interprétations sur un plan moteur, la mère évoque le passé en paroles et pleure. Elle trouve en moi un support idéal qui lui permet de s'accepter, voire de s'aimer comme « bonne mère ». Et dans cette relation quelque chose est présent comme référence ternaire (quelque chose donc de symbolique) puisque nos rapports sont commandés par des règles qui doivent servir à la guérison du fils.

Dans tout cela, le transfert n'est pas le fait d'une pure relation interpersonnelle. Il y a même, comme nous l'avons vu, préparé d'avance, un scénario où se trouvent inscrits les motifs de rupture. Et je ne peux démasquer le caractère trompeur de ce scénario qu'en comprenant que c'est là que la mère situe sa vérité. Ce n'est pas l'analyse des résistances maternelles qui peut nous aider, mais bien la mise à jour de ce qui est en jeu chez la mère dans ses rapports au sexe, à la mort, à la métaphore paternelle, c'est-à-dire ce qui a pu jouer pour elle au niveau du désir dans les différentes formes d'identification. (Nous avons vu le rôle joué par la corrélation inconsciente établie entre la mort du père, les idées suicidaires de la mère et l'acceptation de la mort d'un enfant encore vivant.)

Ce cas, par les questions qu'il soulève sur le plan du transfert, a quelque rapport avec les difficultés rencontrées par Freud dans l'analyse de Dora. C'est dès avant l'entrée de la jeune fille en analyse que se dessinait déjà dans un rêve la place réservée à Freud dans le transfert. Mais Freud cherche les indices de sa place dans les associations d'idées de Dora (espérant y trouver des indications de résistance ou y repérer des formes de déplacement) et le transfert n'apparaît jamais là où il croit le saisir [1]. A cette époque, Freud ne pouvait savoir qu'il se heurterait à un scénario où tout était prévu d'avance, y compris l'inutilité de son intervention.

C'est lorsque Émile avait 3 ans, que certains médecins ont mis l'accent sur le facteur psychotique qui aggrave les déficiences organiques de l'enfant. C'est l'attitude de la mère qui a en fait découragé tout abord psychanalytique du problème. Ses revendications à l'égard du corps médical n'ont jamais eu d'autre but que de faire éclater au grand jour l'impuissance de tous les médecins. Et c'est bien cet élément-là qui va servir ensuite à alimenter le transfert, présent avant même que la mère ne me rencontre.

Cette situation est essentielle à comprendre, car elle sert de modèle à un certain type de relation *mère-médecin* (l'enfant y étant utilisé pour souligner la carence du médecin). Mais le jeu de l'analyse

1. L'analyse de Dora peut s'entrevoir comme le déroulement d'un même fantasme, le transfert s'exprimant à deux niveaux : 1°) La jeune fille se situe dans une relation imaginaire au père et polarise ses intérêts sur toutes les femmes qui captent son attention. Sa question sur ce qu'elle est, c'est là qu'elle la pose. 2°) A travers le réquisitoire prononcé par Dora, c'est bien du lieu d'un Autre qu'elle cherche à recevoir sa vérité — mais il est dit que les hommes ne pourront qu'échouer avec elle. Cet élément-là, Freud ne l'a entrevu qu'après la décision de rupture. (Décision que l'on retrouve en filigrane dans tout le jeu que Dora donne à voir. Mais Freud à cette époque n'a pas encore saisi le rôle joué dans le transfert par l'élément symbolique.)

Cf. séminaire de J. Lacan des 9, 16, 23 janvier 1957. Compte rendu de J.-B. Pontalis in *Bulletin de psychologie*.

se joue aussi à un autre niveau. C'est à partir de la relation pathogène *mère-enfant* que le travail analytique doit se faire (non pas en dénonçant la relation duelle, mais en l'introduisant telle quelle dans le transfert) : c'est par là que nous assisterons d'abord à un réinvestissement narcissique de la mère : ensuite, c'est dans un rapport à l'autre que va surgir l'élément tiers (signifiant) [1] qui permettra à la mère de se repérer (c'est-à-dire de se situer par rapport à ses propres problèmes fondamentaux en n'y incluant plus l'enfant).

Si la cure de Dora a été compromise dès le départ, c'est bien aussi parce qu'elle y est entrée par la demande du père. Et ce que le père attend de Freud, c'est qu'il devienne le complice de sa tromperie — ce que Dora devine pour porter avec cette constance l'accent sur « les cachotteries et moyens détournés du père ». Il n'est pas indifférent de voir par la suite Dora abandonner en même temps les K., Freud et son père, non sans avoir récupéré auparavant le « droit » de savoir qu'on lui mentait et le plaisir de le proclamer bien haut (en mettant chacun dans l'embarras).

Toute demande parentale de guérison au sujet d'un enfant malade est à situer d'abord sur le plan fantasmatique des parents (et de la mère en particulier) [2] et à comprendre ensuite au niveau de l'enfant (se sent-il concerné par la demande de guérison ? Comment utilise-t-il sa maladie dans ses rapports à l'Autre ?). L'enfant ne peut s'engager dans une analyse pour son compte à lui que s'il est assuré de servir ses intérêts et non ceux des adultes.

1. *Signifiant* (unité du code) : Terme emprunté à *de Saussure* dans une conception où l'on tient l'inconscient pour structuré comme un langage (Lacan). Un aspect du discours inconscient (comme Freud l'a souligné) veut que ce soit en fonction de lois précises qu'apparaissent dans le discours du sujet les effets des mécanismes de déplacement *(Verschiebung)* et de condensation *(Verdichtung)*. Tout un jeu du sens et de la lettre est livré au niveau du discours inconscient. Les associations d'idées se font selon une double voie, la voie littérale, dite « signifiante », et la voie du sens, dite significative (cf. J. Laplanche et S. Leclaire, *L'Inconscient,* in *Temps modernes,* juillet 1961). Le mécanisme de condensation est le résultat de la substitution d'un signifiant à un autre signifiant (et il produit un effet métaphorique). Le déplacement marque au contraire la connexion d'un signifiant à un autre signifiant, et produit un effet métonymique. Dans le déroulement de toute analyse, apparaissent des « signifiants clés » (la mort, le phallus, le nom du père) etc.

2. Que représente pour elle le signifiant « enfant » et le signifiant « enfant malade » ?

Ce problème aussi se pose d'une façon différente dans les cas de psychose et d'arriération. Lorsque mère et enfant sont dans une relation duelle, c'est dans le transfert qu'on peut arriver à étudier ce qui est en jeu dans cette relation, et porter les interprétations sur la façon dont, par exemple, les besoins de l'enfant sont pensés par la mère. C'est par là que l'on touche à certaines positions fondamentales de la mère, qui ne peuvent souvent être analysées qu'à travers l'angoisse et dans une situation persécutive.

La cure de *Christiane* (enfant psychotique âgée de 6 ans)[1] a failli être interrompue par la mère le jour où j'ai encouragé le désir de l'éducatrice d'emmener l'enfant chez elle en vacances. La mère, jusqu'alors positive à mon égard, s'est sentie brusquement en danger d'être rejetée, ou plutôt supprimée. Et c'est en proie à un véritable raptus anxieux qu'elle retrouve son mari et lui demande d'empêcher le vol de sa fille qu'on est censé préparer. Cet *acting out* est lié à mes paroles rapportées à la mère par l'éducatrice (« Mme M. est d'accord avec ma proposition, qu'en pensez-vous ? »). J'ai commis l'imprudence d'approuver une suggestion, avant d'en avoir fait comprendre le sens à la mère. Ce qui n'a pu être reçu à un niveau symbolique va être vécu au niveau d'une lésion imaginaire. Ainsi se réveille un fantasme dans lequel la fille est arrachée à sa mère, qui ne peut vivre ainsi, et c'est en proie à un désordre émotionnel intense qu'elle adresse à son mari un appel au secours. Il faut qu'il intervienne *pour que sa fille lui soit laissée*.

Le sens de cette demande s'éclaire dans les reproches que la mère m'adresse : « Voulez-vous donc que ma fille n'aille plus à la selle, ne mange plus et risque la noyade ? » Ces paroles sont répétées devant l'enfant qui assiste paniquée au désarroi de sa mère et répond à cette situation d'angoisse par de la constipation. Au refus de l'enfant, la mère oppose une prière. A genoux, en larmes, elle supplie : « Tu me le donnes *mon* caca ? » La demande se fait de plus en plus insistante jusqu'à la menace finale proférée par une femme hurlante, hors d'elle : « Si tu ne me le donnes pas, j'irai te le chercher. »

En séance, Christiane mime une mère dévorante qui oblige le

1. Lorsque je fais référence à des cures personnelles, le *diagnostic* a toujours été établi par un, voire deux ou trois neuropsychiatres. Les enfants me sont adressés par le médecin en fonction du diagnostic établi.

bébé à lui donner ses yeux, sa bouche, le trou de derrière, le trou de devant, le trou des oreilles, le trou du nez. Le bébé (dans le jeu mimé) finit par se perdre dans *un symbole*[1] offert à la mère.

Le danger de la situation transférentielle est apparu à Christiane le jour où sa mère en panique a perdu ses propres repères identificatoires. Pour ne pas risquer l'abandon, Christiane, en réponse au désarroi maternel, se fait bouche à nourrir, anus auquel on arrache les selles — et dans son jeu elle témoigne qu'elle s'y perd comme sujet.

A la séance suivante, Christiane est uniquement refus. L'analyste, en mettant la mère en danger, a détruit la référence au tiers qui existait dans le transfert imaginaire de la mère.

Il avait été possible à la mère d'être un agent thérapeutique tant que, dans le réel, je maintenais la présence de Christiane. Dans son rapport à l'enfant, elle cherchait alors à se valoriser à mes yeux comme bonne mère, en mettant en retrait ses demandes pour que Christiane arrive à naître à un désir. C'est en se situant dans mon désir que la mère peut accepter une situation où Christiane n'a plus à combler son manque. Mais elle ne peut le faire qu'au prix de se sentir narcissiquement investie par moi comme mère. C'est la voie du transfert qui lui ouvre une possibilité de désexualiser ses liens avec sa fille, et lui fait découvrir la tendresse : « C'est en vous voyant avec Christiane que j'ai changé d'attitude avec elle. » Par l'intermédiaire de l'image du corps de l'autre, la mère a trouvé un appui dans sa relation à son enfant. C'est d'avoir minimisé (ou refusé) le caractère massif du transfert de la mère sur moi qui m'a fait commettre l'erreur d'approuver une séparation au moment où l'enfant commençait à sortir de sa psychose. La perturbation qui s'en est suivie, s'est fait sentir par-delà la mère au niveau de l'enfant (agressée par une mère qui avait brusquement perdu toute identification). Ce qui est apparu comme répétitif dans la situation transférentielle, c'est la façon qu'a eue l'enfant de régresser dans les formes de sa demande au point de se soutenir jusqu'à n'être qu'une bouche ou un anus. La panique de la mère a été provoquée par

1. Ce qui est extrait de l'objet partiel (nez, oreilles, intestins), c'est l'orifice en tant que tel, conçu comme le représentant de la fonction maternelle (c'est dans ce sens que je le dis symbole).

des paroles entendues et répétées par l'éducatrice. Au niveau du signifié, le discours tenu par moi n'avait cependant en soi rien d'alarmant. Pourquoi l'enfant ne partirait-elle pas avec son éducatrice ? Je n'avais pas donné d'ordre. C'est à un sentiment de danger qui était déjà là sur le plan inconscient que la mère a réagi. Les paroles de l'éducatrice ont ainsi donné corps au fantasme préexistant. Ce fantasme, la mère s'y trouve comme sujet, en retenant l'enfant qu'on veut lui arracher (comme dans une sorte de fascination imaginaire). Dans le réel, la jeune femme se change en mère hurlante, induisant l'épouvante. Il s'agit d'une situation d'angoisse très précoce revécue dans le transfert. La mère s'est sentie persécutée en imagination, poursuivie par l'image fantastique de deux parents désirant sa propre perte. Elle n'avait soudain plus personne à qui se référer. Ce n'est qu'après cet épisode ayant entraîné une crise de dépersonnalisation, que j'apprendrai par la mère ce qu'elle avait souhaité me tenir caché : « J'avais un père fou, il a été interné pour paranoïa, puis rendu à sa famille. Ma mère était hurlante. Entre ces deux êtres, moi je ne me rendais compte de rien. Puis à 15 ans, j'ai fait une dépression nerveuse. J'ai été ensuite tuberculeuse. Après la naissance des aînés, j'ai été chaque fois malade. Avec la maladie de Christiane la santé m'est revenue. J'occupais le temps par elle et non par moi [1]. »

Le transfert dans ce cas ne s'est cependant pas établi en seule référence directe à ma personne. Ce sont les éléments inconscients qui ont joué dans le réveil d'une situation d'angoisse, à propos d'un danger imaginaire dans lequel m'était attribué (dès le départ) le rôle d'agent castrateur. La situation conflictuelle a été vécue dans une sorte de passage à l'acte, le mari ayant été investi des émotions dont était objet l'analyste. C'était à lui désormais que serait dévolu le rôle de guérisseur. C'est parce qu'il ne s'est pas laissé entraîner dans une situation persécutive, que l'analyse (du couple mère-enfant) a pu continuer. L'analyse ultérieure de cet épisode de la cure montra que la mère avait fait appel au mari pour qu'en fait rien ne change, c'est-à-dire pour demeurer, elle, le meneur du jeu. (L'analyse de l'enfant met en effet en lumière

1. Ces paroles expliquent la manière dont le corps de Christiane a pu devenir l'autre corps de la mère (cf. p. 80 : « Tu me le donnes mon caca ? »).

les difficultés de la mère dans ses rapports à la Loi; être marquée par la Loi la renvoie à la folie de son propre père, et elle se refuse d'être le jouet d'une loi capricieuse. Et c'est bien aux signes de ce caprice qu'elle s'est arrêtée dans la crise panique qui l'a saisie dans le transfert. Mais ces signes, on peut dire qu'elle les attendait dès l'entrée de l'enfant dans la cure; c'est là l'élément important.)

Christiane répond à la situation dangereuse du transfert en s'effaçant comme sujet de désir, elle se fait pur symbole (offrande à envoyer, par-delà la mère, aux morts). Elle reproduit la réponse qui avait toujours été sienne avec sa mère. L'analyse l'avait fait basculer dans un autre registre; mais les réactions maternelles ont induit l'enfant à effacer ce qui était acquis. Le désir de la mère de Christiane est bien qu'elle ne naisse pas au désir. C'est à la mort dans le désir de l'Autre que l'Homme-aux-loups s'est également heurté tout jeune. Ce que Freud a mis en lumière dans la cure entreprise avec lui, c'est le vœu inconscient du malade de ne rien savoir, non seulement du problème de la castration, mais de toute forme de désir. La dénégation s'introduit au point où nous voyons le sujet disparaître dans ses constructions fantasmatiques. Christiane, après une amélioration spectaculaire, va vivre dans le transfert un épisode régressif : elle me refuse et exprime, en réponse à la position persécutive de la mère, son vœu de rester dans le non-désir. Elle reproduit le cérémonial obsessionnel qui avait marqué son entrée dans la cure : elle efface les traces de saleté, les marques de pieds, les empreintes des doigts; c'est après avoir fait le vide dans un certain cercle qu'elle peut s'y installer. L'enfant, manifestement, se sent en danger d'être agressée (comme sa mère s'est sentie agressée) par moi; pour éviter tout ennui (y compris celui d'être prise en sandwich entre sa mère et moi), l'enfant est prête à se figer définitivement dans la psychose. Ses jeux se font de plus en plus stéréotypés, le regard absent, l'enfant, dans un geste sans cesse repris, murmure : « Il est parti le trou. » C'est son cadavre qu'elle me laisse. Le jour où la mère « récupère », l'enfant (en présence de la mère) se blottit sur mes genoux. Dans un jeu, je lui donne le biberon, en référence à ce qu'autrefois elle reçut de sa mère. Et c'est en référence (par mes paroles) à ce qui a été vécu autrefois en participation de corps avec la mère, que l'enfant (en accord avec la mère qui ne craint plus que je lui rapte son enfant) peut s'engager plus avant dans l'aventure analytique. L'analyse du transfert négatif de ce type de patients (et de leur mère) met à jour le côté fantastique de leurs émotions. Christiane refuse de guérir si sa mère doit en mourir. Et ce n'est que longtemps après que la mère a pu expliquer ce qui se trouvait effectivement en jeu dans sa panique : « J'ai reçu en pleine figure la révélation de ma jalousie, et d'une haine. C'est dans ce même éclair que j'ai dû mettre à la place l'histoire du rapt. Je ne sais plus. Ce que je sais c'est que vous avez eu le pouvoir de me rendre folle. »

La relation de confiance, la mère n'a pu l'établir qu'à travers un point de rupture : là s'évanouissait et se retenait en même temps la part narcissique d'elle-même qu'elle avait pu investir sur moi. Cette rupture, j'aurais pu l'éviter. Elle n'a toutefois été possible que parce que, sur le fond d'amour de la mère à mon égard, il y avait, cachés, « une haine » et des vœux inconscients de mort. Les paroles de l'éducatrice n'ont fait que rejoindre tout ce qui était déjà inscrit dans l'inconscient maternel; c'est cette rencontre-là qui a produit l'intensité de l'effet émotionnel. L'aveu que la mère me fit en début de cure : « Le Professeur X n'a confiance qu'en vous et moi je sais que vous guérirez Christiane », avait comme corollaire une autre phrase (qui n'a pris tout son sens qu'ultérieurement : « Vous comme les autres (ces hommes) vous échouerez. Il n'y a que sur moi que Christiane puisse compter. » La résistance de la mère, quand elle prend la forme d'une hostilité envers ma personne, n'est en fait que l'obstacle dans son propre discours à l'aveu du désir inconscient. Le fantasme du rapt d'enfant n'a pas d'autre fonction que de voiler ce que la mère veut se tenir caché à elle-même. Si les paroles de la mère (tout comme dans le cas de l'Homme-aux-loups [1]) sont pertur-

1. Pour Freud, ce qui est mis à jour, ce sont les paroles maternelles et le poids du non-dit sur une destinée, ainsi que la façon dont se constitue précocement chez l'Homme-aux-loups la forclusion de toute curiosité sexuelle (c'est-à-dire toute la position du sujet face au désir). L'Homme-aux-loups est pour sa vieille Nania le remplaçant d'un fils mort en bas âge. C'est en ressemblant à cet enfant mort qu'il se maintient dans son désir. Il se heurte à un père dépressif et à une mère préoccupée par ses douleurs abdominales : « Je ne peux plus vivre ainsi. » Il ne rencontre chez l'adulte aucun désir de vivre. Et il est désiré sans désirs par l'Autre. C'est entre 4 et 5 ans qu'il va se figer dans le non-désir.

bantes pour l'enfant, c'est dans la mesure où elles jouent un rôle décisif, par les possibilités d'identification [1] qu'elles lui offrent ou lui refusent.

J'ai exposé [2] comment *Léon,* enfant psychotique de 4 ans, a été atteint par les paroles et le silence de la mère : non pas que cette atteinte réalise ce qu'on entend quand on parle, en un sens trop limité, de *traumatisme* [3] (et dont l'effet de panique entraîne une régression, voire une fixation, à partir de quoi le sujet, dans une quête désespérée de la dimension symbolique qui manquait à l'avènement réel, s'efforce d'installer en lui des substitutions signifiantes); il s'agit en fait plus généralement *d'un arrêt dans l'accéder au désir,* avec, pour l'enfant, la quasi-interdiction de se manifester autrement qu'aliéné dans le vœu maternel. Une situation se trame ainsi dans laquelle (par l'effet de non-sens qu'ont créé les paroles maternelles) l'enfant se sent seul, sans aucune possibilité d'introduire une dimension imaginaire [4], puisque la médiation (dans une parole sensée) de la mère lui fait défaut, et que cette médiation est nécessaire pour que l'enfant puisse accepter

1. *Identification :* Dans les cas de *psychose,* la parole maternelle (que sous-tend le fantasme de la mère) renvoie l'enfant à ne pouvoir se soutenir qu'au niveau de la demande, sans jamais accéder à une possibilité d'identification objectale. Dans les cas de *névrose,* au contraire, la parole maternelle renvoie l'enfant à des possibilités d'identification, mais conflictuelles.

2. *La débilité mentale en question,* Appendice du présent volume. Léon isolé dans un non-sens à l'état pur ne peut matérialiser son émotion que dans un équivalent épileptique. Marqué par le drame maternel, il reste seul avec son image, en proie à la panique la plus totale, faute d'un Autre à qui se référer.

3. *Traumatisme :* Intervention dans le réel d'un événement pénible dont le surgissement absurde laisse le sujet dans l'impossibilité de dégager un sens sur un plan symbolique (métaphorique), faute d'être passé par les voies signifiantes (cf, D. Ferenczi : *The psychic consequences of a « castration »,* in *Further Contributions*).

4. *Dimension imaginaire :* Le processus identificatoire étant inconscient, le sujet ne peut savoir à qui il s'identifie. Sa question sur ce qu'il est, c'est du lieu de l'Autre qu'il la pose. C'est le *regard de l'Autre* qui lui renvoie l'image de ce qu'il est. Il y a perte de repères identificatoires lorsque l'enfant ne peut se saisir dans le regard de l'Autre parce que le désir inconscient de l'Autre qui sous-tend ce regard est ressenti comme un désir de mort. Le sujet est dès lors en difficulté à pouvoir établir une relation imaginaire. C'est l'absence de la dimension imaginaire que nous retrouvons dans certaines formes de psychose.

sa propre image. C'est cette dimension imaginaire que j'essaye d'introduire dans la cure par le biais du langage.

Le transfert s'établit avec l'enfant à partir de l'interprétation juste qui coupe une colère, arrête une « absence épileptique ». Il est exclu que Léon puisse avoir chez moi un comportement suicidaire (ma parole agit sur sa panique, il ne se blesse pas au cours des séances). Si aucune relation imaginaire ne peut s'établir avec moi, j'existe et je parle d'un lieu où une vérité s'impose. Je romps une relation narcissique (dont la seule issue était l'autodestruction ou la destruction de l'Autre) en introduisant dès la première séance la notion du corps de Léon et du corps de l'Autre, l'idée de l'existence de Léon et de son père, de Léon et de sa mère. L'effet immédiat a été l'arrêt d'une crise de colère (dans laquelle l'enfant cherchait à se mutiler) : le fait d'avoir dit : « Ça c'est le corps de Léon, ça c'est le Monsieur, Léon et le Monsieur c'est pas pareil », a permis l'entrée de l'enfant (et de sa mère) dans l'analyse. C'est la mère qui va établir une relation imaginaire à ma personne, relation qui lui permet :

1° d'être avec l'enfant une « bonne mère » sous mon regard (et dans ces moments-là, elle parle juste);

2° d'amorcer un travail où c'est du lieu d'un Autre (à un niveau symbolique) qu'un message lui est retourné, qu'une vérité lui est rendue. Les interprétations que je fais à l'enfant sont commentées par la mère.

« C'est la première fois qu'une colère est coupée ainsi, j'ai remarqué que vous lui avez dit que le Monsieur c'était pas lui. Ça doit être important. Pour moi, il n'y a que lui que je vois et que j'entends pour hurler dessus, tellement il me met à bout. »

Dans le travail avec l'enfant, j'introduis (devant la mère) ce qui manque dans sa relation à sa mère — et c'est systématiquement en référence à ses géniteurs que je le situe. Ma place est *ailleurs,* par-delà les humains, c'est véritablement la « magie » du verbe qui agit (tel un oracle) sur l'enfant et les parents. Elle agit en introduisant un axe (le phallus) à partir duquel l'interrogation va se faire chez les parents, sur leur position à l'égard de la mort, de la métaphore paternelle, etc. Les progrès spectaculaires de l'enfant (récupération du sommeil, de la motricité, cessation des crises épileptiques, démarrage de la parole) ne se font pas sur un plan relationnel. Dans le travail qui s'effectue avec moi, ce que je modifie ce sont les structures [1] (et c'est avec l'éducatrice et la mère que le changement sur le plan relationnel va s'effectuer). Ceci se fait à travers un bouleversement chez les deux parents, mis en cause dans leurs propres points de repères (position à l'égard du phallus, etc.). Les manifestations de transfert sont de deux types :

1° Ou bien les parents cherchent à comprendre leurs propres angoisses et dépressions (en référence à leur histoire). Ils sont positifs à mon égard et livrent chacun ce qui a été faussé chez eux à un niveau symbolique.

2° Ou bien, dans une relation imaginaire à ma personne, ils se sentent persécutés, brimés par moi, et c'est l'enfant qu'ils atteignent (d'une façon quasi meurtrière). Léon, en tant que mauvais objet, est rejeté et c'est un déchet, un reste que l'on me donne à voir d'une façon qui me déprime, car les parents touchent à ce qui dans mon transfert sur Léon se situe au niveau du bon objet intériorisé. Il est important que je ne me laisse pas aller à une réaction persécutive (en attaquant à mon tour les parents), car ce qui se passe n'est rien d'autre qu'une rivalité enfant-parents sur le plan imaginaire, et c'est moi qui en suis l'enjeu — rivalité qui s'exprime sous la forme d'une alternative : ou la vie ou la mort de Léon ou des parents, tel est le choix devant lequel on me place sans cesse. Il est capital de ne jamais prendre ces réactions au niveau du réel (en cédant à la tentation du placement), mais au seul niveau où quelque chose de constructif peut se faire, à savoir dans la dimension analytique. Dans cette dimension, c'est au drame œdipien de l'un et l'autre parent que l'on a affaire. Le discours qui nous est livré est bien un discours collectif. L'enfant, dans un premier temps, vient là comme l'autre imaginaire des parents. Il n'est donc pas étonnant, que, sur le plan du transfert, des réactions dépressives, persécutives aient lieu chez les parents, au fur et à mesure que l'enfant existe autrement qu'aliéné en eux. C'est en me maintenant à un niveau symbolique [2] que j'ai

1. Je veux dire que mon but n'est pas de normaliser la relation de l'enfant à ma personne, mais, pour ainsi dire, sa relation au langage.

2. C'est en faisant apparaître dans le discours ce qui est resté méconnu dans le désir de la mère (à savoir le désir de l'Autre) que l'on introduit chez l'enfant la dimension du sujet qui parle dans l'aventure collective, c'est-à-dire de celui

une présence pour Léon : « Le nom de Mme Mannoni a une vertu magique », me dit la mère. « Il suffit de le prononcer à la maison pour que l'enfant obéisse à la règle. »

Un jour, devant la mère (à propos d'une phobie alimentaire, il s'agit du refus de l'enfant d'assister au repas d'un Autre : voir quelqu'un manger le fait entrer en convulsion), j'introduis, avec Léon, les remarques suivantes :

1° Léon a un sexe de garçon. Il ne peut désirer être le sexe de papa ou de maman.

2° Quand tu manges tu ne dois pas avoir peur, car tu n'es pas la viande que l'on mange. Il est interdit chez les Humains de se manger les uns les autres. Tu as un sexe de garçon. Tu n'es pas le petit bout bon à être mangé.

Ces remarques ont comme effet d'introduire la notion du tabou anthropophagique[1] (et la guérison de la crise phobique); mais je provoque l'effondrement des deux parents : le fait d'avoir mis en jeu chez l'enfant le signifiant « phallus » a renvoyé chaque parent à sa position respective à l'égard de son problème œdipien (avec une agressivité à mon égard dont l'enfant fait les frais). Il s'agit, chaque fois, d'une bouffée émotionnelle (l'un et l'autre parent se trouvent soudain aliénés dans un fantasme) et une seule entrevue leur permet à nouveau de parler à l'enfant, car la dépression parentale se jouait sur le plan de la parole qui ne pouvait qu'être meurtrière.

En fait, nous assistons à ceci : l'enfant (en danger d'être mangé) est pris d'une angoisse persécutive, dont il cherche à se débarrasser en agressant le père — qui se soulage en déprimant la mère. Il s'ensuit une dispute grave du couple (ressentie par l'enfant comme un équivalent de scène primitive, et vécue comme un

---

qui est soumis à la loi du langage, où la parole rompt un effet de non-sens. Le sujet peut, par la médiation de la parole de l'Autre, arriver à introduire la dimension de l'imaginaire qui lui était jusque-là dérobée.

1. *Tabou anthropophagique :* Si à l'étape œdipienne, il y a le *tabou de l'inceste* qui joue son rôle structurant dans l'évolution du sujet, avant l'Œdipe, le *tabou anthropophagique* (interdiction de parasitage) joue ce même rôle structurant. Cela implique d'ailleurs une référence implicite à un tiers, c'est-à-dire à la Loi du Père. Cette notion est capitale à mettre en lumière dans la conduite des cures de psychotiques.

meurtre); cette dispute entraîne des réactions suicidaires chez l'enfant qui se « mutile » et c'est alors à l'analyste que les parents apportent un enfant en sang, hurlant, dément comme au premier jour.

Sur le plan technique, les interprétations se font à deux niveaux :

1° L'enfant devant les parents : on coupe le désarroi en insistant sur le fait que *le corps de Léon et le corps de l'Autre* c'est pas pareil — on donne un nom au danger localisé à l'extérieur de l'enfant.

2° Dans une entrevue avec l'un ou l'autre parent, on a l'écoute pour leur propre dépression, c'est-à-dire, très précisément, pour ce qui en eux fonctionne comme mauvais objet interne (dans le cas des parents de Léon, on assiste à un véritable travail de deuil — deuil de leur rapport au parent mort). Léon, dans son rapport au parent, est mis à la place du mort, d'où l'impossibilité pour l'enfant d'être le sujet d'aucun désir.

La conduite de la cure est faite d'un jeu de transferts réciproques. Ce qui est mis en lumière n'est pas tant la relation objectale que la place du désir dans l'économie du sujet. C'est cela qui prend tout son relief dans le transfert (dans le cas de Léon, nous avons affaire à la position de chacun face au désir incestueux, au désir anthropophagique, etc.).

Le travail qui s'effectue sur le plan des structures, en analyse, (avec le psychotique) permet une amélioration de l'enfant sur le plan relationnel avec les parents et l'éducatrice. Mais l'adulte paye toujours d'une certaine façon la guérison d'un enfant très perturbé. Les réactions de trois éducatrices (suivies par moi) aux progrès d'une enfant démente, me semblent à cet égard fort instructives. Là, comme ailleurs, je suis impliquée dans la situation.

Sophie, 5 ans, est une enfant diagnostiquée « démente ». Un placement asilaire a été conseillé. Encoprétique, énurétique, en proie à des absences épileptiques, la fillette est habitée par la panique la plus totale — ceci se traduit en gestes destructeurs. Aucune identification humaine n'est possible. C'est perdue dans un masque [1] que Sophie se présente. Ce qui est caché est un autre

1. L'enfant se déguise en substituts péniens divers, et finalement c'est en tant que caca qu'elle est devenue un insigne du père. Ce caca incarne tout

masque. Elle se situe entre les deux. Dans la mesure où elle se compte, elle est ni l'une ni l'autre. Chaque fois que se pose pour Sophie le problème de se présenter en tant que fille non masquée, c'est-à-dire de naître comme objet de désir, elle est saisie de panique, car alors elle risque de se compter, c'est-à-dire de se saisir comme manque. Se saisir comme manque est un problème vécu en écho à celui de la mère ou de son substitut.

Le jour où une éducatrice est engagée pour Sophie, la mère fait un épisode dépressif : « Je ne peux rien faire de mon temps libre. Je pense à Sophie tout le temps — à ce qui va arriver. J'avais l'habitude, pendant le jour, que Sophie me bouche tout. Je n'avais pas à penser. Le soir avec mon mari je suis une autre, mais je suis absente. Maintenant qu'il y a une éducatrice je suis perdue, je ne sais plus ce que j'ai à faire. Je n'arrive plus à converser. *Sophie me manque.* »

L'éducatrice, *Bernadette,* est une ancienne schizophrène, elle n'a pas terminé son analyse. Elle y a substitué des études et est devenue efficace dans son rôle auprès des enfants arriérés. Elle a été engagée par la famille, parce que personne d'autre à cette époque n'acceptait de s'occuper d'une enfant aussi infernale. Au début, sa présence a été bénéfique. Elle masque sa peur en se présentant à Sophie comme objet à persécuter. Bernadette devient la chose de Sophie. Cette dernière peut l'étrangler, déféquer sur elle, Bernadette invariablement répond : « Ce qu'on s'aime toutes les deux. » Je me rends compte en voyant l'éducatrice que cette situation risque de la perturber — mais elle fait l'affaire, comme on dit, et je ne peux que continuer une expérience pleine de risques (Bernadette tient à son emploi. La mère de Sophie s'est habituée à elle, le père consulté, veut tout ignorer des difficultés de la jeune fille : « On ne trouvera jamais quelqu'un d'autre pour accepter tout ce qu'elle subit. ») Bernadette me parle d'elle-même en parlant de Sophie : « C'est comme si je continuais mon analyse avec vous, m'avoue-t-elle, pendant que je suis avec Sophie, vous ne me quittez pas, c'est cela qui me met en sécurité. » Un jour, Berna-

---

l'impensable d'une naissance. Sophie se sent soit aimée comme manquant à la mère (et il lui est impossible d'être), ou bien elle existe mais risque l'exclusion (et ne peut se soutenir qu'au niveau de la fugue, de l'absence épileptique ou de la destruction radicale de tout ce qui l'entoure).

dette s'exprime ainsi : « Elle au moins, la mère de Sophie, elle a tout, mari, argent, fille. Moi, j'ai rien. J'ai maintenant des rêveries bizarres qui m'obsèdent : je suis sur un sandwich. La mère est à l'extérieur, Sophie est une fleur. La mère nous enferme. Je me sens en danger. Ce n'est pas rien de s'occuper d'enfants comme ça. On est pris dans leur propre jeu sans s'en rendre compte. Des moments, j'ai peur de faire comme Sophie. Je me ressaisis, puisque je suis éducatrice. »

C'est en référence imaginaire à ma personne que Bernadette a tenu le coup pendant trois mois. Elle s'est plainte ensuite de ce que je la délaissais. A partir de ce moment, la mère de l'enfant lui apparaît comme dangereuse, et dans leur relation on ne sait trop qui, sur le plan fantasmatique, est en danger de dévorer l'autre. La maladie de Sophie apparaît comme l'enjeu dans les rapports de l'éducatrice à la mère et de l'éducatrice à moi. « S'il n'y avait pas Sophie, vous ne vous intéresseriez pas à moi. » Un jour c'est le drame. Sophie a une absence dans la rue. L'éducatrice se sauve, retrouve la mère de l'enfant à la maison et lui dit : « Je suis malade, je veux me coucher. »

— Où est Sophie ? demande la mère.

— Je ne sais plus où je l'ai laissée — et puis j'en ai marre. Je peux bien crever, il n'y a que Sophie qui compte pour vous.

Dans la matinée de ce même jour, Sophie s'était mise devant une glace :

— Ça, c'est pas Sophie, avait dit l'enfant à Bernadette. Tu comprends, dis, qu'il n'y a plus de Sophie ?

— Pourquoi ?

— Tu ne comprends pas qu'il ne faut plus jamais qu'il y ait de Sophie. Il y en a plus. C'est Bernadette maintenant. Oui, trépigne l'enfant, Sophie s'est envolée dans Bernadette.

« Mon problème, me disait Bernadette quelques jours plus tôt, c'est d'être plus forte qu'elle, car après une journée avec Sophie, moi, j'ai l'impression de ne plus exister. » C'est en devenant « sa chose » que Bernadette est entrée dans le monde de Sophie, jusqu'à perdre ses propres repères identificatoires. Bernadette ne sait plus où elle a laissé Sophie. Elle ne sait plus qui elle est.

Entraînée avec Sophie dans un jeu, Bernadette est devenue Sophie. Mais à partir de ce jour-là, l'enfant ne s'y intéresse plus :

« Je veux une autre Bernadette pour jouer avec moi. Bernadette est usée. J'en veux une autre. »

Catherine est alors engagée par la famille. Elle a terminé ses études et s'est déjà occupée d'enfants débiles. Très vite, elle cherche à me parler de ses difficultés : « L'éducatrice qui m'a précédée devait être forte, moi j'ai tellement peur que je n'en dors pas la nuit. Je rêve que Sophie se tue. Ses parents me poursuivent en justice et vous me faites des reproches. J'ai peur de faire des erreurs. Je suis marquée par Sophie. Mon angoisse la perturbe et la rend démoniaque. »

— Catherine n'est pas bien pour jouer avec, me dit l'enfant.

— Pourquoi ?

— C'est une Catherine sans Catherine, elle ne connaît pas son chemin.

La jeune fille, en proie à une tension émotionnelle immaîtrisable, perd avec Sophie tout sens d'orientation. C'est Sophie qui devient son guide « pour le meilleur et pour le pire »... L'enfant un jour abandonne l'éducatrice et va se baigner nue dans le bassin des Tuileries.

L'épreuve a duré huit jours. Catherine a déclaré forfait : « Si je continue, c'est moi qui deviens cinglée. »

Jeanne prend la succession. C'est une forte fille qui respire l'équilibre. Elle n'a aucune curiosité intellectuelle; d'instinct, elle trouve la conduite à tenir. La jeune fille note lucidement que c'est sa propre peur qui induit les réactions incontrôlées de l'enfant. « C'est une bataille où l'on s'affronte. La panique, on est deux à la vivre. » Sophie, en effet, a besoin d'être protégée contre ses pulsions agressives. La peur de l'adulte augmente sa propre panique et la met en danger.

Après un an de cure analytique, l'enfant ne se présente plus comme démente — mais elle n'est pas encore sortie de sa psychose. Elle va en classe et est relativement facile à vivre. Les absences épileptiques ont quasiment disparu. L'encoprésie demeure. « J'ai découvert Sophie, me dit Jeanne. Quand elle est agressive, je trouve comment l'aider. Je vis dans un étonnement. La stabilité acquise par l'enfant est tellement surprenante quand je pense comment elle était. »

Trois jours après, Jeanne enferme l'enfant dans sa chambre

et fait une fugue. La mère heureusement rentre à temps pour délivrer une enfant hors d'elle, ayant saccagé dans la chambre tout ce qui pouvait être détruit. Je vois Jeanne en plein raptus anxieux, elle est sourde à tout reproche. « Je veux me coucher dans le lit de Sophie », me dit-elle entre deux sanglots. La mère de Sophie vient la chercher chez moi et la conduit à ma demande chez un ami médecin qui ordonne un repos et prescrit des tranquillisants.

Quatre jours après, je revois l'éducatrice :

— Je ne sais pas ce qui m'est arrivé, j'ai fait « la guenon » comme Sophie.

C'est sa jalousie à l'égard de la maladie de Sophie qui surgit dès lors (en référence à sa propre relation à une sœur psychopathe).

— Sa mère m'énerve. Il y en a que pour Sophie. Moi, je ne compte pas. Quand j'ai fait cette fugue, j'ai voulu vous atteindre dans Sophie. Je vous en voulais de ne pas comprendre que moi aussi j'avais besoin d'une psychanalyse.

Ces observations mettent en lumière ceci : lorsqu'on entreprend la cure d'un enfant psychotique, il faut prêter l'écoute non seulement aux plaintes parentales, mais encore aux revendications de la personne qui joue pour un temps le rôle de substitut maternel : elle reçoit en effet le poids de l'angoisse meurtrière de l'enfant.

Dans ce triple cas, chacune a paré à l'angoisse suivant ce qui était en fonction dans sa structure propre. Si Catherine a refusé d'entrer dans le jeu, Bernadette s'y est engagée en abolissant en elle-même toute résistance, au point de devenir la chose de Sophie. Celle-ci, dans une sorte de psycho-drame, a rejoué avec Bernadette un type de rapport établi entre elle-même et sa mère; il y a eu inversion des rôles : Sophie était la mère et Bernadette le jouet destiné à la remplir, jusqu'au jour où Sophie l'a rejetée comme un déchet. Bernadette, identifiée au mauvais objet de Sophie, se fait « guenon » (selon les termes employés par l'enfant) et *fugue*. Jeanne n'est apparemment marquée en rien par le drame de l'enfant, jusqu'au jour où elle « craque » et livre elle aussi une forme d'identification au symptôme de l'enfant (fugue). Bernadette et Jeanne s'en prennent à la mère de l'enfant (elles sont jalouses et revendiquent le droit à la maladie). Dans leur rapport à moi, il y a nettement irruption brusque d'un désir de vengeance sur ce qui constitue l'objet de mon désir (Sophie). Dans le transfert à ma personne, il y a reproduction d'une réaction que l'on retrouve chez les mères d'enfants très atteints : je suis mise devant le choix de ne pouvoir guérir Sophie qu'au prix d'accepter la mort de l'adulte. « Si Sophie guérit, qu'est-ce que je vais devenir ? », est la question qui se pose à un moment donné — renvoyant ainsi l'éducatrice au problème de son propre manque (comblé pendant un temps par la maladie de l'enfant). L'évolution de l'enfant met en question le rapport de l'adulte à son (propre) problème fondamental (rapport à la mort, au phallus, etc.). L'adulte participe à la guérison d'un enfant psychotique. Il se trouve avec lui sur une scène, c'est d'un drame qu'il est question, et l'adulte en est marqué en fonction de sa propre histoire [1].

Concluons : les parents sont toujours impliqués d'une certaine façon dans le symptôme apporté par l'enfant [2]. Cela ne doit pas être perdu de vue, car nous touchons aux ressorts même de la *résistance :* le vœu inconscient « que rien ne change » doit parfois être trouvé chez le parent pathogène. L'enfant peut y répondre par le désir « que rien ne bouge », réparant par là (en perpétuant son symptôme) ses fantasmes de destruction à l'égard de sa mère. Si donc une dimension nouvelle [3] pouvait être introduite dans la

1. Léon Grinberg, *Psicopatologia de la identificacion y contraidentificacion proyectivas y de la contratraferencia, Revista de psicoanalysis,* Buenos Aires, tome XX, nº 2, abril-junio 1963. Les travaux de Léon Grinberg mettent en lumière le rôle joué dans l'analyse de certains patients par l'identification de l'analyste aux objets internes du patient, en réponse aux provocations de ce dernier. Il décrit des situations où le patient provoque chez l'analyste des réponses émotionnelles (l'analyste devenant l'objet passif ou actif des projections de l'analysé). Dans ces diverses formes de transfert, c'est quelque chose de l'ordre du manque à être que l'on rencontre par moments. C'est cela que le fantasme a pour mission de combler — et les différentes formes d'identification ont toujours, semble-t-il, un certain rapport avec la façon dont elles fonctionnent dans le fantasme fondamental du sujet.

2. A un niveau très différent, selon qu'il s'agit de névrose, de psychose ou d'arriération. Dans la conduite d'une cure, la technique dépend et de la structure à laquelle on a affaire et de l'âge de l'enfant. Le problème de l'adolescence a ses lois propres.

3. Déjà indiquée par certains successeurs de M. Klein, telle que A.-A. Pichon Rivière (cf. *Revue française de Psychanalyse,* janvier-juin 1952).

conception de la situation transférentielle, ce serait à partir de l'écoute de l'analyste pour ce qui se joue dans le monde fantasmatique de la mère *et* de l'enfant. L'analyste travaille avec plusieurs transferts. Il n'est pas toujours commode pour lui de se situer avec ses fantasmes propres dans un monde où il risque de devenir l'enjeu [1] d'une alternative : la mort ou la vie de l'enfant ou des parents, réveillant le fond d'angoisse persécutive le plus ancien qui subsiste en lui.

Le problème des parents se pose d'une façon différente selon qu'il s'agit de psychose ou de névrose. La différence tient essentiellement au problème particulier que soulève l'analyse d'un enfant qui, par la situation duelle instaurée avec la mère, se présente à nous comme le seul « résultat » de soins, et jamais comme le sujet du discours qu'il nous tient. Cette situation ne s'étant pas créée par le seul fait de l'enfant, on comprend à quel point l'adulte peut se sentir mis en cause à travers la cure de son enfant [2].

Dans l'analyse du névrosé *(Joy, Dottie)*, nous avons également affaire à un discours collectif, qui apparaît dans la parole de l'enfant. Il nous rend présent l'ombre des parents, même si, dans le réel, nous ne voulons pas avoir affaire à eux. Seule la distinction introduite par Lacan entre le désir, la demande et le besoin, ainsi que l'introduction des registres de l'imaginaire, du réel et du symbolique, permet de situer la notion de transfert à un niveau d'où l'on peut aider le sujet à dégager un sens dans ce que ses demandes mettent en jeu [3]. Le discours qui nous est livré peut ainsi être traité à la manière d'un grand rêve [4], le terrain de jeu du transfert n'étant pas uniquement limité à ce qui se passe dans la séance

1. Cf. les cas d'*Émile, Christiane, Sophie, Léon* ainsi que l'étude faite sur les réactions des trois éducatrices à l'agressivité d'une enfant démente.

2. L'analyse déloge l'enfant de la place qu'il occupe dans le réel (il *est,* dans le réel, le fantasme maternel; c'est ainsi qu'il bouche l'angoisse ou remplit le manque de la mère) et cela ne peut se faire qu'en aidant le parent pathogène à qui l'enfant est lié.

3. J. Lacan, séminaire du 10 juin 1959 (inédit).

4. Si les analystes de Joy et Dottie ont compris que le transfert supposait une opposition de l'imaginaire au réel, la conviction qu'il y a dans l'analyse un caractère adaptatif ne leur a pas permis de saisir ce qui était en jeu dans les plaintes de l'enfant et des parents. C'est la dimension symbolique d'une situation qui leur a échappé.

d'analyse. Le transfert n'apparaît pas toujours là où l'analyste croit pouvoir le saisir (Dora). Avant qu'une analyse ne commence, les indices de transfert peuvent déjà se trouver en place [1], et par la suite, l'analyste ne fait que remplir ce qui a été prévu pour lui dans le fantasme fondamental, du sujet, la partie étant en quelque sorte jouée d'avance. Pour en changer le cours, l'analyste doit être conscient de ce qui, au-delà de la relation imaginaire du sujet à sa personne, s'adresse à ce qui se trouvait pour ainsi dire déjà inscrit dans une structure avant sa propre entrée en scène. C'est ici que joue [2] le contretransfert de l'analyste, dans la façon dont chez lui le mouvement de la métaphore peut se bloquer, provoquant chez le sujet *l'acting out* (ou les « décisions »). Dans ce cas, c'est généralement l'analyste qui n'a pas réussi à sauvegarder sur le terrain de jeu du transfert la dimension symbolique indispensable à la poursuite d'une cure [3].

La découverte de Freud en 1897 [4] est d'avoir su lier le transfert à la résistance conçue comme obstacle, dans le discours du sujet, à l'aveu d'un désir inconscient. Dans *le petit Hans,* Freud a posé la complexité du problème transférentiel en analyse d'enfants, en mettant en lumière à quel point l'interrogation de Hans (sa position par rapport au savoir, au sexe) avait à traverser non seulement sa propre résistance, mais celle du couple parental et du médecin. Le discours de Hans se situe toujours au niveau de ce que l'adulte peut en supporter. Sa maladie prend une place très précise dans le monde fantasmatique des parents (et de l'analyste), au point de

1. Ce que j'ai développé à propos des parents d'enfants en analyse.
2. O. Mannoni, *Rêve et transfert, La Psychanalyse,* vol. 8.
3. Soit parce qu'il prend pour danger réel ce qui est fantasme (Dottie), soit parce qu'il ne comprend pas ce qui est en jeu chez le parent, provoquant ainsi dans le réel une interruption de cure, faute d'avoir, en parole, pu donner un sens à la résistance.
4. Freud appelait Fliess son autre lui-même et écrivait pour lui ce qu'il jugeait ne pouvoir destiner au public. Ce compagnon imaginaire s'imposait à lui dans ses écrits, il était l'allié et l'obstacle de ses travaux, témoin nécessaire et sans cesse discuté de sa propre psychanalyse — ceci jusqu'au jour où Freud émit l'hypothèse que l'obstacle ne se trouvait pas tant dans l'Autre réel qu'en lui-même. « Quelque chose venu des profondeurs abyssales de ma propre névrose s'est opposé à ce que j'avance encore dans la compréhension des névroses et *tu y étais,* j'ignore pourquoi impliqué. L'impossibilité d'écrire qui m'affecte semble avoir pour but de gêner nos relations » 7 juillet 1897).

devenir le carrefour de la rencontre des adultes entre eux (du père et de Freud). Ce qui sauve Hans, c'est qu'au-delà d'une relation imaginaire du père à Freud dans laquelle Hans a sa place comme « malade » et comme « enfant », surgit, tel un oracle, la parole de Freud, le situant dans une lignée, selon un ordre établi. Et c'est alors du lieu d'un Père symbolique qu'un message peut revenir à l'enfant et lui permettre de se situer, comme sujet d'un désir, hors d'un jeu de dupes mené jusqu'alors avec la complicité des adultes. Dans les analyses menées par Freud, c'est d'une situation d'angoisse dans le transfert que surgit la position du sujet face au problème du désir. Les analystes (et spécialement l'École américaine) ont eu tendance à ramener la notion de transfert à un comportement qui serait répété par le sujet avec un analyste prenant dans le réel le relais de figures parentales. Ce que Freud dégage, c'est l'effet produit chez le sujet sur le plan imaginaire par les constructions fantasmatiques. Dans le fantasme, comme dans le symptôme, l'analyste occupe une place; la définir n'est pas simple, comme nous avons pu le voir tout au long de cette étude. La référence classique aux distorsions du moi et à la réalité laisse hors du jeu dialectique la place où l'analyste doit arriver à se repérer, s'il veut aider le patient à relancer son discours et à se situer face à d'autres repères que ceux issus du jugement trop sûr du médecin. L'expérience analytique n'est pas une expérience intersubjective. C'est par rapport à son désir [1] (dans la dimension du désir de l'Autre) que le sujet est appelé à se repérer. Le mérite de l'École kleinienne est de nous parler toujours en termes de *situations* d'angoisse et de *position* dépressive persécutive (et non de stades); cette conception dynamique de l'expérience analytique laisse ouverte la voie à ce qui, dans la technique de Mélanie Klein (les objets dont elle dispose), va pouvoir s'articuler en termes signifiants. L'axe autour duquel elle fait graviter toute l'expérience analytique avec les enfants, c'est le phallus, conçu (dira Lacan) comme « signifiant du désir en tant qu'il est désir du désir de l'Autre ».

En haussant l'expérience analytique à ce niveau, nous pouvons nous situer différemment dans la controverse qui s'est installée en

1. C'est la place du désir que Lacan fait surgir au-delà des relations objectales.

psychanalyse d'enfants à propos du transfert. La question n'est pas de savoir si l'enfant peut ou non transférer sur l'analyste ses sentiments à l'égard des parents avec lesquels il vit encore (c'est ramener le transfert à une pure expérience affective) — la question est d'arriver à sortir l'enfant d'un certain jeu de dupes qu'il mène avec la complicité des parents. Ceci ne peut se faire que si nous comprenons que le discours qui se tient est un discours collectif : l'expérience du transfert se fait entre l'analyste, l'enfant et les parents. L'enfant n'est pas une entité en soi. Nous l'abordons d'abord à travers la représentation qu'en a l'adulte (qu'est-ce qu'un enfant ? qu'est-ce qu'un enfant malade ?). Toute mise en cause de l'enfant a des incidences précises sur les parents, qu'il importe de ne pas négliger. Nous avons vu, dans les cures des enfants psychotiques, l'ampleur de la relation imaginaire établie par le parent avec l'analyste. C'est grâce à ce rapport imaginaire que la mère va pouvoir se réinvestir comme mère d'un enfant (reconnu par un tiers comme séparé d'elle) et permettre que s'amorce ensuite un autre mouvement dans lequel l'enfant, comme sujet d'un désir, va s'engager pour son compte dans l'aventure psychanalytique.

Ce poids que constitue pour l'analyste un transfert maternel massif (fait de confiance totale autant que de méfiance absolue) met l'analyste profondément en cause; cette situation peut provoquer chez lui des réactions persécutives ou dépressives selon ce qui a été atteint en lui comme matériel anxiogène précoce : c'est seulement à ce prix qu'il peut assumer avec succès la direction d'une cure.

3

La psychothérapie des psychoses

En 1896 [1], Kraepelin décrit la démence précoce en tant qu'entité nosologique. Il considère comme irrémédiable la profonde détérioration des facultés intellectuelles se manifestant dans cette maladie [2]. Quinze ans plus tard, E. Bleuler remet toute la nosographie classique en question. Non seulement le processus de détérioration schizophrénique ne lui paraît pas évident, mais il est persuadé que le malade berne son médecin. Il illustre cette thèse par de nombreux exemples cliniques [3]. Continuant l'œuvre de son père, M. Bleuler déclare en 1953 que seules les démences sévères d'origine organique doivent être déclarées incurables. La question n'est pas plus claire pour autant, et l'accord n'arrive pas à se faire autour du concept d'organicité : la vérification scientifique de l'hypothèse organique soulève de multiples controverses [4]. L'orientation des travaux des psychanalystes sur la psychose infantile demeure le plus souvent, essentiellement descriptive (l'École kleinienne exceptée). En fait, ces recherches rejoignent dans leur forme les recherches psychiatriques classiques [5].

1. E. Kraepelin, *Psychiatrie,* Barth, Leipzig, 1896.
2. Cf. l'étude de Faergeman, in *Psychogenic Psychoses,* p. 34, Butterworths, 1963.
3. E. Bleuler, *Dementia Praecox oder Gruppe der Schizophrenien,* Deuticke, Leipzig, 1911.
4. M. Bleuler, *Eugen Bleuler's conception of schizophrenia, an historical sketch, Bull. Isaac Ray med.*, Libr 1 47 60 34. La position classique s'est en fait cristallisée autour des travaux de Lutz (Zürich) parus en 1937. Il distingue une forme de schizophrénie délirante à base organique, d'une forme de schizophrénie infantile authentique.
5. R. Diatkine et C. Stein, *Les psychoses de l'enfance,* in *Evolution psychiatrique* avril 1958. Les auteurs distinguent trois formes cliniques : 1°) *Les organisa-*

Si l'École psychiatrique européenne s'efforce avant tout de délimiter la notion de schizophrénie (en faisant porter l'essentiel de ses recherches sur le diagnostic), l'École anglo-saxonne est beaucoup plus marquée par l'apport de la psychanalyse; mais on lui reproche d'étendre abusivement la notion de schizophrénie, au point d'en voir partout. S'appuyant sur les découvertes de Lacan concernant le stade du miroir, Lang a proposé en 1958 [1] une hypothèse de travail qui tient compte d'une dimension dynamique généralement omise lors de l'établissement du diagnostic. Cette omission se retrouve même chez les analystes désireux pourtant de ne pas fonder la clinique psychiatrique infantile sur une séméiologie statique. Dans la façon dont ils cherchent à rendre compte du fait psychotique, ils ont généralement tendance à superposer une description naturaliste (teintée de psychanalyse) à l'ancienne description psychiatrique. La place du sujet reste vide dans les classifications.

C'est à ce problème que Laing [2] s'est spécialement attaqué. Il insiste sur un fait actuellement admis par tous : qu'il n'y a pas

---

tions psychotiques de l'enfance, caractérisées par une perturbation évolutive massive. 2°) *Les états prépsychotiques ou prénévrotiques ;* ces états sont vus comme des dysharmonies évolutives risquant de compromettre toute l'évolution du sujet. 3°) *La schizophrénie précocement constituée en tant que démence précoce ;* la position de ces auteurs va dans le sens des travaux de Heuyer dont les conceptions sont très proches de celles de Lutz (Zurich, 1937)

1. J. L. Lang, *L'abord psychanalytique des psychoses chez l'enfant,* in *La Psychanalyse,* n° 4, P.U.F. L'auteur s'est interrogé sur la validité des explications données pour cerner le fait schizophrénique. Ne pourrions-nous, dit-il, concevoir *la structure paranoïaque,* comme répondant très exactement au caractère aliénant de la phase du miroir, *la structure schizophrénique* comme caractérisant un conflit permanent entre un moi tyrannique et un je en puissance ? *La structure cyclophrénique* représenterait, d'après Lang, un conflit déjà plus évolué à un moment où le je recule périodiquement vers le moi aliénant sous la pression d'un sur-moi naissant résolvant à l'inverse du névrosé son conflit d'angoisse. Il se demande si le déséquilibre psychopathique ne serait pas la résultante des déformations du moi imaginaire au moment où tente de s'instaurer le je. Dans ce travail, l'auteur reproche aux analystes de ramener leur technique à une forme de psycho-pédagogie.

2. Laing et Esterson, *Sanity, madness and the family,* Tavistock, 1964. Dans la famille Abbotts (la jeune fille a été hospitalisée pendant dix ans pour schizophrénie paranoïde) les entretiens donnent ce qui suit : « La jeune fille situe l'origine de ses difficultés à l'âge de 8 ans. Ceci est démenti par les parents :

en médecine de question plus controversée que celle du diagnostic de schizophrénie. La psychiatrie, nous dit-il, s'est occupée du problème d'un comportement social jugé anormal; ce comportement a été classé en symptômes et signes de maladie ou symptômes supposés pathologiques. Aucun critère clinique objectif n'a été découvert pour le diagnostic de schizophrénie : « Les opinions courantes sont tenues de façon autoritaire. Il n'y a pas de découvertes anatomiques pathologiques *post mortem*. Il n'y a pas de changement organique structural à noter en cours de maladie. » L'auteur ajoute : « La schizophrénie s'installe dans les familles, mais n'observe aucune loi génétique. Elle apparaît dans n'importe quel type constitutionnel. »

Laing étudie alors ce qu'il appelle la *carrière* du patient diagnostiqué schizophrène. Il approfondit différents types de discours : celui du malade, des parents du malade, du malade avec l'un et l'autre parent. Sans aucun commentaire, il livre pour chaque cas une sorte de résumé, dans lequel se trouvent confrontés le point de vue du malade et celui de la famille sur la maladie. Il nous livre ainsi une série de monographies.

Dans l'une d'elles *(Abbotts)*, nous voyons d'une façon particulièrement saisissante la place tenue par la fille dans le fantasme fondamental de la mère. La fille fait partie des organes maternels — et dans l'hypothèse où elle risquerait de naître enfin à l'état de sujet désirant, la mère invoque Dieu pour que l'hôpital la garde à jamais. Une entrevue avec le médecin de sa fille lui paraît inopportune, puisqu'il est évident qu'elle ne peut guérir. « La société n'est pas faite pour elle. » Laing nous montre à travers de nombreux exemples cliniques comment les symptômes catatoniques et paranoïdes, l'appauvrissement d'affect, les hallucinations auditives, le retrait autistique, apparaissent en écho au discours

---

eux seuls peuvent, nous dit-on, savoir que sa mémoire lui fait défaut. Eux seuls peuvent savoir ce qu'elle sent et ce qu'elle pense. Eux seuls peuvent savoir si elle se masturbe ou non. Eux seuls peuvent savoir enfin si elle a des pensées sexuelles concernant les parents. Lorsque la jeune fille se demande si ses parents peuvent lire ses pensées, ces derniers répondent par l'affirmative. « *Il n'y a rien à comprendre,* dit la mère, c'est sa maladie qui l'a fait agir ainsi. Elle a voulu prendre en main sa propre mémoire des choses. » Ainsi la famille reflète la position de la psychiatrie classique : il n'y a pas de place pour un sujet.

des parents. Leur panique est causée moins par l'effet produit en eux par la maladie de leur enfant, que par les problèmes posés par la perspective d'une guérison. La mère, inquiète, questionne son enfant à intervalles réguliers pour s'assurer qu'elle est encore malade. Devant l'enfant, nous sommes confrontés à la marque hallucinante d'une parole (celle de la mère ou des deux parents). Une parole de toutes parts possède l'enfant emprisonné dans un étau, le cerne, le blesse, le poursuit. Toutes les issues sont bloquées : il faut que la folie demeure : « Ma fille ne peut recouvrer la mémoire, dit la mère, sa maladie l'oblige à avoir besoin de nous. » Ainsi tout est en place dans le discours de la famille pour que le sujet n'ait pas de désir propre.

Ce qui a été entendu dans la famille va déterminer chez l'enfant la parole délirante, hallucinée, autistique et renforcer la sévérité archaïque d'un sur-moi rendu redoutable. L'enfant (comme l'a montré Mélanie Klein) se sent exposé très jeune à la menace d'une agression intérieure qui, projetée sur l'extérieur, lui dévoile un monde ambiant ressenti sur le plan fantasmatique comme dangereux. Cette situation de projection agressive survient (comme l'indique l'École kleinienne) chez tout enfant normal au point culminant de l'Œdipe; le sur-moi serait le résultat de l'introjection d'une image parentale ressentie comme terrifiante. Mais si, dans le réel, le parent se montre vraiment « menaçant », l'élaboration normale d'un sur-moi ne se fait pas, et l'enfant se trouve livré aux effets fantastiques de ses seules projections, dans une situation de pure agressivité spéculaire. C'est en termes d'alternatives suicidaire ou meurtrière que tous les conflits sont alors vécus. Parallèlement, l'enfant se sent en danger, parce qu'il n'a pas acquis de lui-même une image de corps unifié : l'absence d'identification de son moi à l'ego spéculaire le pousse à fuir son propre corps [1] et à s'aliéner perpétuellement dans un corps partiel (bouche, anus). Ce n'est qu'à ce prix qu'il se maintient dans le désir maternel et se situe dans la dialectique de l'adulte. On trouve là les bases d'un développement schizophrénique ultérieur.

1. Cf. Piera Aulagnier, *Remarques sur la structure psychotique,* in *La Psychanalyse,* nº 8, P.U.F.

Chaque fois que *Christiane* (6 ans) manifeste un désir d'autonomie, sa mère intervient sur le plan du réel pour rendre à jamais toute coupure impossible. Elle induit la plainte somatique de sa fille par des lavements, des médicaments donnés en cachette, à l'insu du médecin. Elle guette les selles, surveille la nourriture. L'enfant ne peut échapper : car en échappant, elle perdrait sa mère. Ce n'est qu'au niveau du réel, dans des agressions anales ou orales, que la mère se manifeste — c'est là et non ailleurs que se situe son don d'amour. Christiane, alternativement rejette sa mère, puis s'aliène pour la retrouver. Elle se fait non seulement bouche à nourrir, anus à remplir, mais encore elle se perd comme sujet dans les jeux éducatifs. Avec des gestes précis, elle envoie le ballon dans un panier, elle réalise les puzzles les plus compliqués, mais son activité n'est jamais médiatisée par une image humaine — de telle sorte qu'une balle, voire un quelconque jouet, ne peut jamais servir de monnaie d'échange entre elle et l'autre. Il n'y a pas d'autre; c'est elle-même dans son corps qui se fait monnaie d'échange et qui se perd dans l'objet. Christiane connaît son corps (elle en énumère toutes les parties), mais cette connaissance intellectuelle est dépourvue de toute intégration de schéma corporel correct. L'enfant n'a pas la connaissance spatiale et sensorielle de son corps. Elle se cogne aux meubles, tombe à chaque obstacle : « Il faut que je sois là, dit la mère, pour que Christiane sache où se trouve son pied. » « Regarde où tu marches, voici un trou, voilà un mur et là, c'est la porte. » Prise dans les rets du regard maternel, Christiane est la petite boule qui suspend sa chute, le trou qui s'ouvre ou se referme. Elle manifeste son morcellement jusque dans la hachure même de sa parole. Le moindre mot surgit d'un bégayement intense. Seule la mère comprend l'inarticulable de son discours.

Sa fille, elle ne la donne en fait à personne. Et l'analyse lui semble une entreprise suspecte dès lors qu'elle risque de toucher à ses positions personnelles. Sous l'aspect d'une fragilité extrême, cette femme tient en main les gens et les choses. Les médecins lui servent d'alibis. Elle les abandonne dès qu'ils expriment un vœu contraire au sien. Elle n'a pas d'échange avec sa fille autrement qu'à travers des leçons et soins corporels. La direction de la cure, c'est elle qui tient à l'assumer (défaisant en paroles ce qui a pu se construire en séance). Chaque fois que l'enfant risque d'établir un lien, la mère s'interpose pour lui rappeler la possibilité d'une rupture.

La mère de Christiane a réalisé le désir d'un père paranoïaque en poursuivant des études contre son vœu personnel — et elle a annulé ensuite cette fidélité au vœu du père en n'utilisant pas dans la vie les possibilités conférées par ses titres. C'est comme femme au foyer qu'elle s'est installée, mais dans les soins donnés à sa fille, elle cherche à témoigner de la vanité de tout effort. Témoin de la folie de son père, elle demeure témoin de la folie de la fille, elle recherche sur le corps de la seconde les marques des stigmates du premier (éruptions allergiques). Christiane est alors vouée à demeurer à une certaine place. Toute amélioration entraîne la dépression maternelle.

En touchant à la psychose de Christiane, on touche à la place occupée par la mère, comme objet persécutif, dans le délire de son propre père : elle réduit sa fille à être son objet sexuel pour renouveler avec elle un type de lien œdipien.

Dans la cure de l'enfant, les crises se manifestent du côté de la mère, et c'est dans son discours à elle qu'il faut lire la résistance. Par sa réserve, l'enfant témoigne des effets produits en elle par l'hostilité maternelle à mon égard. Dès l'entrée de cette enfant dans la cure, la mère m'en avait tracé les limites : « Je resterai chez le Dr X tant que je ne trouverai pas mieux ailleurs — je ne crois pas plus à lui qu'aux autres. » Il n'y avait guère plus de place pour une croyance en ma parole. La cure connut des moments dramatiques chez la mère avant que l'enfant n'y entre pour son propre compte. A cet instant précis, la mère en suspendit le cours. Christiane, consciente du nouveau drame qui se jouait à son propos, demeura écartelée entre un *moi* tyrannique (qui renvoyait à la parole maternelle et à la méconnaissance de celle-ci) et un *je* qui ne pouvait advenir, faute de l'existence d'un tiers qui se porterait garant d'une Loi du langage (et la mettrait à l'abri d'une parole meurtrière annulant le sens des mots).

Dans les théories kleiniennes, tout être humain passe dans l'enfance par des étapes psychotiques [1]; le rôle de la mère réelle

1. Position schizo-paranoïde dans les trois premiers mois de la vie. Position dépressive à une phase ultérieure.

est de modifier la vie fantasmatique du bébé en opposant à ses terreurs imaginaires une présence rassurante qui se traduit dans un discours sensé. Dès sa naissance, le bébé connaît l'intensité d'une forme d'angoisse, issue du drame de la séparation d'avec la mère. Il demeure sensibilisé à la présence et à l'absence vécues comme fusion et séparation. Les épreuves ultérieures (sevrage, etc.) sont abordées selon un même processus de répétition [1], processus qui implique pour le sujet le dépassement de sa primitive tendance de mort. L'échec, à ce niveau, constitue un germe pour le développement de certaines difficultés psychotiques — difficultés qui se situent pour la plupart avant l'âge de 7 mois. Quelque chose de capital se joue au moment appelé par Lacan le « stade du miroir » (6 mois). L'épreuve de séparation avait déjà mis en jeu le lien imaginaire du sujet à l'Autre. Dans un deuxième temps, l'enfant va assumer son image (comme totalité) et l'image du semblable comme différente de la sienne. C'est au moment où il reconnaît sa propre image que s'installe en lui la connaissance de soi. L'instant de jubilation éprouvée signifie une victoire sur l'affrontement en miroir, qui chez le psychotique entraîne l'autodestruction, la destruction ou négation de l'Autre. Cette connaissance de lui-même, le bébé la reçoit comme une révélation à travers l'image médiatisante de sa mère ou de son substitut (et c'est lorsque cette image fait défaut que l'enfant ne peut surmonter cette épreuve et se réfugie dans la destruction). Cette rencontre avec son image (à travers celle de l'autre) introduit à la connaissance de soi et d'autrui, à travers une crise de jalousie identificatoire où se joue le sort de la réalité. Le sujet plongé dans une alternative doit choisir de pactiser avec l'autre ou de le détruire. Chez le psychotique, la destruction vient à la place de toute possibilité de sympathie.

Léon, pris dans le filet des paroles meurtrières des parents, se sentait en danger devant leur regard comme s'il risquait la mort en étant vu [2]. L'amour vécu en termes d'agression orale engendrait une panique de dévoration anthropophagique. Lors des progrès de Léon dans la cure, c'est à la parole meurtrière de la mère que

1. Cf. J. Lacan, *Les complexes familiaux dans la formation de l'individu,* tome VIII de l'*Encyclopédie française* sur *La vie mentale*.

2. L'enfant ne pouvait se supporter dans le miroir, puisque le sens du spectacle de lui vu par un autre, le renvoyait aux vœux de mort de l'adulte.

l'analyste se heurta en période de crise : « S'il pouvait en mourir », disait la mère devant son fils. Figé, traqué, l'enfant ne parlait pas, comme pour éviter que sa parole ne soit également dangereuse.

Les progrès de Léon dans la cure se firent à travers l'évolution du discours des parents (ceux-ci me livraient ce que l'enfant ne disait pas, permettant par là de faire naître l'enfant comme plus-value phallique [1]). C'est lorsque le discours ambiant a radicalement changé que l'enfant est entré dans la cure comme sujet dans son symptôme; et le jour où on a pu aborder avec Léon le fait qu'il jouait à être le fou marqua un tournant décisif. Les effets se font sentir dans une conscience du corps propre (la propreté est acquise rapidement, Léon fait pipi comme un garçon alors qu'il refusait jusque là d'uriner en station verticale). Il apprend à nager, excelle dans les jeux d'adresse et s'adapte à une classe maternelle.

Sa relation aux parents demeure difficile, il ne supporte la situation triangulaire que si on parle de lui. Sa maladie est ainsi érotisée et prend une certaine place dans le discours des adultes. La guérison du fils plonge le père dans des accidents dépressifs successifs : elle rend impossible le développement d'une pure relation homosexuelle (le couple avait abouti à un statu quo : la mère s'occupait de la fille, le père du fils, la vie sexuelle des parents ayant quasiment disparu).

L'évolution de l'enfant va donc se faire à travers la mise en question du couple, et modifier une situation dans laquelle il ne pouvait se situer comme fils de... Il était la femme de papa et le bouchon de maman. La fixation de l'enfant à ses défenses psychotiques (touchant au côté aliénant du stade du miroir) était entretenue par le père, lui-même en difficulté avec son propre problème œdipien.

Ce passage de la phase narcissique à l'Œdipe est une étape décisive : l'Œdipe introduit une nouvelle structure, à travers le rôle joué par l'identification œdipienne. C'est à cette étape que

1. *Plus-value phallique :* L'enfant réel symbolise pour la mère le phallus. Dans son évolution, l'enfant doit prendre à son compte le phallus, mais ceci n'est possible qu'à partir du moment où il a acquis une image spéculaire de lui-même. Il faut que la mère puisse se saisir comme lieu de manque pour que l'enfant se réalise indépendamment d'elle (qu'il devienne la « plus-value phallique » et non le phallus de la mère).

nous retrouvons ce qui relève du phallus, du Nom du Père; dans le rapport du sujet à l'Autre, la forclusion d'un de ces termes est caractéristique de la psychose. Cette forclusion va fausser tout le rapport du sujet à la réalité [1], lui faisant perdre l'usage de la fonction imaginaire ou de la fonction symbolique. Or nous savons que l'expérience du réel ne peut se faire qu'en maintenant intégralement ces deux fonctions corrélatives. Le défaut du registre de l'imaginaire ou de celui du symbolique va donc signer le phénomène psychotique. Le délirant [2] use du langage pour y témoigner de sa propre exclusion comme sujet. Le schizophrène, lui, vit dans un monde où le symbolique tient la place du réel, sans aucun lien avec l'imaginaire.

Lucien, 14 ans, laisse échapper un discours qui frappe par ses intonations musicales. En arrêt devant moi, les yeux fixes, il laisse jaillir des mots à un rythme saccadé sur un ton aigu; par instants, il y a un arrêt sur une note grave, un murmure inaudible — puis la reprise s'opére, un disque tourne [3]. « Il n'y a pas de poison? j'aime pas être mort, j'aime pas être mort, je ne serai mort... *jeudi*. M. Freddy est mort, ça ne fait rien, il était gourmand, il a mangé trois poulets entiers et n'a pas écouté le Docteur, moi je ne serai jamais mort, jamais vieux, *parce que je n'aime pas*. J'aime aller à Juvisy, c'est un centre aéré où l'on donne à manger, ce n'est pas une école, même si c'est une école, ce n'en est pas une car ce n'est pas marqué dessus, *mais je veux partir*. C'est du poison, je ne veux pas être mort, je ne serai jamais mort. *Je ne veux pas qu'on me touche*. Vous êtes une dame? Vous devez le savoir, moi je ne sais rien, c'est vous qui savez. Je dis ça à tout le monde quand je parle pour savoir. » Indifférent, pathétique, Lucien brusquement ferme les yeux et se balance. Quand il a touché l'interlocuteur, il l'annule l'instant d'après et se réfugie dans une sorte d'hallucina-

1. Consulter à ce propos l'étude de S. Leclaire in *Évolution psychiatrique*, avril 1958, *Psychothérapie des Psychoses*. S'appuyant sur les travaux de Lacan, l'auteur s'efforce de cerner ce qui est en jeu dans le phénomène psychotique. Ce travail théorique ouvre sur un abord clinique dans le traitement des psychoses.

2. Le *délirant* respecte les lois du langage. Le *schizophrène* use d'un langage perturbé.

3. Les mots soulignés sont les mots prononcés sur une note grave.

tion, en position fœtale, il effectue des mouvements de succion.

Dans les fadings du discours, Lucien indique à la fois sa présence et sa chute. Une parole de l'analyste touchant à son angoisse persécutive fait redémarrer un discours dans lequel les mots tournent à vide. (A l'intensité de panique, succède le sommeil.) « Il n'y a pas de poison. Montre-moi comment on dit. Montre-moi comment on parle. Montre-moi comment on dit. Je ne sais pas comment on parle. *Je ne sais plus. Je ne sais rien. Je suis fatigué, c'est vous qui savez.* » Habité par la parole de l'Autre, gavé, forcé, traqué dès l'âge le plus tendre par la présence continue d'un adulte qui ne « le lâche pas », Lucien par moments se coupe du monde, il est probable qu'il hallucine un sein, qu'il est ce sein halluciné. Le pouce dans la bouche, il rêve au rythme d'un balancement, puis, les mains sur les genoux, se recroqueville, le même balancement du corps continue tandis que les mouvements de succion des lèvres remplacent le suçage du pouce. Qu'est-ce que Lucien hallucine au juste ? Est-ce le sein maternel ? La position du visage de l'enfant paraît en quête de ce qui pourrait le remplir, et combler le vide de la cavité orale. Ce qu'il recherche, il nous le signifie dans une plainte : « Maman, couverture, bien au chaud », plainte et mouvement de succion alternent. Lucien délimite lui-même l'espace de rêve dans lequel il souhaiterait se voir enfermé, non pas lui comme sujet acceptant la coupure avec le corps maternel, mais lui identifié au fragment du corps maternel, formant avec ce fragment un tout, niant par là une réalité dont il est exclu comme sujet. Il s'est inscrit en creux dans cette réalité, réalisant sur lui-même une plénitude.

Dans cette activité hallucinatoire, Lucien réalise sa négation comme sujet, et la négation d'une réalité refusée par lui si elle doit être coupée de son corps propre. Pour Lucien, ce sein, non seulement n'appartient pas à un Autre, mais il n'évoque rien dans un au-delà de l'Autre. Il peut ainsi, grâce à cette double négation [1], garder l'objet fondamentalement satisfaisant. Ce que Lucien refuse, c'est le risque d'une insatisfaction, risque lié à la reconnaissance du sein comme appartenant à l'Autre (donc d'un sein ou objet substitutif qui pourrait lui être retiré). Lucien a créé son espace clos,

1. Il n'est pas coupé du corps maternel et la réalité n'est pas coupée de son corps à lui.

il a réalisé sur lui-même la négation de la réalité de sa propre existence (l'existence d'un être qui, à partir d'un vide, d'un manque lancerait un appel).

Cette façon qu'a le psychotique de s'exclure, non seulement de toute relation à l'Autre, mais encore de tout rapport à son corps propre, a été étudiée par Freud dans *Deuil et Mélancolie*. Le rejet précoce dans le réel d'un être aimé, peut, nous dit-il, se transformer en une perte du moi, prélude d'une entrée dans la psychose. Il nous donne des exemples cliniques de sujets se supprimant ou se maltraitant par identification à l'objet aimé rejeté. Ces idées ont servi de base aux conceptions kleiniennes sur les psychoses chez l'enfant. C'est d'ailleurs Abraham qui eut le premier l'idée de l'existence d'une position dépressive chez l'enfant, pouvant servir de modèle au type de la mélancolie adulte. Ses hypothèses théoriques furent confirmées par Mélanie Klein, alors débutante, lorsqu'elle entreprit la psychanalyse d'un enfant de 3 ans.

La situation analytique est, on l'a vu plus haut[1], facilement ressentie comme dangereuse parce qu'elle est vécue par le sujet en termes d'alternative (il se mutile ou attaque à l'extérieur l'objet redouté). Lorsque l'analyste cherche à s'introduire par une parole dans le monde de l'enfant aliéné, il fait une rencontre avec un vœu d'exclusion radicale, voire avec un désir de meurtre. Apparemment sourd à la parole de l'adulte, le psychotique témoigne cependant dans son jeu que quelque chose a été compris. L'interprétation de l'agressivité par rapport à une situation d'angoisse très précise (liée à la position à l'égard des parents), permet la continuation de la cure. Celle-ci est jalonnée de moments de tensions persécutives et dépressives. C'est la parole juste de l'analyste (touchant à la source même du sadisme du sujet[2]) qui permet le déblocage d'un discours qui sans cesse tend à se refermer dans un système clos. Mais ce travail, effectué avec l'enfant, réveille toujours chez l'analyste une forme d'angoisse. Il s'en défend parfois à son insu en cherchant à quitter la scène propre de l'analyse.

La notion de traumatisme comme explication de certains pro-

1 P. 85 et suivantes.
2. Touchant à la sévérité sur-moïque.

cessus morbides a été introduite avec Freud, mais on s'est aperçu ensuite que le sort d'un événement pénible est lié pour le sujet à la façon dont il est repris dans le discours des adultes. C'est la parole des adultes qui marque l'enfant plus que l'événement en lui-même. Et ce n'est souvent que bien après le drame réel que l'on peut arriver à situer ce qui a été choisi dans l'histoire du sujet pour son effet traumatique. Le destin du psychotique ne se fixe pas tant à partir d'un événement réel perturbant qu'à partir de la façon dont le sujet a été exclu par l'un ou l'autre parent d'une possibilité d'entrée dans une structure triangulaire. C'est cela qui voue l'enfant à demeurer à la place d'un objet partiel, sans pouvoir jamais arriver à assumer une identité propre (puisque l'un ou l'autre parent lui refuse son statut d'altérité). Le discours de l'enfant psychotique gagne, comme nous avons essayé de le montrer, à être entendu avec celui du parent pathogène. Ce que l'analyste éclaire, c'est la place occupée par l'enfant dans le fantasme du parent — place qui exclut sa propre accession à l'état de sujet sexué. Le discours parental peut demeurer tel qu'il bloque à jamais l'enfant dans l'accession à sa propre parole.

La famille *Martin* arrive avec ses trois enfants, 10, 8 et 5 ans. L'aîné, Denis, se présente comme un débile profond, son corps est figé dans la panique. La fille, Véronique, est psychotique. Le petit dernier amorce une anorexie. Les parents sont accablés, ils demandent à la société de prendre en charge les aînés. La mère a fait de fréquents séjours en maison de santé, le père, souvent en voyage, est pris par son travail, il a fait également des accidents dépressifs. Écoutons-les parler au hasard des séances :

Père : Denis est né vomisseur jusque 6 ans — ça s'est arrangé avec le placement. La sœur copie l'attitude du frère. Je ne voyais pas d'issue. Sa mère est quasi folle. Il faut en tuer un. Ma femme a été trop gâtée. Quand Denis a eu 7 ans, sa mère a été enceinte et dépressive. Denis était dans la rue. On donne la chance à la sœur. Avec l'aîné on dit tant pis. Mon aîné, je l'ai accepté comme mort. J'ai fait mon deuil de lui encore vivant.

Denis : Où il est papa, où elle est maman ? On va pas me laisser tomber ?

Mère : Denis va mieux, il est docile. Véronique ne va pas. Je l'ai élevée comme un animal à cause du frère vomisseur. Je me disputais avec mon mari. Véronique a manqué de tout. Denis, on lui bouchait le nez. Elle a vécu dans une atmosphère anormale. Denis avait peur de tout. Le petit a eu mon amour. La petite, je ne l'ai jamais regardée. J'ai isolé les deux enfants, j'avais honte.

DENIS : On ne va pas me manger ? Qu'est-ce qui va arriver si je dessine ?

MÈRE : Véronique est trop sous l'influence de Denis. Elle est retirée du monde. Parfois elle est normale, parfois elle se déprime — ça va pas entre elle et son père. Moi, je brutalise Denis, mon mari brutalise la fille. J'ai peur pour le troisième.

VÉRONIQUE : Denis m'embête. Je pleure et on me donne à manger. Comment on tient une poupée ? Je peux dessiner ? Qu'est-ce qui va arriver si je dessine ?

MÈRE : Les deux enfants quand ils se regardent, c'est à qui tuera l'autre.

Denis et Véronique vivent en miroir une fascination meurtrière. Chacun a le sentiment qu'il ne peut arriver à vivre qu'au prix de la mort de l'autre. Chacun vit au niveau du corps dans la panique la plus totale. Tout désir est interdit. Toute envie porte en elle le risque de mort. Ces enfants n'ont pas apparence humaine. Ce sont de petits fauves traqués, cloués au sol par une peur immaîtrisable. La carence parentale est totale. Le discours ambiant exclut toute possibilité que les enfants naissent un jour à un désir propre. Leur angoisse persécutive répond à l'angoisse dépressive des parents. Le discours des uns est le reflet du discours des autres.

Voici un autre exemple : *Adrien*. Il est muet depuis l'âge de 3 ans, date d'une cinquième séparation d'avec une mère plusieurs fois hospitalisée, chaque fois d'urgence, pour un accès dépressif. « Pendant trois mois, on a été sans arrêt dessus pour le faire parler. Mais c'est fini. Depuis ce placement, ç'a été la catastrophe. Si on ne l'avait pas repris, il en serait mort. » Les parents ont vécu pendant des années avec cinq enfants dans une pièce sans eau. Le jour où un logement décent leur est donné, la mère refait une dépression. Marquée par une enfance qu'elle qualifie de « martyre », cette femme se culpabilise et s'angoisse dès que les choses ont l'air de s'arranger. Il lui faut des témoins à son drame personnel. Elle cherche à rester aliénée au sein d'un fantasme, elle ne tient pas à ce qu'on lui en dévoile le sens. « Une enfance comme ça vous colle à la peau pour toujours. Morte je l'ai été, rien ne peut être pire que ce que j'ai vécu. » Tous les enfants de la famille sont plus ou moins gravement perturbés. « Adrien m'embrasse, je lui crie dessus tellement il me fait damner. Plus je suis malade, plus Corine est mauvaise. » La maison est un enfer. Chaque enfant est destructeur du bien de l'autre. La mère vit dans la crainte d'être violée. Si l'agression ne s'exprime pas dans le milieu extérieur, elle est agie par les enfants. En mots ou en actes, ils disent l'effet suscité en eux par la panique maternelle. « J'étais, dit la mère, trimballée chez l'un, chez l'autre. Ma mère ne pouvait me voir. Je ne comprenais pas les horreurs qu'elle me disait. Je ne voudrais pas que mes enfants connaissent ce que j'ai connu. A 11 ans, je me suis enfuie, j'ai coupé tout pour toujours avec ma famille. » Cette femme ne sait pas être mère; « Je n'ai pas appris », dit-elle. Ses enfants sont bien tenus, tout brille dans sa maison, mais elle n'a pas de paroles à donner : « Je n'ai pas appris à parler » et lorsque sa parole tombe, elle est ravageante dans ses effets destructeurs. Adrien, par son mutisme, témoigne de ce qui dans la mère est demeuré non signifiable. Il a pour mission de voiler ce que la mère cherche à se masquer et qui est de l'ordre du drame de l'inceste (vécu dans le réel ou sur le plan imaginaire, il est difficile de faire la part du vrai ou du faux dans les accusations qu'elle porte). Dans son discours, elle exprime sous des formes diverses que sa descendance à elle, et les enfants de ses enfants, demeureront à jamais maudits, personne n'arrivera à payer le crime dont elle s'accuse : avoir été enfant désirée par l'homme de sa mère. « C'est depuis toute petite que j'étais pour lui comme sa femme. Je me laissais faire. Puis à onze ans je me suis enfuie — peu après mon père est mort. C'est moi qui l'ai fait mourir. » La mère vit dans la crainte d'une vengeance. L'enfer familial est le garant du droit à vivre de la mère. Les troubles graves de ses enfants, connus de tous les voisins, viennent à la place de ce qui doit demeurer à jamais caché.

Nous avons vu plus haut [1] la place tenue par *Émile* comme mort dans le fantasme maternel et son lien avec l'histoire œdipienne d'une mère fixée à un père suicidaire. Cet enfant psychotique atteint

1. Cf. chapitre sur le transfert.

sur le plan organique (encéphalopathie, épilepsie) progresse rapidement. L'amélioration correspondit à un changement radical dans le discours de la mère. C'est lorsqu'il n'a plus été pris dans les rets de fantasmes meurtriers qu'il a pu accéder à une parole (« ma jolie maman »), manger seul, devenir propre et acquérir enfin une certaine autonomie motrice. Il a acquis l'usage de son sexe et de son corps à partir de son entrée dans une situation triangulaire (il a dû affronter, à travers le père, l'interdit anthropophagique, l'interdit de l'inceste). Cet enfant a pu naître à la vie (c'est-à-dire affronter la castration) à partir de la parole maternelle : « Je préfère avoir un fils qui ait une vie de chien à un fils qui demeure idiot. » C'est à partir du moment où la castration de l'enfant a été acceptée par la mère (qui ne parlait plus d'en mourir) que l'enfant a pu commencer à vivre avec ses manques.

Du moment où la mère de *Sophie* n'a plus répondu par une sorte de « fusion » aux absences épileptiques de sa fille, celle-ci a pu entrer comme sujet désirant, et non comme objet partiel, dans la dialectique de la castration. Jusque-là, Sophie exprimait à travers son encoprésie, ses absences, ses accès de température, une sorte de jeu fétichique, destiné à voiler la coupure d'avec le corps maternel. Ce qui a surgi dans l'analyse de Sophie, ce sont les mascarades utilisées par elle contre l'angoisse, ainsi que des formes diverses de dénégation servant à masquer l'existence de la castration. Sophie, dans cette mascarade, cherchait à échapper à l'identification à laquelle la renvoyait le désir de l'Autre, et demeurait ainsi figée dans une oscillation sans fin, prise dans une double négation, celle touchant à l'objet du désir (qu'elle ne peut imaginer perdre) et celle touchant à l'objet de la demande (elle cherche à posséder l'objet partiel au risque de nier le désir de l'Autre). Dans ses interrogations paralysantes : « Je veux venir ? je ne veux pas venir ? » Sophie exprime un splitting au niveau de l'identification, et dévoile par là son désir de tout garder, de ne rien perdre : elle ne peut soutenir ce désir qu'en niant la réalité; elle lui substitue une soumission au seul principe du plaisir.

Le diagnostic porté avant son entrée dans la cure avait été celui d'une encéphalopathie congénitale; l'étiologie était liée, pensait-on, à une affection néonatale. A 5 ans, les différents médecins consultés ne doutaient ni de la gravité de l'encéphalopathie, ni du caractère organique des manifestations cliniques paroxystiques. Le tableau de démence s'imposait aux yeux de certains spécialistes. Dès sa naissance, la mère de Sophie fut hantée par l'idée qu'elle pourrait mourir. Les symptômes présentés par l'enfant furent le spasme du sanglot, les absences épileptiques, les infections intestinales aiguës. Ils ont tous amené des hospitalisations plus ou moins longues. Dès sa petite enfance, Sophie a été l'objet de soins divers. Par son mal, elle appelait sa mère. Celle-ci, pendant ses longues absences, confiait l'enfant à sa propre mère, en état de deuil depuis le mariage de sa fille. Ce n'est que depuis l'entrée de Sophie en analyse, que sa mère a pu l'investir *comme mère*. Jusqu'alors cette enfant lui semblait appartenir de droit à sa propre mère. Dès sa venue au monde, Sophie a été située hors de tout champ symbolique, investie comme un « reste » à donner à la grand-mère. Dès les premières séances, c'est la haine de la mère pour sa propre mère qui est apparue à l'avant-plan, ainsi que le problème œdipien jusque-là méconnu. C'est très exactement à partir de là (c'est-à-dire à partir du problème du renoncement au père) qu'a pu se réordonner le discours de la mère (avec son mari) à l'égard de son enfant. Il ne s'agissait pas d'une mère-type de schizophrène, mais d'une hystérique. Elle avait réussi à garder une sérénité en ne se laissant marquer par rien (ne se laissant « avoir » ni par le chagrin, ni par l'amour; la relation au mari était éminemment narcissique).

Quid de l'organicité dans le cas de Sophie ? Rétrospectivement, tout le diagnostic (établi avec soin dans différents hôpitaux) serait à remettre en question. S'il y avait eu vraiment atteinte organique, l'enfant n'aurait pu changer si vite, au point de devenir scolarisable après 18 mois de cure. Par sa démence, par ses symptômes organiques, l'enfant désignait la faille du côté de la mère. Par son hypersexualité, elle dénonçait la carence sexuelle des parents. Sophie se plaisait dans l'odeur excrémentielle, elle était destructrice, sale, hurlante et laide. Dans la cure, elle est née à l'état de fille — ou plutôt, elle est devenue Narcisse et commence à pouvoir se risquer à être une fille œuvrante.

Résumons. L'hypothèse d'atteinte néonatale avait été mise en avant pour *Sophie, Émile, Christiane* et *Léon :* le facteur organique

paraissait étroitement lié aux troubles psychogènes. Les enfants de la famille *Martin* avaient l'aspect d'asilaires. Dans les cas de Léon et de Sophie, il fut possible au cours de la cure, d'écarter l'hypothèse d'organicité, au profit du seul facteur psychogène. Quant à Christiane, ses parents tenaient à ce point à l'importance d'une causalité physique que la tentative psychanalytique se trouva d'avance vouée à l'échec. L'encéphalopathie d'Émile ne faisait aucun doute, mais l'amélioration dans la cure fut telle qu'elle mit en lumière l'importance du rôle joué par un facteur psychogène surajouté, c'est-à-dire la marque, au niveau du corps de l'enfant, d'un type d'angoisse maternelle. Les parents Martin, pas plus que les parents de Christiane, ne tenaient à être mis en question à travers la cure de leurs enfants. Les uns réclamaient un placement, les autres tenaient à garder eux-mêmes le contrôle de la direction de la cure (c'est-à-dire la mainmise sur l'organicité du cas). Les parents de *Lucien* consultent en France et à l'étranger depuis plus de dix ans. Ils finissent par attendre que Lucien ait l'âge de 14 ans pour commencer une cure analytique qui leur avait été conseillée quand l'enfant avait 5 ans. « Si on m'avait dit qu'en interrompant la cure de mon enfant je le condamnais, j'aurais poursuivi », réplique la mère. L'expérience de cas similaires nous montre, malheureusement qu'il n'en est rien. Le pronostic d'amélioration, pour tous ces cas sévères, dépend étroitement du type de discours parental rencontré : discours figé et clos qui évoque la condamnation, discours de drame dans lequel un appel à l'aide se fait sentir.

Le vœu de meurtre (ou le désir inconscient que l'enfant demeure malade) existe, sous des formes franches ou déguisées; dans les deux cas, nous avons vu qu'il n'y a pas de place pour un sujet dans la parole maternelle entendue par l'enfant. Lorsque les parents s'adressent à l'analyste *pour* leur enfant malade, ils parlent indirectement d'eux-mêmes en parlant de lui. Nous devons prêter attention à deux variétés bien distinctes de messages :

1) Le discours que j'ai appelé *discours clos* (et que nous retrouverons notamment chez la mère de Christiane (p. 103), mais aussi chez les parents de Denis et Véronique (p. 111)), est un récit tenu *devant* l'analyste plutôt *qu'à l'analyste*.

La mère de Christiane dénonce le désordre dont sa fille est la proie, elle apporte une anamnèse détaillée, sans faille, construite avec rigueur, produit des faits, sa vue des choses est présentée comme objective : « C'est la stricte réalité », dit-elle. Cette réalité est en fait un discours objectivant, qui ne laisse aucune place à la parole du sujet et ferme la porte à sa vérité. Le passé de l'enfant est réordonné, non pas pour en faire surgir un sens, mais bien pour le fixer. La mère « tient » un récit concernant son enfant. Ce récit s'adresse à elle-même, la réponse c'est elle encore qui en possède la clef. L'analyste est situé par le sujet à une place de complice de son propre mensonge. Il n'y a point de place pour un tiers, la mère de Christiane étant pour elle-même ce tiers. Dans tous ces cas, nous remarquons que le parent pathogène se constitue lui-même comme idéal du moi; toute intervention extérieure risque de le plonger dans la honte; la rupture agressive vient comme mécanisme de défense. Si l'analyste n'intervient pas, il demeure impuissant et ne peut dégager la parole de l'enfant du symptôme parental — mais s'il intervient, il précipite généralement une décision entraînant l'arrêt de la cure.

Le discours tenu par les parents de Denis et Véronique (p. 111) n'est guère différent de celui tenu par la mère de Léon ou d'Émile, à ceci près : elles avaient un message à délivrer à l'analyste de leur enfant. Le devenir d'un message se transforme selon le destinataire auquel il s'adresse, et cette possibilité de transformation du texte initial est capitale pour les possibilités de développement de la cure. Les parents de Denis et Véronique ont quelques ressemblances avec ceux de Christiane : le réquisitoire qu'ils prononcent est le discours tenu par les autres sur eux. « Voici l'enfer familial », ont l'air de dire les parents. « Comment voulez-vous qu'un enfant s'en sorte dans ces conditions ? » L'analyste est pris à témoin d'un drame qui est en lui-même une réponse à ne pas remettre en question. S'il homologue le discours des parents, il maintient le rythme de leurs visites. S'il intervient comme tiers, il provoque leur fuite. L'enfant malade est le représentant ou le support du malaise parental, mais d'un malaise qu'on veut garder forclos. Si les parents de Christiane tiennent à garder avec eux leur enfant malade, les parents de Denis cherchent à s'en débarrasser, mais le style d'approche est identique : on ne peut mettre leur réponse en question. Il est impossible d'utiliser dans la cure de l'enfant la parole apportée par les parents, puisqu'elle se situe hors de tout mouvement dialectique. C'est chez eux, et non chez l'enfant, qu'un message est à libérer d'abord.

2) Dans le discours que j'ai appelé *discours de drame*, l'analyste est atteint par le caractère sans appel des vœux de meurtre du parent à l'égard de son enfant. L'angoisse dont l'analyste est ainsi marqué va cependant pouvoir être utilisée dans la cure (contrairement à ce qui se passe avec les parents du premier groupe) : l'analyste fait partie du mouvement dialectique qui s'élabore. La réponse maternelle : « Voilà ce que je suis », est en fait une question : « Que devenir dans tout cela, et puis-je compter sur vous ? » La haine, la révolte, le refus, la dérobade, auront ici le sens qu'ils prennent dans toute analyse. Le drame auquel nous sommes renvoyés n'est pas celui de la maladie de l'enfant, mais bien le drame d'exister pour les parents. Et c'est à partir d'un aveu (ayant trait à l'Œdipe du père ou de la mère) que l'enfant se trouve ensuite dans une situation où il peut se présenter comme sujet dans son symptôme; jusqu'alors, la mère l'investissait dans le réel comme fantasme (l'analyste, avec l'accord des parents, est amené à un moment de la cure à parler de leur problème œdipien à l'enfant).

Dans une analyse d'adultes, nous savons que la naissance d'un sujet dans sa parole se fait à partir de la mort. Lorsque nous avons affaire à un enfant pris dans les vœux de mort des parents, c'est leur parole qui doit d'abord être dénouée. Et c'est dans la mesure où ils sont bloqués sur le plan symbolique que l'enfant se sent tenu de rester pour eux figé à la place d'un mort vivant.

Commencer la cure d'un enfant psychotique, c'est entrer dans un drame à travers l'interaction du discours des parents et de celui de l'enfant. Cela suppose que l'analyste puisse arriver à débusquer avec une certaine précision la façon dont enfant et parent se trouvent en panne dans leur position à l'égard du désir. Ce n'est pas l'analyse du parent qui est nécessaire, mais le repérage de ce qui, dans la parole adulte, a marqué l'enfant au niveau du corps.

Dans la conduite d'une cure l'abord clinique est fonction de la position théorique du thérapeute. Rosenfeld [1] a noté que toutes les techniques psychothérapeutiques, quel que soit leur support théorique, enregistrent des succès dans la phase aiguë de la maladie.

1. H. Rosenfeld, *Notes on the psychoanalysis of the superego conflict in an acute schizophrenic patient*, in *New directions in Psychoanalysis*, 1955.

Il en va tout autrement dans la phase dite chronique silencieuse — et le succès final du traitement dépend entièrement de la façon dont est maniée cette phase silencieuse. L'École kleinienne a mis en évidence l'importance d'une analyse stricte dès la phase aiguë. Le succès de l'analyse dépend de la compréhension des mécanismes psychotiques en situation transférentielle. Or le contre-transfert de l'analyste l'amène trop souvent à abandonner une technique classique. C'est sa propre angoisse (devant les projections agressives du patient) qui le pousse à chercher des méthodes de réassurance (mais il rate ainsi tout ce qui, dans le discours du malade, touche à l'abandon, à la mort, à la destruction, à la condamnation).

Le psychotique est considéré par certains comme un malade gravement traumatisé à qui il faudrait apporter le bonheur sous la forme de ce qui lui a fait défaut [1]. On cherche à remplacer ce qui a manqué au malade par des gratifications diverses ou même par des dons (de pommes), sans jamais se demander si le manque dont il s'agit fut de l'ordre d'une frustration d'objet dans le réel (créant un dommage imaginaire) [2] ou si c'est dans l'ordre symbolique que la privation s'est introduite, provoquant chez l'enfant une rupture avec le réel. La demande d'un enfant peut viser à la satisfaction d'un besoin, mais au-delà de la demande de nourriture il y a toujours demande d'autre chose [3], et l'objet donné ou refusé par la mère est investi par l'enfant comme un signe d'amour. Et l'appel d'amour garde en lui une dimension d'insatisfaction qui ne peut jamais être complètement comblée. L'enfant passe ainsi son temps à relancer, au-delà de la satisfaction d'un besoin, des demandes de signes d'amour. C'est un autre-chose comme tel qu'il désire. Si la mère ne peut supporter ce manque, ce vide d'où l'enfant lance ses appels, elle l'empêchera d'articuler quelque chose qui soit dans un au-delà de la demande, dans un au-delà du maternel. L'issue symbolique sera bloquée par la présence toute-puissante de la mère intervenant dans le réel au niveau du besoin. Si donc l'analyste prend le relais de la mère en apportant une réponse dans le réel, il risque de dégrader la situation et de perpétuer la confusion entre

1. M. A. Sechehaye, *Psychothérapie des schizophrènes,* P.U.F.
2. Développé par J. Lacan, in séminaire 1956-1957.
3. Développé par M. Safouan, *Le phallus dans le rapport mère-enfant* (inédit).

le registre du besoin et celui du désir, masquant ainsi ce qui aurait pu apparaître en creux comme manque à être, et que le sujet, jusqu'à son entrée en analyse, n'avait jamais pu signifier.

Dans la situation analytique, c'est au moment même où l'enfant psychotique va mettre en jeu quelque chose d'essentiel au niveau du *désir,* qu'il cherche à se maintenir au niveau d'une *demande,* en se réfugiant dans un réel trompeur. Ainsi c'est au moment où *Sophie* commence à entrevoir qu'elle joue à être folle pour me donner du plaisir, qu'elle bascule aussitôt dans le registre du réel, à la recherche d'un autre masque. Elle craint de s'offrir dévoilée au regard de l'Autre, comme si son entrée dans le désir de l'Autre équivalait à sa disparition comme sujet. Dans la situation analytique, Sophie fait de son corps l'enjeu. Elle provoque mon inquiétude (en cherchant à se lancer par la fenêtre), mais l'interprétation selon laquelle elle cherche à me donner du plaisir par sa maladie provoque une fuite vers la cuisine pour une demande de nourriture. Cette fuite dans le réel est en relation directe avec une interprétation correcte mais insuffisamment nuancée. Dans cette interprétation, j'avais souligné la façon dont l'enfant se situait comme objet partiel dans sa relation à mon désir, et provoqué par là, faute d'une verbalisation suffisante, une sorte de passage à l'acte. L'interprétation, au lieu de porter sur la jouissance de l'analyste, aurait dû porter sur celle du sujet, ce qui aurait exclu l'effet de panique engendré par la situation duelle. Car dans la situation analytique (comme le rappelle Lacan), le tiers est toujours présent, c'est à l'analyste de faire en sorte qu'il puisse surgir. Ce tiers, c'est le juge de la vérité qui émerge du discours tenu à l'analyste. Dans les cas de psychose, pour que ce troisième terme advienne, il faut que l'analyste accepte de voir son propre désir traqué et dévoilé par le sujet : « Tu te donnes du plaisir » n'a pas le même sens défensif que la phrase : « Tu me donnes du plaisir [1]. » Dans le premier cas, je mettais l'accent sur un des termes, laissant ainsi au sujet la possibilité que le jeu des substitutions signifiantes s'opère en lui. Dans le second cas, j'en bloquais involontairement le cours, invitant le sujet à se réfugier dans un réel qui signifiait le refus par l'enfant d'accepter la dimension sym-

1. L'interprétation correcte aurait d'ailleurs pu se faire sous la forme interrogative : « A qui veux-tu donner du plaisir ? »

bolique. Au moment où Sophie cherchait (en m'agressant) à se soutenir au niveau d'un désir, je la ramenais à une demande, ce qui ne permettait pas la découverte du sens. Cette demande de lait, de bananes, de pommes, je l'ai toujours rencontrée en analyse comme une réponse à ma propre angoisse. Le maternage était le résultat d'une situation d'angoisse mal tolérée par moi et perçue par l'enfant comme telle. Cette fuite vers la cuisine (que j'ai toujours acceptée, afin d'en comprendre le sens) s'est produite avec un certain nombre d'enfants psychotiques. Elle a toujours correspondu au même type d'interprétation, ressentie par le sujet comme l'effet d'une situation duelle. En appuyant sur le pôle de l'analyste au lieu d'appuyer sur celui du sujet, je faisais disparaître l'existence d'un Autre comme lieu de la vérité. Demeurait en place une fascination imaginaire qui ne pouvait trouver d'issue que dans la fuite, sans possibilité pour l'analyste de ramener au jour la dimension symbolique. L'action de l'analyste se situe à un autre niveau que celui de la pure technique relationnelle. En se prêtant naïvement au jeu de la bonne mère, il donne sa caution au leurre que le sujet cherche à entretenir. Ce leurre, il appartient à l'analyste de le débusquer afin de sortir le malade de la confusion dans laquelle sa psychose l'a plongé [1]. Ce qu'on appelle communément régression orale, anale, etc., n'apparaît pas tant comme un retour à un stade antérieur de développement, mais plutôt comme une façon qu'a le sujet de se faire reconnaître en se parant de certains insignes. Ceci se traduit dans les accidents du discours. Dans le cas de Sophie, la demande de lait apparaissait comme une fuite dans le réel pour éviter une mise en cause dans son statut de désirant. Dans cette fuite, elle se leurrait et bernait l'interlocuteur.

Rappelons la place très particulière tenue par le psychotique dans le champ du désir maternel. Dans l'impossibilité où se trouve l'enfant d'être reconnu par l'Autre dans son statut de sujet désirant, il s'aliène dans une partie du corps [2]. La relation à la mère demeure sur un terrain où l'enfant n'a pas d'autre issue que de renouveler indéfiniment une demande, sans avoir jamais le droit

1. Confusion entre les registres du réel et du symbolique.
2. Piera Aulagnier, *Remarques sur la structure psychotique* (p. 16 à 31), *La Psychanalyse*, vol. 8, P.U.F.

de s'assumer comme désir. C'est en effet, comme objet partiel qu'il s'introduit dans la dialectique maternelle. La dépendance entre mère et enfant, la tyrannie du lien qui les unit, est aussi forte d'un côté que de l'autre. Dans sa relation à nous, le psychotique fait de l'Autre l'objet de son introjection (Christiane, Léon, Sophie, Émile), ou bien il parle d'un autre lieu à une distance infinie de la nôtre, nous livrant une parole qui n'est pas la sienne (Lucien). Dans les deux cas, il n'y a pas eu de coupure entre le sujet et l'objet maternel, puisque le sujet est resté en quelque sorte rivé à la mère comme un de ses organes. A d'autres moments, l'enfant joue le rôle de fétiche, voilant le manque de l'Autre [1], témoin d'une castration niée. La cure de l'enfant ne peut s'entreprendre sans toucher au point où il se trouve rivé dans le champ du désir maternel ou paternel [2]. L'enfant n'a dès lors pas d'autre choix que de se constituer comme l'organe de l'autre, niant ainsi comme sujet la nécessité de la coupure.

Nous avons vu que le destin du psychotique se fixe à partir de la façon dont il a été exclu par l'un ou l'autre parent d'une possibilité d'entrée dans une situation triangulaire. C'est cela qui le voue à ne pouvoir jamais assumer aucune identité. Pris dès sa naissance dans un bain de paroles qui le figent en le réduisant à l'état d'objet partiel, il faut, pour qu'il puisse entrer un jour comme sujet dans la cure, que le système de langage dans lequel il s'est trouvé pris se modifie d'abord. C'est ensuite seulement qu'il va lui-même pouvoir être remanié par le langage [3].

1. André Green, *L'objet (a) de J. Lacan*, in *Cahiers pour l'analyse*, n° 3.

2. A. L. Stern, *Qu'est-ce qui fait consulter pour un enfant ?* Journées d'études des centres psychopédagogiques, mai 1966.

3. Au cours de son évolution, l'enfant est toujours en quelque sorte intriqué dans la demande de la mère. Tant qu'il est, comme objet partiel, l'enjeu de cette demande, toute parole va porter sur cet objet partiel auquel il s'identifie et réveiller l'angoisse que manifeste son fantasme. S'il accède à l'image du corps unifié, il est l'enjeu de la demande en tant que sujet; ce qui est impliqué dans la menace de castration ne met plus le corps en jeu, nous entrons alors dans une dialectique verbale. Nous voyons au début de la cure comment l'entrée dans une dialectique verbale paraît fermée au psychotique, et comment, lorsqu'il use du langage, c'est toujours pour témoigner de son exclusion comme sujet.

J'ai été guidée dans cette étude par l'importance que j'accorde à l'écoute *d'un seul discours :* celui de l'enfant et de sa famille. Je ne déchiffre pas un texte selon des méthodes linguistiques [1]. C'est comme analyste (avec ma problématique propre) que j'entends ce qui se dit au fil d'une histoire qui se transforme ou se fige. L'enfant est pris dans une parole parentale qui l'aliène comme sujet. Cette parole parentale aliénante est un des aspects d'une symbolisation faussée au niveau de l'adulte. C'est lorsqu'une parole peut, au niveau de l'adulte, se libérer du discours impersonnel que la naissance d'une autre parole va, de l'adulte à l'enfant, devenir possible. Les conditions dans lesquelles s'opère la cure pour l'enfant se transforment à partir de là. Le discours que j'ai appelé « figé » ou « clos » apparaît dans le cas où le parent s'identifie à l'analyste tout en l'annulant; le champ dans lequel sa parole va se déployer n'ouvre sur aucune recherche de vérité. Plusieurs entretiens sont nécessaires à l'établissement d'un pronostic, c'est-à-dire à l'évaluation de la possibilité d'aider le parent à ce que se fasse la confrontation entre son autre imaginaire et le tiers (lieu de l'articulation de la vérité). Si cette confrontation ne peut se faire qu'au risque de la mort du parent ou d'une aggravation de ses troubles, il y a peu d'espoir d'arriver à guérir l'enfant. Cette alternative qui commande la guérison (ou la mort, ou la vie de l'un ou de l'autre), est encore plus dangereuse lorsqu'elle est méconnue par le parent pathogène. Ce qui donne accès au discours de drame, c'est la possibilité que semble avoir ce sujet d'assumer une vérité « même au risque d'en mourir » (et dans ce cas, il s'agit d'une mort imaginaire). Nous voyons alors apparaître le rôle joué par l'enfant comme garant du non-savoir de l'adulte. Il *est,* comme malade, le support de sa propre dénégation. En entrant dans la cure de l'enfant, nous touchons, comme nous l'avons vu, à la position des parents face à la parole. Ce qui frappe dans le discours clos, c'est la *profession de foi* dont s'accompagne le discours impersonnel. L'analyste est confronté à une croyance qui prend la valeur

1. Je ne déchiffre pas des *enregistrements :* je suis comme analyste à l'écoute d'un drame. Les propos recueillis portent la marque de mon écoute, c'est-à-dire de la façon dont j'ai pu supporter d'être interpellée à travers la déchirure du discours de l'Autre.

d'un tabou. S'il y touche, il provoque au mieux la rupture, au pire l'interprétation paranoïaque, voire le suicide.

Les premiers effets de la découverte freudienne en ce qui concerne l'abord du problème des psychoses se sont révélés d'abord chez Abraham et ensuite chez Bleuler. Abraham avait d'ailleurs travaillé au Burghölzi et il avait été le premier assistant de Bleuler. On ne peut pas dire que Bleuler ait appliqué la psychanalyse au problème de la schizophrénie, mais il s'est séparé nettement de l'attitude psychiatrique de l'époque. En réformant les attitudes psychiatriques, il n'a cependant pas été aussi loin qu'aurait pu le permettre la révolution psychanalytique. Son attitude est *compréhensive,* plus dans le sens humanitaire du mot que dans le sens scientifique. Le changement même de dénomination, « schizophrénie » au lieu de démence précoce, suffit à montrer qu'il veut insister sur le caractère trop rigide des diagnostics et pronostics de Kraepelin. Bleuler est moins pessimiste et plus libéral dans l'abord psychiatrique de la schizophrénie. Pour ce qui est de la curabilité, il est plus optimiste, mais conserve une attitude pessimiste sur le problème des techniques thérapeutiques. Il écrit même cette phrase étonnante : « La thérapie de la schizophrénie apporte le plus de satisfaction au médecin qui n'attribue pas les résultats de la guérison naturelle de la psychose à sa propre intervention.[1] »

Il avait en tout cas entrevu l'importance du rôle joué par la parole dans la famille des schizophrènes, mais n'avait pas poussé plus loin ses investigations. Au cours des quarante dernières années, on a beaucoup écrit sur les familles des schizophrènes, mais dans un sens où la famille est conçue comme un groupe, voire comme un organisme biologique. La perspective dans laquelle les auteurs se placent est, de plus, pédagogique.

Ma recherche est liée au mouvement même de mes cures et aux questions que je me pose sur l'usage à faire de la parole en psychanalyse. Si je crois avoir mis en relief les effets d'une parole adulte aliénante chez l'enfant et montré comment la cure progresse à travers un langage qui se modifie, j'ai l'impression de ne pas

1. E. Bleuler, *Dementia praecox or the group of schizophrenias,* International Universities press, New York, 1966, p. 471.

avoir suffisamment approfondi l'impasse présentée par le « discours clos ».

Il eſt évident que si je lui ai donné une telle appellation, c'eſt parce que je n'attendais plus grand-chose de parents qui viennent trouver l'analyſte pour l'exclure du discours tenu devant lui (ce qui suppose que j'en avais d'abord beaucoup attendu). Ma réponse eſt subjective, elle vient en écho à des échecs mal supportés. Il eſt probable qu'une forme d'auto-juſtification devrait pouvoir être dépassée, et que nous gagnerions à étudier d'un peu plus près la nature des échecs rencontrés avec ce type de parents : cette exclusion dont il eſt l'objet, l'analyſte la ressent et y réagit avec sa problématique personnelle. Les difficultés techniques rencontrées dans certaines cures doivent être étudiées en portant l'interrogation sur la part prise par nous dans les blocages constatés.

Deuxième partie

4

Paul ou la parole du médecin

Paul, 2 ans et demi, eſt à la veille d'une nouvelle hospitalisation. Anorexique, insomniaque, il domine par ses symptômes les adultes de la maison. Cherche-t-on à le gronder ? Il s'évanouit. Lui donne-t-on un calmant ? Il développe les spasmes du sanglot. Et c'eſt encore par une crise allergique qu'il répond au forçage alimentaire. La mère a déclaré forfait. Elle se trouve au bord de l'épuisement nerveux : « Cet enfant m'a bien eue », me dira-t-elle.

Dernier né de six enfants, Paul eſt venu au monde le jour où le fils aîné se mariait. Grossesse non désirée. La mère s'eſt manifeſtement sentie coupable d'être encore une fois enceinte à son âge. Dès sa naissance, le bébé eſt confié à une sœur aînée ou à des mains étrangères plus ou moins expertes. Par son symptôme, le bébé se garantit la présence maternelle. Vomisseur, insomniaque, Paul eſt en proie à des crises nerveuses variées. La mère se sent traquée de ne pouvoir réaliser son vœu d'être ailleurs que là où l'appel de l'enfant la fixe. Elle répond à la demande d'amour par le don de ses soins. Paul devient dans le réel l'objet d'un nursing intensif. Il en vient à désirer *rien* (c'eſt-à-dire le *tout* du don maternel), et c'eſt là que se situe l'acmé de l'anorexie.

La vie de la maison s'eſt organisée (ou désorganisée) en fonction des exigences de Paul. Par ses caprices, l'enfant tient sa mère à sa merci. Celle-ci s'épuise à répondre à l'appel de désirs des plus contradictoires. Paul ne tolère pas l'absence maternelle; mais lorsque la mère eſt là, il refuse ce qui vient d'elle. Le père, tenu à l'écart, évite toute intervention.

A l'âge de 18 mois, des crises « convulsives » provoquèrent une consultation psychiatrique : « Cet enfant, dit le médecin, vous cassera, madame, si vous ne le cassez pas. » A chaque crise, il fut, selon l'expression maternelle, « passé au bromure ». L'enfant réagit par une érection avec masturbation. Le médecin consulté une nouvelle fois expliqua à la mère (devant l'enfant) en quoi consistaient l'érection et sa douleur. « Cette douleur qui fait peur », ajouta-t-il. Ce discours visait l'angoisse maternelle, Paul en retint l'explication. Toutes les nuits, il se réveillait en érection, appelait sa mère, lui disant : « J'ai mal », et se rendormait après avoir pu lui « donner » cette parole. L'équilibre nerveux de la mère s'en trouva compromis. L'enfant fut envoyé trois mois dans un home d'enfants. Il y retrouva le sommeil et perdit la parole. Réintégré à 2 ans et 6 mois dans sa famille, Paul recommença à parler, mais perdit le sommeil et refusa la nourriture. Dans ses crises d'opposition, Paul se blessait : il n'acceptait pas que sa mère s'occupe d'un autre enfant. L'angoisse d'être renvoyé dans le home s'exprimait par des crises de laryngite striduleuse de plus en plus rapprochées. L'état de Paul empira brusquement : « Cet enfant ne veut pas vivre, il faut l'hospitaliser d'urgence », conseilla le médecin. Le père s'y opposa et provoqua la demande de consultation psychanalytique.

Pris par ses affaires, le père est absent aux deux premiers entretiens que j'ai avec la mère seule. C'est autour du thème du père que s'ordonne le discours de la mère. L'enfant est très attaché au père mais ne le voit guère, la mère ayant établi un programme rigide excluant Paul de toute vie familiale : « Comme il est petit, il lui faut une vie à part. J'ai toujours peur de me laisser avoir par lui. » L'anxiété maternelle se cristallise autour du danger imaginaire de perdre son autorité (sa puissance). Paul y répond en revendiquant un « quelque chose » qui le laisse toujours insatisfait. Chaque réponse dans le réel entraîne une autre demande, qui ne peut être totalement satisfaite. Paul entraîne sa mère dans un nœud de contradictions : il concentre ses crises autour d'un refus qui est toujours l'envers d'un appel. L'absence d'intervention paternelle, la non-intégration de l'enfant au rythme de vie de la maison, ont aggravé les effets d'une situation duelle. Les règles imposées par la mère sont ressenties comme arbitraires; une lutte de prestige s'est ainsi engagée entre mère et fils (ni l'un ni l'autre ne veut « céder », mais céder quoi ?). Au fur et à mesure que la mère rend compte du désordre auquel elle participe, elle s'aperçoit non seulement de l'absence de situation triangulaire, mais encore de l'importance du parasitage dans ses liens qui l'attachent à son fils. *Paul ne peut perdre sa mère, car sa mère* (pour se défendre contre un désir d'abandon) *ne peut perdre Paul.* Aucune ligne de partage ne peut dès lors être introduite : tout se passe comme s'il n'y avait jamais eu de sevrage. Ni l'un ni l'autre ne peut se saisir dans un désir propre, chacun vit de « pomper » l'autre. Un axe fait visiblement défaut. Mon intervention porte sur l'interdiction du « parasitage »; elle vise l'émergence du tabou anthropophagique, et introduit du même coup la notion d'une référence tierce. La forme de mon intervention est discutable, puisqu'elle prend l'allure de conseils. Cependant, dans ce que j'avance, ce sont les paroles de la mère que je reprends. Elle sait ce qu'il faut faire, tout en le méconnaissant. Ma parole vise une forme de vérité déjà pressentie par la mère. J'en précipite le dénouement. Les conseils donnés sont les suivants :

1° Liberté totale pour l'enfant, tant que cette liberté ne gêne pas les autres (droit de ne pas dormir, de ne pas manger, de ne pas se laver, à la condition qu'un rythme de vie « à part » ne soit pas créé en fonction des caprices de l'enfant).

2° Si Paul appelle la nuit, je demande que ce soit le père qui se lève pour lui dire : « Fais ce que tu veux, mais laisse-moi avec ma femme, nous avons besoin de dormir. »

Ces instructions avaient agi comme une interprétation analytique, renvoyant la mère aux défenses liées à sa propre culpabilité œdipienne. Les troubles de Paul disparurent dans les deux jours qui suivirent la visite de la mère chez moi.

— Qui c'est ta femme ?, demanda Paul tout surpris à son père.

— C'est ta mère.

— Ah non! c'est ma femme à moi, fut la réponse de l'enfant.

Une crise de laryngite striduleuse amena ultérieurement un réveil des troubles anciens et j'acceptai de voir Paul.

Il est petit, maigre, vif; de grands yeux noirs lui mangent le visage. Cet enfant est manifestement très précoce. Je le vois en présence de sa mère et lui fais en langage adulte une sorte de mise au point de ses troubles somatiques. Je mets l'accent sur la situation à deux qui s'est créée entre lui et sa mère. J'insiste sur le caractère « pas commode » de l'absence de langage pour un bébé. L'enfant quitte les genoux de sa mère, me regarde fasciné et commence un long monologue auquel je ne comprends strictement rien.

— J'aimerais bien, lui dis-je, parler de tout cela avec papa.

— Ah non, répond l'enfant, c'est Paul le grand chef.

Je lui réponds :

— Non, c'est papa le grand chef. Maman et Paul sont commandés par papa.

— Ah non, rouspète l'enfant, maman gentille, Paul le grand chef de maman.

A la séance suivante (fixée dix jours après), Paul m'apporte, tout fier, une lettre de son père, qui m'exprime sa reconnaissance et constate un progrès ahurissant sur le plan du langage. L'enfant a été mis à la maternelle du quartier. Paul me répète devant sa mère : « C'est Paul le grand chef, il ne faut pas que papa commande. » Il s'agit d'un jeu — du moins je le perçois comme tel. La mère me parle de l'abandon dans lequel l'enfant s'est trouvé à sa naissance : « Je me déchargeais de lui sur ma fille et sur les bonnes. » Paul enchaîne : « Pas dormir c'est pas gentil. » Je lui réponds : « Ce n'est pas mal de ne pas dormir, ce n'est pas commode. » L'enfant me tient à nouveau un discours animé auquel je ne comprends pas grand-chose mais que j'enregistre. Nous convenons qu'il n'est plus nécessaire que je revoie la famille, à moins que le père n'en décide autrement. Paul n'a pas 3 ans, il a été accepté comme demi-pensionnaire à la maternelle du quartier...

La maladie a été utilisée par Paul comme un signe destiné à susciter, au-delà des soins réels, le désir maternel. Paul exigeait de sa mère qu'elle le comble, mais au même moment, en tant que sujet, il se sentait dépossédé. Dans sa relation à sa mère, Paul se situait tantôt à la place du super-chef de maman, tantôt à la place d'un Paul malade. Un certain rapport s'est structuré *à travers la douleur,* sur un mode narcissique. Paul offrait à la mère non pas un pénis en érection, mais *ce qui fait mal,* et cela à partir du jour où un « Docteur » expliqua à sa mère les mystères de l'érection et de cette douleur qui fait peur. Paul retint de cet enseignement la possibilité qui lui était offerte de changer en maladie une manifestation organique. Il valorisait ainsi non pas le pénis, mais ce qu'il pouvait en faire pour appeler la mère, en réponse à ce qui, du lieu de son manque à elle, était prêt à lui faire écho. Le comportement régressif de l'enfant venait comme défense contre l'angoisse de castration. En faisant intervenir le père dans le discours analytique, j'ai aidé l'enfant à amorcer une possibilité d'œdipification. Il y répondit d'abord sur le plan des défenses anciennes : « Maman c'est ma femme à moi. Paul grand chef de maman. » C'est-à-dire : je suis et j'entends rester Paul le tyran, maître du désir de ma mère. En disant à l'enfant : « Pas dormir, ça n'a rien à voir avec le pas gentil. Tu dors pour toi et non pour faire plaisir à maman », je me mettais en travers des liens érotiques mère-enfant. Lorsque dans ses appels nocturnes l'enfant eut affaire au père, il se trouva entraîné dans un autre circuit que celui de la relation duelle. C'est à partir de l'intervention paternelle que l'accès au langage a été rendu possible. Ce cas illustre l'intérêt d'une consultation psychanalytique précoce dans des cas d'urgence de la petite enfance. Les manifestations psycho-somatiques expriment l'impossibilité du passage de l'angoisse à l'expression symbolique.

C'est dans la mesure où Paul était pris dans une parole maternelle ne laissant pas de place à une référence au père, qu'il demeurait dans l'impossibilité de se situer face à l'objet de son désir. Ce que Paul réclamait, c'était un autre-chose comme tel, c'est-à-dire l'interdit. Il ne pouvait s'engager dans la dialectique de la castration que si la mère en était marquée. La parole du médecin : « Cet enfant vous cassera, madame, si vous ne le cassez pas », invitait en quelque sorte la mère à figer son rapport à l'enfant sur un mode narcissique. Si vous désirez garder le phallus, avait l'air de dire le médecin, ne le cédez surtout pas à votre fils. Or, Paul ne pouvait réaliser sur lui-même une image phallique que si la mère en était d'une certaine façon dépossédée. Dans cette confrontation mère-enfant, deux entités homologues s'affrontaient, semblables à la grande girafe et à la petite girafe dont parlait le petit Hans... C'est l'intervention, dans ma parole, d'un père possesseur de la mère qui a permis à Paul de se situer tout autrement dans la dialectique du désir. L'accès au langage lui a été ouvert à travers la castration de la mère.

Des nouvelles reçues six ans après m'ont confirmé l'évolution d'un enfant qui s'est affirmé comme sur-doué; la fragilité psychosomatique semble avoir complètement disparu.

Des cas comme celui de Paul se rencontrent quotidiennement en consultation pédiatrique [1]. La parole du médecin a toujours des effets décisifs [2]. Elle est faite d'une confrontation du désir du médecin à l'angoisse parentale. Le médecin s'est, dans ce cas, senti menacé dans son être par la conduite meurtrière-suicidaire de l'enfant. Il s'en est défendu en préconisant un appel à la force : son effet fut de bloquer ensuite tout le mouvement de la métaphore, ouvrant la porte à l'émergence du symptôme.

1. Comme en témoignent les recherches entreprises sous la direction de Mme Aubry (par R. Bargues, A. L. Stern, G. Raimbault, etc.).

2. La parole du médecin est facilement déformée par la famille. Nous assistons alors aux effets produits par cette déformation.

5

Carole ou le silence de la mère

Un très jeune couple est là, silencieux, devant moi. Ils viennent pour leur fille *Carole,* 6 ans. La femme tient la main de son mari, on la sent tendue, au bord des larmes. L'homme a des traits d'adolescent, il paraît absent, son esprit visiblement est ailleurs. Je parcours le dossier que l'hôpital m'a fait parvenir. Le diagnostic porté est celui de schizophrénie (mutisme psychogène). Une psychanalyse a été conseillée. La mère a hâte que « l'on fasse quelque chose ». Le père est résigné : des consultations médicales, ils en ont eu tant depuis quatre ans...

— Depuis toujours, corrige la mère.

— Comment cela ?

— Nous étions si jeunes, à peine sortis du lycée. Me voilà enceinte, les études à faire, un avenir à ne pas compromettre. Il a fallu faire comme s'il n'y avait pas de grossesse. Ne pas y penser. Devenir une parfaite automate pour garder l'esprit libre. L'accouchement, ça vient plus vite qu'on ne s'y attend, et puis après, ce n'est plus comme avant. Ça prend de la place, un bébé. Il y a eu tout de suite les maladies.

— Expliquez-vous.

— Carole est née avant terme; elle avait un ictère à la naissance. Ensuite, ça s'arrange, j'arrive à l'allaiter. Je cherche à m'organiser pour mes études, ce n'est pas facile. Après quatre mois, je suis à nouveau enceinte. Je n'avais pas besoin de ça. J'ai un coup de cafard. Fatiguée et seule. Le lait ne vient plus. La petite, je la trimballe pour pouvoir travailler. Elle devient difficile, refuse certains biberons. A 6 mois, on me dit qu'elle fait de l'anémie. C'est dur, il y a les études. Il nous faut travailler. On n'est guère aidés. La petite, je la donne à ma mère. Je la donne, je la reprends, je la redonne et enfin je la lui laisse jusqu'à 2 ans, elle y est bien.

J'apprends que l'enfant ne marchait pas encore lorsqu'une petite sœur naquit. Les deux enfants ont été laissées aux grands-parents. Le couple affrontait au même moment des examens difficiles et une vie professionnelle compliquée. Ils se sentaient tous deux coupables de s'aimer. Ils ne savaient pas comment éviter les grossesses. A peine remise de la deuxième naissance, la mère était à nouveau enceinte. Elle se sentait prise dans un cercle infernal. Il lui fallait à tout prix finir ses études, elle devait aussi gagner sa vie et les enfants étaient, nerveusement, une charge trop lourde. Le mari ne se rendait pas très bien compte de la tension que cette vie imposait à sa femme. C'est un passionné de la physique, la vie lui paraît sans problèmes. Mari et femme ne parlent guère; leur entente est cependant bonne. Lors de l'entretien, la mère se détend petit à petit; elle a besoin de faire revivre pour moi ce qui fut. J'apprends ainsi qu'à 18 mois, Carole parlait couramment. Elle avait deux ans lorsque sa mère la reprit au foyer, heureuse d'enlever Carole à l'affection des grands-parents. Dès son retour, l'enfant devient taciturne, renfrognée. Elle refuse toute nourriture : « Elle se laisse mourir de faim », dit la mère. Le monde ambiant lui devient de plus en plus étranger. Un ours en peluche sans tête ni membres l'accompagne partout. Il n'a pour elle pas plus d'existence que la sœur. Carole le piétine, l'écrase, le maltraite. Pendant quelque temps, Carole réclame sa grand-mère; puis elle ne demande plus rien : « Ça s'est fait insensiblement. Un beau jour, elle ne parlait plus. » En perdant la parole, Carole devient phobique. Elle recouvre peu à peu l'appétit, mais vomit à la moindre contrariété.

La naissance du troisième bébé n'arrange rien. Carole développe une série de petites maladies sans gravité. Mise à la maternelle du quartier, elle se sauve. On ne peut la garder. « Le contact avec les humains est coupé, ajoute la mère. Carole joue avec les animaux, reste rêveuse devant les fleurs. On ne sait pas ce qu'elle pense ni ce qu'elle veut. Elle nous ignore. De temps à autre, cependant, une phrase lui échappe. »

Lors de l'entretien, le père parle à peine. Il est en tout point d'accord avec sa femme. Un peu étonné, cependant, de la sentir si émotive, si passionnée dans ce qu'elle va me *demander* :

— Dites, c'est vrai que vous pourrez lui donner la parole ? C'est pas perdu pour toujours ? Et si ça ne marche pas ? Oh, bien sûr, vous ne pouvez rien prévoir. Peut-être que vous ne savez pas. Personne ne sait ce qu'elle a. On m'envoie de gauche à droite. On me dit : voilà des calmants vous les lui donnerez en attendant.

— En attendant quoi ?

— En attendant qu'elle parle, et puis je ne sais plus. Ce que je vous dis, ce n'est peut-être pas ce qu'on m'a dit. Je vous induis peut-être en erreur. J'embrouille tout. Je suis fatiguée. Je n'en peux plus. Je voudrais que vous vous chargiez de mon enfant [1].

Sur ces paroles, le couple s'en va lentement. La femme a du mal à me quitter, elle pleure. Doucement, le mari l'emmène. Figée, immobile au début de l'entretien, cette mère ne sait visiblement plus où elle en est ni où elle va. Le médecin lui a dit : « Une psychanalyse est nécessaire. » Elle est venue pour s'accuser et me « donner » sa fille : « Chargez-vous-en », me supplie-t-elle. C'est dans une position infantile de culpabilité que la mère, d'emblée, se situe à mon endroit, étonnée que je lui « rende » Carole, pour qu'elle ait à l'assumer, elle, comme éducatrice.

Je suis psychanalyste. C'est de cette seule position, lui dis-je, que j'ai à entendre votre histoire et celle de votre fille, afin qu'en surgisse un sens. Venue pour recevoir des conseils, la mère apprend au contraire à repenser sa vie. « Je n'aime pas Carole, dit la jeune femme, elle m'en a trop fait voir. » « Mais non, se reprend-elle, c'est Carole que je préfère. Peut-on préférer un enfant à l'autre ? » « J'ai été, poursuit-elle, la mal-aimée, je n'ai rien fait pour être aimée. »

Ce que la jeune femme amena au cours des entretiens ultérieurs, ce fut son incertitude, son angoisse, le sentiment d'un vide que rien n'avait jamais pu combler. Elle se voulait vraie, mais dès qu'elle parlait, les paroles trahissaient ce qu'elle avait à dire. Elle ne pouvait s'exprimer qu'à travers le mensonge. Le passé était-il celui qu'elle avait décrit, ou celui qu'elle évoquait pour se justifier ? Elle s'abandonna petit à petit, sortit de la statue figée dans laquelle elle s'était présentée. Le mari l'accompagna un temps ; puis elle vint seule. Je décidai alors de voir Carole.

1. La mère croit qu'il lui faut « donner » cette enfant, qu'elle se sent coupable d'avoir « repris » à ses propres parents.

Je la reçois tantôt en présence de la mère, tantôt seule. La mère se tient en retrait, elle ne quitte pas son enfant des yeux. Carole m'ignore, circule dans la pièce, s'arrête à la fenêtre, regarde ce qui se passe dehors.

— Si vous ne lui demandez rien, elle ne fera rien, me dit la mère.

Je sens la jeune femme inquiète. L'enfant joue avec ses tresses. Ses longs cheveux blonds lui descendent à la taille. Un tablier rouge très court laisse voir les jambes maigres, emprisonnées dans un pantalon de ski. La petite est gracieuse, saute d'un pied sur l'autre, ignore notre présence. J'interviens pour lui expliquer qui je suis, pourquoi elle vient. Je lui parle assez longuement de son histoire, de celle de ses parents, du malentendu qui s'est installé sans que personne y comprenne rien. L'enfant s'est assise, prend un crayon rouge, trace furieusement des traits qui déchirent le papier. Elle me fait deux dessins : dans l'un, la fillette a des yeux mais pas de bouche; dans l'autre, un grand rond ne veut pas du petit. L'enfant essaye de me le faire comprendre par gestes. Brusquement, elle se lève et s'en va. Si j'ai l'air de demander quelque chose, l'enfant se sauve. Mais elle refuse de partir à la fin des séances où je ne lui ai rien *donné*. Carole attend en fait de recevoir une parole juste, mais elle joue à la refuser — ou plutôt, elle fait de son corps l'enjeu, s'offrant et se dérobant tour à tour. De temps à autre, une parole lui échappe :

— C'est du riz tout blanc dehors [1].

— Non, réplique la mère, ce ne sont pas ces mots-là qu'il faut dire. Qu'est-ce que tu dois dire ?

L'enfant, mutine, fixe sur moi ses grands yeux noirs, regarde sa mère, se lève et lâche ces mots : « Demande à la dame. » Le contact est à nouveau coupé. Carole est absorbée par ce qui se passe dehors. Je fais remarquer à la mère que lorsque Carole prend la parole, elle cherche à lui substituer ses mots à elle. Au cours des dix-huit premières séances, nous voyons Carole sortir de temps à autre de son mutisme pour adopter trois types de discours :

1° dans l'un, elle est parlée par la mère;

2° dans l'autre, elle pose du lieu d'un adulte imaginaire une question, pour pouvoir y répondre de son lieu à elle;

1. **L'enfant désigne ainsi les flocons de neige.**

3° dans le troisième, elle laisse partir une parole, une phrase lui échappe.

D'envies, Carole n'en n'a pas; une succession d'objets fétiches la garantit contre la peur. Lors d'une séance où la mère est absente, l'enfant mime sa présence : « Montre à Mme M. », « Fais ceci, fais cela. »

— Ton envie à toi, où est-elle ? lui dis-je.

Carole se cache et répond :

— C'est maman.

Ce sont là des moments électifs : Carole prend rarement la parole, et jamais pour être entendue.

Un jour, Irène (la sœur d'un an plus jeune) l'accompagne. Carole a exigé sa présence. Irène dessine, parle, marche. Carole se fait totalement inexistante : elle a cédé sa place. Je le lui fais remarquer. Irène me regarde inquiète. Carole ne bronche pas. Le meneur du jeu, c'est elle, Carole. Irène, docile, continue à meubler le silence. Ce qu'elle dit n'a pas grande importance : quelqu'un parle, c'est elle.

Quelque temps après, je reçois Carole et sa mère. L'enfant est silencieuse, elle attend visiblement que sa mère parle. Personne ne se décide à rompre le silence. Carole se lève, monte sur les genoux de sa mère, la tête appuyée sur son épaule, suce son pouce, l'air absent.

— Quand on gronde Carole, me dit la mère, elle fait comme moi quand j'étais enfant. Elle se mord le poignet. Ce poignet c'est moi j'en suis sûre.

Je lui réponds (à l'intention de Carole) :

— Gronder ne veut pas dire manger. Quand une maman crie, il y a en elle un père qui lui dit : « Élève bien notre fille, prends soin d'elle. »

Carole se lève, colle son visage à la fenêtre. La mère pleure :

— Parfois je crie pour rien, dit-elle en s'accusant.

L'enfant, le regard vide, telle une somnambule, quitte la fenêtre puis se jette sur sa mère et tout émue l'embrasse :

— Tu es ma bonne maman.

Cette parole, l'enfant peut la donner parce que j'ai fait appel à la présence du père dans la mère. Dans une situation à trois, Carole ne se sent pas en danger d'être mangée (ou de manger l'Autre). Dans mon intervention, j'ai fait appel à l'image d'un père qui fait la loi pour la mère et pour l'enfant. A cette séance, Carole me laisse sa poupée Marie, tronc sans tête ni membres. Elle n'en veut plus. Depuis des années cette poupée fétiche la suivait dans tous ses déplacements. L'enfant l'abandonne donc le jour où, en séance, elle découvre le désarroi dans lequel sa propre mère est plongée.

Les séances suivantes sont muettes. L'enfant dessine des ronds :

— Ce sont, lui dis-je, des ventres de maman... Il était une fois... un père, une mère... eux aussi ont été petits, et avant eux leurs parents ont eu aussi des parents.

Je parle, meublant un certain silence. Mon discours impersonnel est de l'ordre d'une incantation, il ne s'agit pas d'un dialogue.

Carole est à la recherche de ce qui brille. Elle cherche à capter là son image. Elle jubile quand elle arrive à se retrouver dans la glace. Elle se cache, va, vient, bondit, et triomphante s'exclame :

— C'est Carole, elle s'est trouvée.

Quand l'enfant se « retrouve », il s'agit en fait de sa langue, de son nez ou de ses tresses. C'est en eux qu'elle se repère. J'en souligne le caractère d'équivalence, qui se voit d'ailleurs aussi dans les productions plastiques : les jambes des personnages sont toujours au nombre de trois ou de un. C'est à partir du moment où l'enfant entend dans la cure que la mère est soumise à une autorité tierce, qu'elle peut s'engager ainsi dans un jeu identificatoire, utilisant des parties de son corps comme points de repère.

— Cette enfant a été sourde, puis méchante ; on la dirait heureuse maintenant, me fait remarquer la mère.

Carole, silencieuse, dessine des ventres et les attaque. Je lui dis :

— Carole veut tout ce qu'elle croit qui peut venir de bon du ventre de maman.

Je suis amenée par la suite à verbaliser à travers le contexte œdipien le problème de la naissance d'Irène, celui des séparations. Carole m'écoute, muette, griffonne rageusement. Rejetant ses crayons, elle se dirige vers une marionnette et murmure :

— Chapeau d'Indien.

Ce chapeau d'Indien, l'enfant cherche ensuite à l'investir dans la glace au même titre que sa langue, son nez, ses tresses. Je souligne à nouveau le sens que peut prendre cette série d'équivalences qui aboutit dans les productions plastiques à un corps de fille à qui il manque un membre.

— Il est fâché l'Indien ? répond Carole; et de continuer pour elle-même plus que pour moi : « Prip, prip, il est venu de loin, il est venu là et raconte ba, be, bi, bo, bu. »

Carole se soutient au niveau des phonèmes; tout comme dans la glace, c'est dans un signifiant phallique qu'elle cherche à se repérer. L'enfant, de plus en plus, développe une parole privée; très bavarde lorsqu'elle se croit seule, elle se tait dès qu'un adulte s'approche d'elle. Quand elle cherche à s'exprimer, des tics de la gorge interviennent et coupent toute possibilité de parole. Je lui dis :

— C'est pas commode quand on ne sait pas si ce sont les mots de Carole ou ceux de maman qui doivent sortir.

L'enfant me prend la main, me guide vers l'endroit de la pièce où se trouve une feuille qu'elle a remplie de croix.

— C'est quoi ? dit-elle.

— C'est ce qui reste, lui dis-je, quand les personnes ont disparu. On ne peut effacer les traces.

L'enfant en panique s'enfuit aux w.c. A la séance suivante, devant sa mère, Carole dessine des croix :

— C'est des tombes, dit-elle.

Sanglots de la mère qui me parle alors de la mort de sa propre grand-mère paternelle :

— C'est avec elle que je parlais, pas avec maman... Nous avons été à Thionville, pour l'anniversaire de sa mort. Les enfants ne l'ont pas su. Cependant Irène m'a fait cette réflexion : « On a eu des baptêmes, des mariages, il n'a manqué que les enterrements. »

Seule avec Carole, je lui parle de ce qu'a représenté pour sa mère sa grand-mère : « C'était la femme d'un homme qui l'aimait bien. » En réponse, l'enfant joue avec les phonèmes, apparemment indifférente.

A la maison, elle est à présent « vivante » dès qu'on ne s'occupe pas d'elle. La mère en pleurs me dit :

— Je sais maintenant ce que c'est que d'être mère, c'est donner et ne rien recevoir en échange. C'est ne pas exiger de l'enfant qu'il réalise vos propres désirs.

La mère me parle alors de l'anorexie du dernier enfant...

Carole s'essaye de plus en plus à parler, elle cherche les termes qui désignent ce qu'elle observe :

— Ça c'est un moustique, ça c'est allumé.

Le chapeau d'Indien surgit dans toutes les histoires et désigne aussi bien fille que garçon, ou objets phalliques divers.

Carole commence à poser des questions à sa mère : « Qu'est-ce qu'ils font M. poule et Mme poule ? » Une réponse n'est cependant pas attendue. Les mots et les questions sont pour Carole des appuis. Elle se découvre à travers eux.

Dans la relation transférentielle, Carole cherche manifestement à ce que je sois sa motricité, sa parole, son oreille, son odorat. Elle accepte assez mal d'avoir à se définir non aliénée en moi (entre nos corps tout un jeu vient signifier son désir que j'exprime avec mon odorat ce qu'elle sent, que je dessine avec ma main l'image qu'elle a dans sa tête). Carole me prête le pouvoir de deviner ses pensées. Le jour où elle entrevoit que je ne peux deviner ses pensées secrètes marque un certain tournant. Carole cherche à établir une relation avec les êtres, à travers la séparation :

— Il y a eu un papie, dira-t-elle quelques semaines après le départ du grand-père.

C'est un moment d'intense émotion : à travers le « il y a eu », l'enfant est à la recherche de tous les objets perdus de son enfance, non seulement l'image de la grand-mère, mais encore les souvenirs — souvenir du rôle joué par l'odorat dans la relation de Carole à son père : « Ça sent le caca » était sa façon de lui dire bonjour. Cette expression lui revient ainsi qu'une autre : « Tu as fait ton paquet », qui voulait dire : « J'ai fait caca, l'as-tu vraiment senti ? » Carole est avide de retrouver tout ce qui lui rappelle sa toute petite enfance. Elle paraît en deuil de ce qui n'est plus.

C'est à cet instant très précisément que la mère évoque pour moi, hors de la présence de Carole, son propre non-dialogue avec son père (elle évoque un souvenir de l'âge de 5 ans) :

— Je ne connais rien de lui. Il ne parlait pas. Un jour je suis entrée dans son bureau, je me suis arrêtée en panique. J'ai sorti deux mots : papa... merde... et je me suis enfuie.

Le rappel du discours de Carole offrant au père l'odeur de ses selles fut pour la mère quelque chose de particulièrement éprouvant. En évoquant ce souvenir, elle me dit :

— Sans cesse, je la reprenais : c'est pas comme ça qu'il faut dire, c'est pas comme ça qu'il faut faire, c'est pas joli, c'est pas bien.

— C'est une manière de se découvrir sa fille, lui dis-je, que d'attirer l'attention du père sur l'odeur de ses selles. Vous aussi, vous vous êtes offerte comme sa fille à votre père, mais prise de panique vous vous êtes enfuie.

— Carole me concernait trop. Je ne voulais rien savoir, je ne voulais rien entendre. Je n'avais qu'une idée fixe : être plus forte que ma mère.

J'établis alors avec l'enfant le parallèle entre les souvenirs qu'elle m'apporta et les révélations de la mère, c'est-à-dire la position de chacune face au désir de l'Autre (le père).

« Où est O ? » est la question obscure posée par Carole à la séance suivante. Je rappelle sur le ton d'un discours impersonnel la naissance d'Irène. C'est par le terme « il était une fois » que j'introduis mes histoires. L'enfant se lève :

— Coucou je m'en vais, lance-t-elle.

Puis, malicieuse, elle reparaît :

— Coucou quand reviens-tu ?

A la phrase affirmative où l'enfant s'assume dans le *JE* (parce qu'elle disparaît) succède une question que l'Autre est censé lui poser : « Quand reviens-tu » prend la place de « Je suis revenue ». Avec le *JE* elle disparaît, avec le *TU* elle revient (mais c'est le *JE* qui a disparu).

Nous sommes à la 40e séance. A la maison et en classe, Carole prend la parole pour exprimer un désir. Elle s'efforce cependant de se faire comprendre d'abord par gestes. C'est en cas d'échec qu'elle consent à parler.

— Ma dernière n'est plus anorexique, me dit la mère, vous m'avez transformée, les deux enfants m'en voulaient, j'ai été un tyran. Depuis que je n'attends plus de réponse de Carole, elle est gaie.

La jeune femme pleure, reparle de l'absence de tout dialogue avec sa propre mère :

— Il n'y avait entre nous qu'un lourd silence.

Carole progresse, mais s'offre maintenant dans des maux physiques divers (maux d'estomac, de reins, de pied); elle se soigne avec du sparadrap, de l'alcool, réclame bouillotte et soins divers. Elle cherche un symptôme à travers lequel se signifier, et ceci au moment où elle se plaint par ailleurs « qu'il lui manque quelque chose ». Quoi ? elle ne le sait au juste. La mine renfrognée, elle erre maussade, à la recherche de ce qui ne peut lui être donné. L'enfant pleure facilement, devient exigeante et capricieuse. La mère représente de plus en plus pour elle la personne à qui on parle; le père, celui de qui l'on reçoit des caresses. Les grands-parents maternels apparaissent au cours de la cure sous un éclairage nouveau. A travers sa mère, Carole découvre en la personne du grand-père l'image d'une autorité respectée sur laquelle se sont concentrées les rancunes maternelles. On en veut à cet homme — c'est à ce titre qu'il acquiert un certain prestige aux yeux de l'enfant. Elle se situe alors dans le conflit qui opposa sa mère à ses propres parents et qui fit d'elle l'enjeu d'une affection jalouse, le représentant de ce que la mère n'a pas reçu de son propre père. En reprenant Carole à l'affection des grands-parents, la mère n'a pas su respecter une certaine règle du jeu, celle où un tiers préside à toute opération d'échange. Ce tiers, la mère l'a écarté dans la personne de son mari, après l'avoir circonscrit dans la personne de son père. L'enfant en désarroi n'a plus su à côté de qui il lui était possible de s'affirmer. Seul le maintien d'un rapport triadique aurait pu la mettre à l'abri du danger d'être à ce point assujettie à la mère qu'elle a dû renoncer à sa propre parole. Au cours de la cure, Carole assiste au débat de sa mère prenant conscience de son propre refus de l'image paternelle. C'est cela qui va permettre à l'enfant de remanier le signifié : une crise d'angoisse s'ouvre, qui va indiquer des possibilités nouvelles de réorganisation, et d'abord au niveau du langage.

L'enfant se réjouit des découvertes grammaticales qu'elle peut faire, elle est intarissable sur la question du temps dans l'emploi du verbe :

— Elle va le laisser, elle l'a laissé, c'est pas du tout la même chose, me dit-elle, songeuse.

Lorsque Carole se sent en danger, ou tout simplement dépressive, elle court se retrouver dans le miroir. Elle a l'air de me dire : avec ce corps que je retrouve, je puis à nouveau te parler. C'est en effet dans l'identification à une image d'elle-même que Carole semble être encore en difficulté. Elle a dès lors bien du mal à s'engager dans la dialectique de l'identification à l'Autre. La jalousie à l'égard d'Irène est ainsi niée, le *JE* et le *TU* par instant confondus. Si Carole peut à présent prendre la parole, elle n'est pas encore guérie. Le thème actuel dans la cure est celui de l'impression de danger que semble lui apporter tout affrontement à l'Autre.

La cure de Carole a été conduite sur deux plans : celui de la mère (entretiens avec la mère seule), celui de l'enfant (entretiens avec l'enfant, au départ en présence de la mère, ensuite hors de sa présence). C'est par le biais du symptôme de son enfant que la mère s'est mise elle-même spontanément en question.

1. Au départ, elle vient avec son mari. Elle a besoin de sa présence pour se garantir contre la peur. C'est à travers l'expression d'une angoisse phobique que la jeune femme va me parler de son propre problème œdipien, de sa jalousie. Sur un plan fantasmatique, c'est comme enfant exclue, mal aimée qu'elle s'est, semble-t-il, située à l'égard des siens, créant entre elle et ses parents une situation fermée à tout dialogue. Inconsciemment, la mère de Carole répète une situation infantile : dans son mariage, elle met son mari à la place de celui dont elle n'attend aucune parole ; c'est de sa fille qu'elle entend en recevoir une.

Plus elle écrase Carole de demandes et de soins, plus l'enfant se dérobe. C'est du rien dans lequel elle se perd qu'elle semble alors adresser à la mère un appel d'amour. Elle reçoit en retour une sollicitude chargée d'exigences. L'insatisfaction maternelle ne peut jamais être comblée : la mère de Carole le perçoit un jour dans une sorte d'illumination :

— C'est moi, dit-elle, qui crée une situation où l'aînée est muette et la dernière anorexique.

Elle livre cet aveu après avoir introduit l'image de sa propre grand-mère paternelle dont, sans le savoir, elle portait encore le deuil. Cette grand-mère représente l'image de celle à qui on peut parler (en opposition à tous les autres et en particulier au père, ressentis comme hostiles). A partir de cet aveu, la jeune femme pose en séance ce qui était jusqu'alors resté dans le domaine du non-dit : ses vœux de mort, sa jalousie. L'enfant, dans son symptôme, s'en était faite en quelque sorte le représentant.

Cet aveu constitue pour la mère une découverte : dès cet instant, elle n'éprouve plus le besoin de quémander une parole à l'aînée, et le mutisme de celle-ci cède pendant que disparaît l'anorexie de la dernière.

Si Carole recouvre petit à petit l'usage de la parole, elle est cependant encore loin d'être guérie (comme on l'a vu). Le travail effectué avec la mère se fait dans une dimension analytique. La jeune femme découvre, entre autres, qu'elle ne peut être mère parce qu'elle s'est dérobée, enfant, à la rivalité œdipienne, cherchant ailleurs à s'affirmer comme la préférée :

— Je n'ai jamais parlé aux parents, dit-elle, les mots avec mon enfant ne me viennent pas ; c'est comme si je n'en avais pas à donner.

Cette mère « masque » son désarroi par une exigence sans cesse accrue à l'égard de ses enfants, de l'aînée en particulier. Dans sa relation à l'enfant, elle empêchait la naissance de tout *désir* par un jeu où elle cherchait à substituer à la parole ou demande de l'enfant, sa propre parole ou demande. La prise de conscience de ces difficultés va rendre plus aisée la cure entreprise parallèlement avec l'enfant.

2. Au départ, la présence de la mère me permet de saisir tout un jeu de corps, jeu dans lequel la mère s'affirme comme le possesseur des cheveux, des mains, des pieds de son enfant. A une séance, Carole est arrivée cheveux au vent, lacets défaits, tablier déboutonné. En un clin d'œil, une tenue stricte d'enfant modèle lui a été redonnée :

— Je n'aime pas, lui dit sa mère, avoir des cheveux dans la bouche, je tomberais avec ces lacets défaits.

Je cherche à introduire dans une parole ce qui se lit au niveau d'une participation de corps mère-enfant. Mon interprétation (remarque où se trouve soulignée l'existence de deux corps distincts, de deux envies différentes) provoque chez la mère et l'enfant désarroi et gêne. Je suis le tiers qui risque d'entraver un certain type de rapports [1].

Dans la cure conduite avec Carole, nous voyons que c'est par le biais de la *non-demande* que l'enfant s'affirme comme existante. Elle est successivement en participation de corps avec Irène, sa mère ou un autre adulte. Comme être autonome, elle nous échappe. C'est du lieu même de sa fuite qu'elle a l'air de nous regarder et qu'une parole de temps à autre nous parvient.

Il s'agit d'abord d'un discours impersonnel qui lui échappe. Elle se soutient ensuite au niveau des phonèmes, pour se mettre

1. Je gène l'établissement d'une relation duelle.

enfin en quête d'une énonciation correcte. Elle recherche l'usage adéquat du temps des verbes, la grammaire la préoccupe. L'emploi à contresens du *JE* et du *TU* semble lié à des difficultés dans l'établissement d'une identification à l'image de l'Autre. Les jeux de Carole dans le miroir semblent témoigner de sa recherche d'une image d'elle-même qui ne soit pas mutilée. Quand Carole court se retrouver dans la glace, c'est pour, en fait, se signifier dans un signifiant phallique (langue, nez, tresses).

Dans l'ordre de la *communication* de ce discours, il y a d'abord une *parole privée,* jeu avec les mots destiné à elle seule. Ensuite, lorsque Carole va s'efforcer de s'adresser à l'Autre, des tics de la gorge rendent dans un premier temps tout dialogue impossible. En touchant dans la cure de l'enfant aux signifiants « père », « mort », « phallus », on met à jour une question qui s'est posée dans la mère; c'est donc en fonction de ce qui se passe chez elle que l'enfant cherche à se repérer et se trouve en panne.

Nous avons vu que dans son symptôme, Carole s'est faite le représentant du malaise maternel. Le jour où quelque chose de l'ordre du *non-dit* peut être verbalisé par la mère, la relation inconsciente mère-enfant va se modifier (les effets s'en font sentir dans le discours). C'est la verbalisation de l'Œdipe de la mère qui a été la clef de cette cure. A partir de ce moment, l'enfant réel a pu exprimer un désir. Carole a pu acquérir une valeur le jour où la mère a reconnu l'au-delà du refoulé de l'enfant dans son propre père. Auparavant, il n'y avait pas d'au-delà; la petite se trouvait seule face à un Autre dévorateur.

Dans la cure, les interprétations ont tourné essentiellement autour du signifiant phallique, de la mort, et du jeu de présence-absence. Nous voyons apparaître alors les signes à travers lesquels l'enfant cherche à s'interroger sur ce que l'Autre veut d'elle. Seulement, toute interrogation sur le désir de l'Autre la plonge dans une panique : elle cherche à réinvestir une image partielle d'elle-même (en même temps que se précise un comportement nettement différencié enfant-père, enfant-mère). La relation de l'enfant au père est une relation sans paroles. C'est à travers lui, cependant, que Carole cherche à signifier à sa mère l'amour qu'il lui témoigne à elle, l'enfant (trouvant ensuite avec sa mère une possibilité de dialogue à travers la négation).

C'est en somme sur le modèle de l'anorexie que le mutisme de Carole s'était structuré. Aucune possibilité de symbolisation n'existait chez l'enfant tant que la mère cherchait une réponse dans le réel à sa propre insatisfaction fondamentale.

Dans cette cure, ce ne sont pas les éléments fantasmatiques que j'ai essayé de faire ressortir. Mon travail a porté sur une mise à jour d'un certain type de méconnaissance chez la mère, ayant entraîné la perte de tout repérage possible et de toute parole chez l'enfant. C'est parce que certaines questions relatives au père, au sexe, à la mort, ne pouvaient se poser chez la mère que l'enfant, par une relation avec le désir de la mère, s'est trouvée en panne dans l'articulation de ses demandes. Cette posture de sujet, en panne devant chaque essai de symbolisation, a trouvé l'appui de la mère, et c'est la raison pour laquelle j'ai prêté une écoute aussi attentive à la parole de cette dernière.

Nous avons pu ainsi situer le début des difficultés de l'enfant à l'époque du sevrage. C'est à quatre mois que l'on a noté une sorte de « dépérissement » du bébé [1], un désinvestissement du corps propre, qui mirent ensuite l'enfant en difficulté avec l'image spéculaire (c'est en effet avec une image de corps morcelé que Carole s'engagea ultérieurement dans la dialectique de la relation à l'Autre). Le malaise consécutif au sevrage s'est traduit chez Carole sous la forme d'un masochisme fondamental. Carole oscille entre les mouvements de violence et une sorte de désir de se laisser mourir. L'enfant, nous l'avons vu, se mord; la poupée qu'elle traîne derrière elle n'est qu'un tronc mutilé. Carole n'est pas maîtresse de ses émotions, toute maîtrise imaginaire est vouée à l'échec. Le problème de la jalousie est vécu à travers une alternative où se trouve posée sa non-existence face à l'existence de l'autre (l'autre imaginaire). Lorsque Carole se reconnaît dans son corps, c'est l'autre qu'elle supprime ou ignore.

Toute la relation de l'enfant à l'Autre va, dans un premier temps, apparaître à travers l'oscillation entre le désir de coopérer avec autrui ou le vœu de rester à l'écart, non reconnu comme sujet. Prendre la parole, se nourrir, vivre *ou* mourir, tout ceci s'inscrit

1. Le sevrage coïncide avec une nouvelle grossesse de la mère, perçue probablement par le bébé dès cet instant.

dans un même contexte d'où l'enfant nous signifie les difficultés dans lesquelles elle se débat. Le déroulement de la cure est marqué par ce double mouvement. Nous assistons chez l'enfant à l'oscillation entre la recherche de son image dans le miroir et l'effort pour soutenir sa question face à un Autre ressenti comme dangereusement dévorant. La relation transférentielle s'établit avec moi *à travers* la mère. Je deviens pour la mère le support de son angoisse, le réceptacle de ses pensées dites mauvaises ou dangereuses. La mère, une fois sortie d'une certaine méconnaissance dont l'enfant était l'instrument, peut alors établir avec elle un type de rapport correct. Le mécanisme de guérison s'éclaire du sens qu'a pris pour la mère et l'enfant le rôle de médiatrice tenu par moi dans la cure.

Nous avions trouvé au départ une situation duelle. Les aveux de la mère sur sa propre enfance ont ensuite introduit l'image du père interdicteur dont la mère a refusé la loi, et c'est comme tiers gênant que je suis apparue dès cet instant dans la cure. Dans un deuxième temps, la mère a fait le lien entre ce qu'elle a refusé dans son histoire œdipienne et ce qu'elle n'a pu symboliser dans ses rapports à son enfant. Carole alors, en écho à une question qui peut dès cet instant se poser chez la mère, introduit la notion qu'il lui manque quelque chose. Ma position de tiers entre mère et enfant va insensiblement se muer de celle de tiers gênant en celle de tiers permissif. Je deviens médiatrice dans la mesure où c'est à travers ce que l'enfant me refuse qu'elle peut prendre la parole avec sa mère, et c'est à travers ce que cette dernière me livre qu'elle met Carole en position de s'exprimer.

Si la relation mère-enfant s'est trouvée modifiée, il serait faux de dire que mon rôle ait consisté en l'analyse d'un rapport interpersonnel. En mettant à jour le non-dit chez la mère et l'enfant, je les ai renvoyées chacune à leur propre système signifiant. Si mère et enfant se sont trouvées prises dans une situation névrosante, le rôle joué par chacune s'est dégagé au cours de la cure, éclairant ainsi pour l'enfant le sens d'un symptôme devenu le seul lieu d'où elle puisse se signifier comme sujet. La fonction de l'analyste s'est située ailleurs que dans une suppléance d'images parentales déficientes : la déficience à laquelle on suppléerait ne se situe nullement au niveau du moi. Il ne s'agit pas, en effet, d'une déficience sur le plan imaginaire; ce que la mère de Carole a dû réintégrer, c'est un refoulement symbolique. C'est ce retour du refoulé chez le parent pathogène qui a ouvert ensuite à l'enfant la voie du symbolique. L'enfant a eu à se reconnaître dans une certaine structure, et nous a signifié dès le départ qu'elle ne prenait la parole que pour se définir à partir de ce que la mère souhaitait assumer ou refuser dans sa propre histoire. C'est lorsque la mère a pu livrer dans la cure une parole perdue « papa... merde » (c'est-à-dire mettre l'accent sur la dimension de refus dans sa propre histoire œdipienne), que l'enfant s'est senti le droit de remanier le signifié et de donner un sens à ce qui jusqu'alors demeurait bloqué sous l'effet de l'absurdité dans laquelle l'emprisonnait sa mère.

Le vœu inconscient de cette mère était de ne pas la reconnaître dans une lignée paternelle, c'est-à-dire de ne pas la reconnaître comme sujet d'un désir — vouant ainsi sa fille à répéter son propre refus de payer sa dette au père, et maintenant par là non seulement une dette impayée, mais plus encore le refus même d'exister.

Carole par son mutisme, sa sœur par son anorexie ont témoigné en définitive d'une question restée sans réponse dans l'histoire de la mère : suis-je née désirée ou pas ? C'est sur ce mode d'être que la mère a enfanté elle-même des enfants dont on ne sait trop s'ils ont été mis au monde pour vivre *ou* pour mourir. Mon écoute analytique a permis à la mère de créer une situation où sa descendance n'ait plus à mettre en acte son problème personnel. Ceci a suffi pour que la sœur sorte de l'épisode anorexique dans lequel elle s'était installée. Quant à Carole, elle avait eu le temps de reprendre à son compte l'interrogation maternelle. L'analyse lui a permis de sentir où se trouvait le problème de la mère. Elle amorce quelque chose de l'ordre de l'Œdipe, en se réconciliant d'abord avec l'ancêtre dont elle devient l'héritière aux yeux de la mère. C'est en quelque sorte au nom du père d'autrefois que Carole s'institue comme fille aimant le père d'aujourd'hui. Mais c'est bien dans la mesure où elle présentifiait pour la mère un père renié, qu'elle n'avait pas eu de quoi faire vivre ce qui, en elle, demandait à parler. L'analyse de la mère a permis que la porte s'ouvre finalement pour sa descendance sur une autre solution que l'issue suicidaire.

6

Guy ou la mort du père

A l'hôpital on me demande d'examiner le cas de *Guy,* 6 ans. Le diagnostic d'oligophrénie semble ne faire aucun doute, mais pour d'autres, un élément schizophrénique fait aussi partie intégrante du tableau clinique. Tous sont d'accord sur la gravité du déficit intellectuel. L'école refuse de garder Guy. La mère, toujours de noir vêtue, traîne son enfant de service en service. Elle se demande ce qu'on lui veut. L'assistante sociale l'a convaincue avec peine « de faire quelque chose ». L'anamnèse est difficile à établir. La mère n'a rien à dire.

— Le petit est instable, mais jusqu'à l'école on n'a jamais rien remarqué.

Les réponses s'arrachent une à une. Il faut du temps pour mettre cette femme en confiance.

— Je ne peux rien pour vous, lui dis-je, revenez me voir lorsque vous et votre mari l'aurez vous-mêmes décidé. Après tout, c'est votre enfant et non celui de l'assistante sociale.

Madame X se met alors à pleurer silencieusement.

— Si c'est pas pour le placer, je veux bien, j'ai toujours peur qu'on me le prenne.

L'entretien reprend, toujours aussi pénible. J'ai l'impression d'arracher les mots un à un. Enfant non désiré, développement moteur retardé :

Il ne fallait pas qu'il bouge, le père ne le supportait pas.

Ouvrier spécialisé, le père était à cette époque de service la nuit; le jour il fallait qu'il dorme. Ce n'était pas commode dans un deux-pièces.

Les parents de Guy s'entendent bien. Des disputes, parfois, à cause de l'enfant. Le père est exigeant, protégé par la mère. Sur sa propre famille, la jeune femme ne dit rien. J'apprends que la mère de son mari a été hospitalisée à plusieurs reprises pour crise mélancolique. Le père de Guy est très attaché à cette mère, il est par contre très monté contre les parents de sa femme, et a exigé qu'elle rompe avec eux. Je n'en n'apprendrai pas plus à ce premier entretien.

Entrée de Guy. Il a de grands yeux bleus, une lourde chevelure blonde. Grand, bien bâti, il est solidement planté sur ses jambes. Il ne tient pas en place, va d'un objet à l'autre dans une sorte de hâte fébrile. Il tient un monologue :

— Le bidule est cassé, la sorcière fait du poison, l'abeille la mangera.

L'enfant dessine (gribouillage au crayon rouge), saisit la pâte à modeler et se sauve, se perd dans les couloirs, puis revient. Il s'assied et reprend tout d'une traite :

— C'est une bébête, elle a envie de manger le loup. Bien fait pour le loup, tue-le, plouf, il est mort. On coupe la tête. On fait du feu. On brûle. On casse la bouche. On le mange. On fait une grosse araignée. Elle est vilaine. Le Père Noël est parti manger de la viande. On crève les yeux. On fait des saucisses avec la queue du chien.

Pas un instant Guy ne s'est adressé à moi. Il y a là des crayons, de la pâte à modeler. Au cours des examens précédents on lui avait déjà demandé de s'en servir. Comme un automate, il dessine, parle, exécute. Une parole tourne, une succession d'objets coupés défilent. « On » fait, « on » crève — qui ? — on ne sait pas. Guy, apparemment, est à l'abri. Entre lui et moi, il y a un objet réel qu'il me donne (dessin, etc.), c'est, croit-il, l'objet de ma demande. Toute interrogation l'angoisse. Sa production fantasmatique vient là comme protection. De dialogue, il n'en veut point.

Je revois la mère. Elle me confirme que les difficultés n'ont commencé qu'à l'école :

— Avant, Guy ne posait pas de problèmes, dès qu'il a commencé à marcher on l'empêchait à toucher les choses. On l'empêchait de tout faire, pour que le père soit tranquille.

En fait, c'est dès l'âge de trois mois que les besoins de l'enfant ont apporté la mort (du barbiturique lui est donné pour l'empêcher de crier : le père ne supporte pas un enfant vivant). La mère en panique s'est efforcée de colmater chez le bébé tout éveil au désir. Il ne fallait surtout pas que cet enfant dérange le père. Cette phrase, décidément, revient comme un *leitmotiv*. Je n'en saisirai la portée que plus tard.

Une psychanalyse est proposée, l'accord écrit du père est demandé puisque nous n'arrivons pas à le voir. Je commets la faute de céder à un argument *réel :* difficultés financières, impossibilité pour le père de se déplacer. Je m'étais laissé convaincre par la mère :

— Mon mari a besoin de sommeil; il ne peut quitter son travail. Il viendra plus tard mais pas maintenant.

La lettre par laquelle le père me signifie son accord est un véritable appel à l'aide *pour le fils*[1]. Il m'y confirme l'impossibilité matérielle dans laquelle il se trouve de se rendre à une convocation.

J'aurais dû exiger au moins une rencontre. Je ne l'ai pas fait. Il aurait fallu approfondir le sens de la « fatigue » paternelle, de ce « repos » à protéger dès la venue au monde de Guy. L'entrée de l'enfant dans la cure ne risquait-elle pas de mettre en jeu une forme d'alternative : « Si Guy doit guérir, le père doit en mourir ? » Dans le discours arraché à la mère, une attention plus grande aurait dû être apportée à la seule fausse note introduite : la place prise dans la famille par la fatigue du père. La mère parlait d'une façon hachée, par monosyllabes. C'est l'appareil social (et non la demande familiale) qui était à l'origine de cette consultation. La mère avait le sentiment de ne plus pouvoir se dérober à une forme de pression morale : « Il fallait bien qu'on fasse quelque chose pour cet enfant. » Le diagnostic d'oligophrénie posé à maintes reprises ne l'effrayait pas : n'avait-elle pas grandi avec un frère cadet arriéré et caractériel ?

Le thème des trois premiers mois de cure. L'enfant raconte une histoire de castration liée à des choses vues ou entendues ou une histoire liée directement à la scène primitive. Son thème fondamental est apporté au cours des séances avec des variantes et des permutations diverses. La mère est représentée sous la forme d'une sorcière qui sécrète du poison. La haine de l'enfant se dirige contre elle. Cette sorcière (folle) a un homme qui la bat régulièrement.

1. **Appel masquant en fait le désarroi du père.**

L'enfant choisit de rester avec le père (mais la bébête du père a été démolie). On y retrouve les éléments mis en lumière par Mélanie Klein : l'agressivité contre le père est déplacée sur le ventre maternel, réceptacle contenant le pénis du père. La mère est *vue comme* dangereuse puisqu'elle avale le sexe du père en projetant du poison autour d'elle.

— Un loup se régale du bidule cassé du garçon. Le loup a bien rigolé, le garçon en est mort. Une sorcière fait du poison. C'est sa nourriture à elle, il faut s'en garer. Ça, c'est la bébête du Monsieur, elle la démolit. Vilaine sorcière, elle donnait des pommes empoisonnées pendant que les bêtes font de la foum.

Dans le transfert, l'enfant me met à la place de la sorcière et forme le vœu que je meure. Il m'impute un rôle castrateur et m'accuse de briser les queues des pommes. Il ajoute :

— Un briquet c'est une chose d'homme, tu n'as pas le droit d'en avoir.

L'enfant, identifié à une succession d'objets partiels, ne trouve à situer son désir que dans la mort. Les pulsions destructrices apparaissent à la place du désir incestueux. C'est sur un souhait de mort (la mienne) que se fait le départ en vacances de Guy. Le thème fantasmatique apporté en séance était celui d'une scène primitive entraînant la mort.

— La mémère et le pépère sont morts d'avoir aimé, ils se sont mis ensemble puis ça n'a plus bougé, c'était mort.

Huit jours après le départ de Guy en maison sanitaire (c'est sa première séparation du milieu familial), *le père se suicide*. Deux mois après, la mère apprend à l'enfant la disparition du père : « Papa est au cimetière, on va lui apporter des fleurs. » L'enfant, le regard fermé, accuse le coup, puis se reprend et calmement ajoute : « La mort ça n'existe pas, c'est pas vrai que papa est mort. » *C'est comme celui qui ne sait pas* que le père est mort, que Guy s'institue dans son rapport à l'Autre.

A son retour de vacances, il me retrouve, se dirige vers le téléphone et me dit :

— Je vais téléphoner à mes parents car il faut qu'on soit trois, deux c'est pas bien.

Ainsi est-ce à partir de la mort que l'enfant s'assume comme sujet désirant. Mais cette phrase a l'air de s'échapper du contexte.

L'enfant à nouveau est déconnecté du réel. Indifférent aux objets, il se plonge dans un mutisme hostile.

Et c'est alors qu'entre en jeu la grand-mère maternelle : elle surgit un jour avec sa fille. Impossible de séparer les deux femmes. Une main sur l'épaule de sa fille, la vieille femme s'avance d'un pas décidé :

— Maintenant que mon gendre est mort, c'est mon devoir de le remplacer. Ma fille est perdue. Elle est incapable de décider les choses par elle-même. Il faudrait que Guy soit en internat pour que sa mère ait l'esprit tranquille. A notre avis, ceci devrait améliorer sa santé. Nous ne laisserons pas notre fille seule. Si Guy n'avait pas eu une enfance aussi difficile, nous l'aurions pris, mais nous n'en voulons pas. La famille est marquée par la mort du père. Nous ne resterons pas indifférents devant le risque de mort pour la mère.

La grand-mère parle, haut et fort, elle a conscience de son rôle de chef de famille. La mère de Guy, pleure, silencieuse, complètement écrasée par le poids de sa mère. Elle vient de perdre son mari et voilà qu'on lui demande de renoncer à son fils. C'est à Guy à payer le suicide paternel, a-t-on l'air de dire. Je demande à la grand-mère de me laisser seule avec sa fille :

— Votre fille n'a pas besoin de vous. J'ai une lettre du père de Guy me demandant de le soigner. Ce vœu est à respecter.

La grand-mère part, outrée. Sa fille, hors de sa présence, reprend lentement ses esprits et c'est alors qu'elle me livre l'âpre lutte qui de génération en génération oppose, dans les deux familles, la lignée des femmes à celle des hommes. Les femmes possèdent du bien, mais elles épousent toujours des hommes inférieurs à elles. Le père de Guy, contrairement à son propre père, était un grand travailleur, il subvenait aux besoins de sa famille et entretenait encore sa mère (éternelle insatisfaite). La grand-mère maternelle lui reprochait « sa basse extraction » et ne lui pardonnait pas l'emprise qu'il avait sur sa fille. Si Guy est identifié par sa mère à un arriéré (à l'instar de son frère à elle), il est pour la grand-mère un aliéné : « Comme la grand-mère paternelle, et il mourra fou. Si ma fille le garde, c'est elle qui se suicide. » Maintenant que son gendre est mort, la grand-mère reprend son rêve (expression du mythe familial) : faire faire à sa fille un « beau » mariage; l'obstacle, c'est Guy.

La mort du père. Guy est sous la menace d'un nouveau renvoi. Il se montre tyrannique et révolté, en classe et à la maison.

— Pour moi, c'est comme si tout continuait, me dit la mère.

J'avoue ne pas comprendre. La jeune femme se décide à parler et décrit ce que fut son enfer : elle était battue toutes les nuits, le mari la sommait de lui livrer le nom de ses amants. Sur la fin, il était devenu taciturne, anorexique, vivant dans la hantise que sa femme ne l'empoisonne. Son fils l'énervait. Il ne s'était jamais remis d'avoir « fait du vivant ». Il l'aimait cependant, ajoute la mère :

— Il attendait beaucoup de la psychothérapie et me répétait : je ne voudrais pas que Guy devienne comme moi.

Le drame, pour le père de Guy, est d'avoir dû payer les dettes contractées par son propre père et subvenir aux besoins de sa mère. A son tour, il laisse une place vide : Guy est sommé d'aller à la rencontre de la dette non payée de son père et de son grand-père. Mais Guy, nous l'avons vu, s'est institué comme celui *qui ne sait pas* que son père est mort (dans sa conduite, il s'identifie aux insignes du père disparu, tandis que sa mère retrouve en propre une parole).

Guy s'érige en justicier : il réclame le retour du père, tout en accusant sa mère de l'avoir empoisonné. Je lui explique que ce n'est pas vrai :

— Je sais que ton papa avait une maladie. Le faux papa malade est mort. Le vrai est dans ton cœur. Il est content que le faux puisse enfin se reposer. Le vrai t'aimait pour que tu deviennes grand et que tu deviennes un M. X. Tu portes le nom de tous les hommes de la famille.

— Petite saleté, me répond Guy, je continue à réclamer mon papa.

« Petite saleté », équivaut à « chéri », c'est un objet partiel qui devient pour l'enfant le support possible d'un sujet. C'est en tant que *perte* qu'il s'efforce de se construire comme sujet — mais en cherchant à nier l'existence même du désir chez l'Autre (c'est-à-dire l'existence de la castration).

Le thème de la scène primitive réapparaît dans toutes les fantaisies apportées par l'enfant :

— La maison a fait un péché mortel. Elle s'est écroulée. La

dame a fait un péché avec le monsieur. Ils ont couché, la quéquette a sauté en l'air.

Le désir incestueux (de plus en plus clairement avoué) s'accompagne de pulsions destructrices dirigées contre la mère. L'enfant réclame les objets ayant appartenu au père — mais si on parle de lui, il se sauve ou s'exprime dans un langage scatologique. Pendant toute cette partie de la cure, Guy se présente comme objet partiel, il *est* le pipi, le caca de quelqu'un *à l'instar du père* (objet partiel de sa mère mélancolique). Pendant une succession de séances, un disque tourne : « pipi, caca, cabinet, quéquette ». Un beau jour, j'interviens :

— Tu mets pipi caca entre nous comme si tu voulais croire que papa-maman c'est du pipi caca qui parlent. Le caca c'est le reste de ce que tu as mangé — et toi, est-ce que tu es le reste de papa-maman ? Toi, où vas-tu ? Tu es un enfant vivant.

Guy manifeste à l'école le désir d'écrire, mais dans les séances c'est la parole du père malade qui le traverse :

— T'es une vicieuse. T'es la pute du quartier.

J'essaye de voir avec lui ce qu'il se rappelle de son père avant la maladie de ce dernier (en fait, il s'agit là d'un artifice, pour aider l'enfant à symboliser ce qu'il y avait de valable dans le père). La réponse de Guy arrive quelques jours après :

— Je ne veux pas m'appeler Guy, Robert, Martin :

Ce sont les prénoms du père et du grand-père paternel. Il exprime le vœu de ne pas guérir en rapport avec une image parentale destructice :

— Je suis empoisonné c'est papa-maman qui m'ont fait ainsi.

Le désir des parents était que Guy ne naisse pas au désir. Il oscille entre des identifications diverses. Dans le transfert je deviens celle qui est victime des hommes et lui, comme moi, est victime. Puis on arrive à ce dilemme : s'il s'identifie à la mère, il reçoit du père la mort, s'il s'identifie au père, il a un sexe non fécond puisque le désir du père était de ne pas le mettre au monde. Comment naître de cette scène primitive ? C'est la question qui va porter Guy pendant près d'un an.

— Je ne veux pas être un papa mort, dit-il à sa mère.

A d'autres moments, il prend la défense du père disparu. C'est sa manière d'en porter le deuil.

— Mon papa est mort, il ne voulait plus de toi, alors il a fait des bêtises.

— Mon papa est mort. Il a mangé du poison. Papa a fait de la dépression. Tu me tisses dans ta toile d'araignée, dit-il à sa mère.

La mort du père, Guy la connaît, tout en la refusant. Il apporte en analyse la parole des adultes concernant le suicide. Cette parole le traverse, il ne l'assume pas. Au bout de la seconde année de cure, l'enfant fait un double aveu :

— Je n'aime plus mon papa, puisqu'il ne revient plus.

— Quand on m'embête, je fais le fou.

En même temps qu'il accepte d'être marqué par la perte d'un Père, Guy avoue *qu'il fait le fou* (c'est-à-dire qu'il joue à l'être). Le jeu tourne mal, l'école spécialisée ne veut plus de lui. L'enfant est hospitalisé. La grand-mère exige ni plus ni moins que son internement. Toute une famille, toute une pression sociale entrent brusquement en coalition contre l'enfant.

Guy, très conscient de ce qui lui arrive, explique alors au médecin que c'est le maître (qui était alors en épisode dépressif) qui l'a rendu fou, et il forme le vœu de guérir. Ce vœu de guérir s'accompagne de l'acceptation de sa propre mort et marque un tournant dans la cure.

— Si je guéris, je peux mourir.

L'enfant vacille entre l'idée qu'il doit s'accepter comme mortel (en tant que sujet), et l'idée que le désir de l'Autre le renvoie à n'être qu'un objet partiel :

— Quand on crie sur moi, c'est comme si des voix de tous les papas du monde réclamaient mes bras, mes jambes et tout ça.

L'enfant est pris dans la parole des adultes qui s'efforcent de le soustraire à la psychothérapie. Il s'accroche :

— Il faut bien guérir, devenir vieux et mourir.

Il revendique son nom de famille mais ne supporte plus la situation duelle avec sa mère. Celle-ci entre en dépression. Toutes les scènes conjugales lui reviennent en mémoire; elle m'explique comment l'enfant prenait sa défense en disant au père : « Laisse ma mère tranquille. »

L'enfant est mis dans une famille nourricière, le temps pour la mère de récupérer. A son retour, il prend possession de la maison comme l'homme de sa mère et lui déclare qu'il va lui faire un enfant. Là se situe l'acmé de la crise. Guy doit renoncer à la fois à l'identification au père malade, à l'identification à la mère, et à son désir incestueux. Nous sommes à la fin de la troisième année de cure. Guy s'est pris d'affection pour un ami de la famille. Cet homme meurt et c'est à travers le deuil de M. Claude que l'enfant va consommer le deuil du père et se déclarer guéri.

Je continue cependant à le suivre : car chaque fois que l'enfant est en progrès, la mère amorce une dépression, le renvoyant à sa place de malade. Un jour, elle vient me trouver :

— Il faut placer Guy, il va me tuer.

L'enfant retourne dans la famille nourricière qu'il apprécie, la mère est secondée sur le plan médical. Un jour, elle demande à me revoir :

— J'ai fait un rêve affreux, je me suis vue ébouillantant mon frère, mais ce frère, c'était Guy.

C'est à partir de cet aveu (livré après la crainte que ce soit Guy qui la tue) que la mère va pouvoir accepter que son enfant s'assume dans une parole propre. Ce frère mentionné était un puîné qu'elle avait tué par maladresse; le rapprochement fait avec Guy montrait la place qu'elle lui réservait dans sa propre problématique œdipienne. Guy n'avait d'autre choix que d'occuper la place de l'arriéré (le frère Jean) ou celle du mort (Jacques). Cette prise de conscience marque pour la mère un tournant; elle prend un métier qui lui plaît, amorce une vie personnelle et accepte de maintenir l'enfant dans la famille nourricière. Guy, hors de la présence maternelle, progresse spectaculairement. Il s'identifie au père nourricier et dit à sa mère :

— J'espère que tu vas te marier un jour, tu ne peux pas rester comme ça.

Guy réaffirme sa conviction qu'il est guéri. Il ne veut plus rester dans une « école d'anormaux » et souhaite entrer en apprentissage chez un ami plombier.

Le Q.I. demeure faible et justifie le diagnostic d'oligophrénie porté avant son entrée en cure. L'acquis scolaire est rudimentaire; l'enfant sait lire, écrire et compter, sans plus. Très habile sur le plan manuel, il est apprécié par les artisans et ouvriers adultes. Dans le monde du travail, on le juge responsable et adroit (l'enfant aide à la campagne le boulanger, accompagne le plombier dans ses déplacements). Or, les hommes de sa famille sont boulangers, menuisiers ou plombiers : c'est bien avec les insignes du père que Guy cherche à s'intégrer dans la vie. Il peut le faire à partir du jour où il s'est accepté *mortel*. Dès lors, c'est face à une Loi qu'il cherche à se repérer (il y a renoncement au désir anthropophagique, au désir incestueux à travers le deuil d'images parentales structurantes). Le rôle joué par la famille nourricière a été important : l'enfant s'est trouvé pour la première fois pris dans une parole familiale non aliénante. Il était suffisamment avancé dans son analyse pour pouvoir en tirer profit.

Dans la cure, Guy a présenté successivement un discours *impersonnel* (la parole du père ou les doléances de la mère), un *langage de contes* (des histoires qu'il apportait comme si elles ne le concernaient pas), et enfin, une *parole à lui*, prononcée à partir du vœu de me voir morte. Au fur et à mesure que sa parole s'affirme, nous nous heurtons au discours familial qui le renvoie à n'être pas, ou à demeurer fou.

Au cours de la cure, nous avons pu voir :

a) comment l'enfant n'avait d'autre choix que celui de se situer comme objet partiel dans son rapport à l'Autre. Pendant cette période de la cure, Guy niait l'existence de la mort et de la castration.

b) Tout au long des séances nous avons assisté aux permutations diverses du thème initial de la scène primitive. Il s'agissait, à travers elles, de la réponse fermée de l'enfant. C'est cette réponse qu'il a fallu mettre en question. Ceci nous a conduit à l'interrogation de Guy sur son droit à l'existence. (C'est bien de la mort du père que Guy est né dans la cure, c'est lourd pour un enfant de vivre à ce prix-là.)

c) Ce droit à vivre, Guy l'a finalement acquis en rencontrant la dette impayée de son père et de son grand-père. Le crime d'exister, il l'a payé en renonçant à la mère et en se choisissant comme mortel (hors de tout désir suicidaire). Il finit par renoncer à l'identification au père suicidé, à l'identification à la mère. Il accède au désir à partir du jour où il accepte que l'objet de son désir (la mère) est frappé d'un interdit. Dès lors, il se retrouve comme sujet marqué par la castration symbolique (jusqu'alors toute idée de castration était forclose).

Pour suivre la même évolution dans le *transfert,* c'est comme « petite saleté » que je suis d'abord devenue le support possible d'un sujet; nous avons assisté ensuite à une série de permutations sur le plan identificatoire. Les fantasmes de l'enfant nous ont renvoyés aux paroles meurtrières des parents. Nous voyons comment Guy a été façonné par elles. Une parole aliénée est venue en écho du discours aliénant. *De la scène primitive, Guy ne pouvait naître :* ceci a été mis en question à travers le jeu transférentiel, c'est-à-dire par rapport au désir de l'Autre. Ce que l'enfant livrait dans son angoisse, c'était une menace venant de l'Autre, doublée d'un danger d'atteinte corporelle.

Si au cours d'une analyse, il y a progression dans les dessins apportés par l'enfant, c'est qu'il y a eu pour lui compréhension du sens même de son désir à travers le jeu du signifiant. Dans le thème fantasmatique apporté, l'enfant nous désigne qu'il s'agit d'un masque; c'est au-delà que les pions du jeu d'échecs sont à réordonner, suivant une règle qui est celle de l'ordre même du langage. Nous nous trouvons dans une dialectique où dominent les rapports du sujet avec son propre corps. Ces rapports de l'enfant à une image de corps partiel ou à une image de corps unifié de lui-même, dessinent son type de relation à l'Autre et permettent de comprendre le rôle que jouera pour lui d'une façon permanente le fantasme de castration dans son expérience. S'il n'a pas de lui-même une image de corps unifié, il sera toujours face au désir de l'Autre, en danger d'être rejeté, parce qu'il est identifié en totalité à l'objet de la demande. Il semble bien que l'enfant, au cours de son évolution, soit toujours en quelque sorte intriqué dans la demande de la mère. Tant qu'il est, comme objet partiel, l'enjeu de cette demande, toute exigence sociale va porter sur cet objet partiel auquel il s'identifie et réveiller l'angoisse que manifeste son fantasme. S'il accède à une image de corps unifié, il sera l'enjeu de cette demande en tant que sujet, il pourra « assumer la castration », c'est-à-dire comprendre que l'épreuve à supporter ne porte pas sur la totalité du sujet. Tout se passe comme si, à un certain moment, ce qui est impliqué dans la menace de castration ne mettait plus en jeu le corps : et nous entrons alors dans une dialectique verbale. Nous assistons dans le déroulement d'une cure à une série de permutations qui, réarticulées dans le discours analytique, sont là pour nous désigner ce qui s'y présentait masqué. C'est du lieu même de son fantasme que le sujet arrive à faire entendre la manière dont il se situe face au désir de l'Autre.

C'est la figure du père mort que Guy interrogea à différents moments de la cure avant de situer son désir; ce désir, rappelons-le, il ne le trouve qu'au prix de *se savoir mortel*. C'est à partir de la connaissance du suicide paternel que l'enfant va s'accrocher aux insignes de tous les pères par de là leurs défaillances. Aurais-je pu éviter ce suicide ?

La question mérite certes d'être examinée. N'ayant pas entendu le père, je ne pouvais être en mesure d'apprécier le sens pris par son désir. L'appel à l'aide *pour le fils* pouvait très bien être un appel à l'aide pour l'enfant qui en lui n'était pas arrivé à vivre. Mon erreur fut de n'avoir pas su lire le message qui m'était adressé. Je me suis faite involontairement la complice d'un désir de mort. Le rapport médical concernant le père de Guy (hospitalisé avant son suicide) constate l'apparition depuis deux mois (un mois après l'entrée de Guy en cure) d'un syndrome délirant de jalousie interprétative. Amélioré après une cure de chimiothérapie, le père a quitté l'hôpital pour se suicider à la sortie.

L'issue aurait peut-être été différente si l'enfant était demeuré malade (ou si j'avais proposé de surseoir à la cure). Rien ne nous permet d'affirmer que cette fin était inéluctable.

7

Mireille et sa question

I

Mon but est ici de serrer de près un certain type de discours chez une enfant qui dans la question qu'elle pose, ne peut que poser celle d'un autre, en l'occurrence celle du père.

Un couple se présente, adressé par le Dr X. Un essai de cure psychanalytique a été conseillé pour la fille, *Mireille,* 8 ans, deuxième de cinq enfants; le diagnostic est celui de « schizophrénie sur fond oligophrénique ». Deux autres spécialistes avaient mis, quelques mois plus tôt, l'accent sur le seul facteur *débilité mentale.* On avait alors conseillé un traitement de glutamine et une orientation en classe de perfectionnement.

Le dossier médical comprend :

1° Des indications sur les troubles antérieurs de l'enfant. (Agoraphobie à 2 ans et demi, après la naissance de la sœur Carole et une séparation d'avec la famille; coprophilie et exhibitionnisme à 5 ans, après un accident de circulation; diagnostic d'oligophrénie à 5 ans, de schizophrénie à 8 ans. La mère souligne que le premier développement, de 0 à 2 ans et demi fut normal.)

2° La copie d'une note de l'hôpital où Mireille a fait un court séjour à l'âge de 5 ans, à la suite d'un accident de voiture. Il y a eu léger traumatisme crânien. L'enfant, excitée, instable, gêne le service; elle est rendue à sa famille avec le diagnostic d'oligophrénie + troubles caractériels associés.

3° Dans le dossier, je trouve également une copie de l'avis *de la commission médicale* de contrôle attestant que l'enfant ne peut être gardée en classe de perfectionnement en raison de la gravité du déficit intellectuel et de l'instabilité caractérielle.

Ce dossier est un ensemble auquel le père tient. C'est lui qui l'a constitué. Il prend soin de ne transporter que les copies des actes médicaux. L'original, il le garde à son domicle dans un coffre-fort, où dit-il, sont rangés ses autres papiers d'affaires. Il s'agit des dossiers concernant ses procès à l'égard des différents membres de la famille. Le père me donne l'impression d'être un pantin désarticulé. Sa voix est éraillée, cassée. Ses gestes sont nerveux. Sa mise peu soignée : les vêtements sont tachés, les boutons manquent, la cravate est de travers. Sa fille, il a l'air de me l'offrir : « Elle est très spéciale, comme la tante Eugénie (tante schizophrène que nous allons retrouver plus loin); à mon avis, elle a quelque chose de plus, une petite perversion, tout léger mais ça se perçoit. » « La psychanalyse, j'y ai pensé pour moi, ça m'intéresse, j'ai lu Freud, j'ai des obsessions sexuelles, je pourrais vous apporter des choses intéressantes, mais puisque Mireille est malade, il en suffit d'un en psychanalyse. » C'est dans les mêmes termes qu'en fin de cure la mère me signifiera qu'il suffit d'avoir un enfant en psychanalyse, sous-entendant qu'il faut bien laisser quelque part un fou.

Pendant que le père parle, la mère reste figée, immobile sur sa chaise, les mains croisées. La jupe de son tailleur lui arrive à la cheville, son visage est sévère et enfantin à la fois. Ses cheveux sont tirés en arrière en un chignon serré. Ses lunettes lui donnent l'allure d'une vieille jeune fille effarouchée. Elle désapprouve visiblement le discours de son mari. Mireille lui convient comme elle est. Elle craint qu'on ne veuille la séparer de son enfant. « Quand Mireille est là, j'ai pas peur», me dit-elle. « Nous avons recours à la psychanalyse dans le seul but de rendre à nouveau possible une scolarisation en milieu spécialisé », ajoute le père. Au cours de l'entretien, la mère avoue avec réticence sa dépression durant sa grossesse; elle ajoute : « Je ne sais comment j'ai pu être enceinte, ça doit être les bains de mer. » Le bébé lui a donné du mal. Mireille, dès sa naissance, a été vomisseuse, anorexique et ensuite insomniaque. Ces faits ont été passés sous silence dans les interrogatoires précédents. (Ils me sont livrés ici après l'aveu d'une dépression au cours de la grossesse. J'apprendrai plus tard que c'est depuis l'âge de 12 ans, que la mère est en proie à des accidents dépressifs.) Le père, en riant, m'explique qu'il soignait l'insomnie de Mireille en l'étouffant d'eau pour l'empêcher de crier. Ce couple me met mal à l'aise. Cette enfant que je ne connais pas encore m'apparaît, à travers le discours des parents, comme un instrument qui sert au plaisir de l'un, et comme un objet qui colmate l'angoisse de l'autre.

Quelques jours après, je reçois Mireille. Drôle, malicieuse, jolie avec ses joues rondes, ses grands yeux noirs, ses cheveux longs en bataille, l'enfant apparaît comme un petit diablotin. Très à l'aise dans la pièce, elle m'ignore, va d'un jouet à l'autre, s'assied et dessine. Je lui explique qu'elle vient pour dire les choses vraies qu'elle sent et qui lui font parfois peur. L'enfant commence à parler et je suis submergée par les mots; ça tourne, ça valse, ça vient, ça part. L'enfant est à son affaire : dessin, pâte à modeler. Le discours vient en sus, une parole la traverse.

Qui c'est Mireille ? est la question qu'elle pose à la première séance. Elle n'attend aucune réponse. Est-ce Mireille ou quelqu'un à travers elle qui pose l'interrogation ? Telle est ma réflexion. Je ne me lance dans aucun discours. Mireille est absorbée par la fabrication de menus objet :

— Ça rentre dans le ventre et ça tue.

— Dans le ventre de qui ? est ma question : est-ce que ça tue pour de vrai ou pour de rire ?

L'enfant se lève, marche, rythme d'un balancement des bras l'incantation suivante :

— La fille du Pasteur parle mal et ne connaît pas son nom. Le père du Pasteur ne connaît pas son nom et le Pasteur non plus. Mireille cause au Pasteur, au père du Pasteur, on ne l'écoute pas. Ils ne savent pas ce qu'ils font. Ils ne savent pas ce qu'ils sont. Alors Mireille en a marre et prend un fusil pour tuer le Pasteur, le grand-père. Quand c'est fini, elle les mange.

Ce discours se veut accusateur. Toute association d'idées est refusée. L'enfant a repris sa place; les mêmes petits objets l'occupent. Je reste saisie par ces paroles qui ont l'air de venir d'ailleurs, et se posent là comme des énigmes. Dans ma tête résonnent encore les paroles accusatrices du père à l'égard de son propre père, de ses frères, du père de sa femme et des frères de celle-ci : « Je les aurai tous », m'a-t-il dit. De fait, c'est le personnage d'un Père que l'enfant introduit dans une situation d'agressivité spéculaire.

— Ça ne doit pas être commode, lui dis-je, la vie pour cette petite fille dans cette famille.

L'enfant enchaîne un autre discours, qui tourne lui aussi à vide :

— Quand la petite fille a fini de manger le grand-père, son visage change, ça devient un visage qui n'a pas de nom. Dans ce visage sans nom il n'y a plus d'yeux, ni de bouche, il n'y a plus que des crocs. La petite fille approche de l'eau et s'enfuit. Elle a peur des crocs et du visage sans nom, elle peut dans l'eau se voir sans yeux. Elle court la petite fille, tout loin. C'est horrible d'être regardé sans yeux. Elle trouve un étang. Mais c'est toujours le même visage sans yeux qu'elle voit, elle ne peut plus parler, alors elle se noie.

Pendant trois mois, l'enfant livre une série de thèmes où circulent le Nom du Père, la mort, la haine, le châtiment.

Mon seul commentaire est le suivant :

— Tout cela n'est guère commode à vivre pour une petite fille.

Mireille ne tient pas à ce que je parle, elle s'angoisse devant tout essai de symbolisation.

En trois mois, la fillette apprend à lire avec sa mère; elle est adaptable à une vie de groupe en milieu spécialisé. Cette rapidité dans l'acquisition de la lecture nous étonne. Mireille certainement savait déjà lire. L'analyse lui a permis de ne plus être à la place d'un Autre lisant pour elle. C'est elle à présent qui va rire, pleurer, se fâcher, du lieu même des personnages du livre.

La mère est déprimée, elle a l'impression que Mireille lui échappe. Le père devient impuissant et menace de divorcer.

— J'en ai assez des comédies de ma femme. C'est une hystérique, le Docteur me le dit, elle en veut de l'amour, puis elle change d'avis, elle crie, elle pleure ou elle s'enfuit. Je ne sais jamais ce qui m'attend avant, pendant ou après les relations sexuelles. Dire que Mireille assiste à tout ça depuis sa naissance!

— Depuis sa naissance ?

— Elle est restée dans notre chambre jusqu'à la naissance de sa sœur Carole. Après, on l'a mise dans une autre pièce et c'est alors qu'elle a commencé à appeler la nuit, à avoir des peurs.

Le père cherche à être impliqué dans la cure au même titre que l'enfant. Il développe, en se servant d'elle et de moi, des revendications à l'égard de ses supérieurs hiérarchiques. « Voyez ce que vous faites de moi », a l'air de me dire la mère; « Regardez comme on cherche à me nuire », suggère le père.

En touchant au statut de Mireille dans sa famille, je me heurte donc à la position des parents, qui m'est présentée à travers le déguisement du symptôme. « J'ai 10 de tension, je ne peux plus vous amener ma fille », me dit la mère. « Mon chef n'accepte pas qu'on soigne ma fille, il cherche à me nuire dans mon avancement », me déclare le père. Chacun, derrière son masque, fait entendre une exigence, une revendication, pour que rien ne change ici, comme si, dans un ailleurs, rien ne se jouait. Mireille connaît l'enjeu puisqu'elle reprend une parole qui manifestement vient de la mère pour me dire :

— La psychothérapie c'est pas fait pour les enfants fragiles.

— C'est ce que pense maman, lui dis-je; avec ta maladie, tu es son bouchon[1]. Quand tu n'es plus malade, c'est maman qui a des peurs et des fatigues. Tes parents ont compris qu'il fallait continuer la psychothérapie.

L'enfant me regarde pour la première fois, marque un temps d'arrêt et puis part d'un grand éclat de rire :

— Mme M. est dans la psychothérapie, mais attention, ça rend fragile.

Mireille se lève, va, vient, se met à la fenêtre et d'une voix grave déclame ce qui suit :

— Dans la vie, un homme court, il laisse des traces, pfft, il est disparu. Un autre homme vient, il laisse des traces, pfft il est disparu. Le troisième homme vient et laisse des traces, mais le tonnerre se met à rugir de tout ce qui ne peut s'effacer.

— C'est quoi les traces ?

— Tu sais bien, c'est les tombes, il y en a plein.

— C'est tout ce qui ne peut s'effacer dans la vie d'une petite fille, des parents de la petite fille, des parents des parents de la

1. Ce terme est employé pour faire écho à la manière dont l'enfant se situe comme objet, au lieu même de la mère.

petite fille, c'est tout cela que Mme M. et Mireille vont essayer de comprendre.

— Il n'y a rien à comprendre. Le Bon Dieu, il n'y en n'a pas et les tonnerres ne parlent plus. Ils ont tout dit et toi tu m'embêtes.

« Il n'y a rien à comprendre » est déjà l'effet d'une structuration dans l'analyse. L'enfant y entre par le refus, pour revenir aussitôt après au type de discours dans lequel elle est parlée. Elle va s'y arrêter pendant de longs mois. Le *Je* s'efface, le nom disparaît. L'enfant se fait appeler Carole (nom de la sœur plus jeune à laquelle elle est très liée) et s'accroche à l'objet phobique, comme pour se protéger contre le danger de toute relation de désir. Sa peur du soleil et du train la mettent dans un tel état d'excitation que les parents interrompent l'analyse. La cure est suspendue le jour où Mireille, dans un cri, retrouve le *Je* pour me dire :

— Je ne veux plus revenir.

La mère m'écrit : « La place de Mireille est auprès de ses frères et sœurs, la psychothérapie lui fait du mal. » On sent dans les lignes l'accent d'un triomphe; la mère a gagné, elle a réussi à garder l'enfant pour elle.

Six mois s'écoulent (1 an et demi nous sépare du premier entretien).

Le père demande à me voir et m'apporte un rêve :

— Ma mère m'impose une tâche. Je tombe dans le ravin. J'ai une frayeur et les jambes coupées. Il fallait que je parle à un psychanalyste de ce rêve, me dit-il. Je vous ai ramené Mireille, j'aimerais que vous me donniez une garantie contre ma femme.

C'est parce que le père souffre d'éjaculation précoce qu'il prend sur lui de me ramener sa fille, tout en me mettant en demeure de lui fournir une garantie contre sa femme... Elle détient en effet l'autorité; lui, il joue à être le chef, tout comme enfant il jouait à être le mari de sa mère.

— Donnez-moi l'adresse d'un analyste, demande le père, j'ai besoin d'une analyse pour moi.

L'adresse, je la lui donne, il ne l'utilisera pas.

Mireille apparaît, immobile entre deux portes, sur un terrain qui n'est ni mon bureau, ni le couloir :

— Je ne veux pas entrer, me dit-elle.

— A la dernière séance, tu m'as dit : « Je ne veux pas revenir »; maintenant tu me dis : « Je ne veux pas entrer ». Pourquoi, puisque tu as une envie, restes-tu entre deux portes ? Si tu entres, tu es avec moi, et on pourrait comprendre ce que ça veut dire.

— Non, non, non.

Mireille trépigne, elle tient la revue *Vogue* dans une main. Mireille lit en effet n'importe quoi, les illustrés, les livres de la bibliothèque rose, *Elle, Paris-Match* ou *France-soir*. Elle traîne de la lecture dans ses déplacements, tout lui est bon. Mireille est incapable de raconter ce qu'elle vient de lire. Toute phrase enregistrée est renvoyée d'une façon déformée. Certaines histoires bibliques jointes au personnage de la mère Mac-Miche et au dernier fait divers, contribuent à camper son univers.

Mireille continue à crier. J'écris sans faire attention à sa présence dans cette zone d'ombre. Je lance alors ces paroles :

— Quand il y a un Père pour commander à la maman et à la petite fille, c'est plus commode. La petite fille n'a plus besoin d'avoir peur. Elle sait où elle se trouve.

L'enfant laisse tomber la revue, ferme les portes et entre. Elle s'arrête immobile devant moi. Je demande :

— Tu as beaucoup de choses à me dire.

— Oui.

L'enfant se couche sur le divan. C'est le *Je* de la mère qui apparaît :

— J'ai mal à la jambe, elle se casse. Je ne veux pas devenir une petite femme, mais une moyenne femme — ça me fait peur d'être une petite femme, parce que ça veut dire que je suis une petite fille. Je ne veux pas être une femme ridicule. Je ne suis pas faible. Cependant, quand on est une femme trop tôt, c'est comme ça qu'on devient faible. C'est une mauvaise habitude. Faire l'amour, ça fait devenir faible. C'est être mal élevé. Il faut être une vraie femme.

Le père souffre d'impuissance ou d'éjaculation précoce. La mère, dans ses crises, signifie qu'elle ne peut s'accepter comme manque. Mireille effectue son retour dans la parole maternelle. Elle se trouve comme dans un miroir. Si elle introduit le signifiant phallus, elle touche à des repères qui provoquent l'effondrement des parents : il n'y a alors, pour elle, pas d'autre solution, semble-t-il, que de reprendre le rôle de prothèse auprès de la mère. Chacun devient ainsi l'otage de l'autre. « Mireille quand elle est là j'ai plus peur des voitures », me dit la mère. « Maman veut Mireille comme ça, alors pourquoi changer », répond l'enfant.

Qui dans l'analyse va faire la loi de la thérapie : la mère, le père, l'enfant ou l'analyste ? Qui désire la guérison ? Que signifie la guérison pour celui qui la désire ? Pourquoi Mireille vient-elle, pour qui ? Autant de questions qui ne trouvent que peu à peu leur réponse dans la cure.

C'est en tant que sujet que Mireille apparaît maintenant dans son symptôme. Elle fait de sa folie, de sa sottise, l'enjeu dans l'analyse. Elle tient le rôle de clown, elle est là, folle pour amuser. Deux personnages apparaissent : la cousine Mireille oligophrène, enfant préférée de la grand-mère paternelle (les deux enfants ont vécu ensemble entre 3 et 4 ans et la tante Eugénie, tante schizophrène, seule personne aimée du père (il s'agit d'une cousine éloignée), chez qui la fillette fait de fréquents séjours. Mireille me livre une succession de discours. C'est une parole, celle de l'Autre, qui tourne. Portée par son interrogation, elle ne peut introduire aucune symbolisation du désir de l'Autre. Le nom du Père n'ayant pas fonctionné, il n'y a pas d'axe autour duquel faire tourner son discours. Qui parle à travers elle, est-ce la tante Eugénie ?

— L'amour, le tempérament, vive les cocottes. Les cocottes ça baise, ça finit au vide-ordure. Une grande noce, toutou's madine. Le jour a dit : je veux la lune. La grande Éva meurt dans le viol.

Ce qu'elle raconte l'amuse, dans sa drôlerie Mireille retrouve tante Eugénie, et me supprime. A d'autres moments, elle est le reflet parlant de sa mère, elle lui emprunte sa voix, sa démarche, ses gestes, minaudante, précieuse, elle se contorsionne dans la glace, arrange un chignon imaginaire et déclare :

— Mireille est moins sotte que maman. Les chéri loza, on les renverse dans leur lit. La chérie loza crie. Le chéri lozère dit : tais-toi, c'est la culbute.

S'agit-il d'une référence à des paroles entendues ? A plusieurs reprises, l'enfant, sous des allusions diverses, indique (à l'instar du père) que la comédienne, la vraie, c'est maman et qu'elle, Mireille, en connaît un bout sur leurs démêlés sexuels.

L'enfant est gênée dans la cure par le vœu inconscient de la mère que rien ne change. Ses progrès en classe de perfectionnement amènent l'institutrice à envisager pour elle un changement de milieu scolaire, et à souhaiter une mise en internat. J'encourage les parents dans cette voie, la continuation de l'analyse marquant ainsi une étape : nous visons maintenant autre chose que le vœu initial de la famille. Une petite pension pour enfants normaux peut accueillir Mireille. Son départ est décidé, il correspond à la fin de la deuxième année de cure. La mère est inquiète, elle accepte mal les décisions de son mari mais n'ose s'y opposer ouvertement. Au moment du départ, l'enfant paraît fiévreuse, le père lui dit : « Ce n'est rien, il y a tout ce qu'il faut à la pension pour te soigner. » La fillette quitte sa famille sans drame. C'est par le biais de son enfant que le père a pu imposer la loi à sa femme, pour un court temps d'ailleurs. La nuit, un médecin est appelé d'urgence : « Docteur, lui dit la mère, je vais mourir. J'ai là un creux. Je ne me sens plus. » Mireille qui comblait ce creux est, en effet, partie. L'enfant n'ayant pas réussi à fléchir le père par une maladie, c'est la mère qui va s'y employer à travers le symptôme.

Séparée des siens, l'enfant se permet d'avoir des désirs et articule des demandes (vœu d'avoir une poupée, des bonbons, de l'argent, de faire de la danse). Elle est amenée aux séances par une monitrice. Très vite, le père intervient, cherche Mireille à la pension, me la conduit au détriment de son activité professionnelle. Sa femme le charge de me dire que les autres enfants supportent mal l'absence de Mireille : « Que voulez-vous, c'est normal, Mireille nous appartient », ajoute le père. La loi paternelle fonctionne pour de rire et non pour de vrai, l'enfant est sensible à cette tromperie. Les ficelles du jeu, c'est la mère qui les tient et les tire. Nous sommes dans une situation où chaque personnage est acteur et victime à la fois, dans le rôle qu'il s'est choisi.

Plus de deux ans ont passé. Une première étape de la cure se termine. L'enfant, en posant le premier jour la question *Qui c'est Mireille ?,* était entrée dans la cure cachée par des histoires posées comme des énigmes. Les thèmes ont évolué à partir de l'absence de nom patronymique d'un Père, en empruntant le détour de la succession signifiante de menus objets introjectés, pour mettre ensuite l'accent sur le rôle de prothèse joué par l'enfant auprès de la mère. Elle ne peut poser sa question sans entraîner l'épuisement physique de la mère, l'inquiétude du père. Mireille abandonne alors l'interrogation pour se raccrocher à l'objet phobique : crise d'angoisse phobique ou rôle de folle, elle y trouve une protection contre l'angoisse d'un arrachement aux identifications parentales. Mireille choisit d'être le symptôme de quelqu'un dans une situation de complicité. « Il y a des choses que la petite fille ne veut pas voir », me dit-elle, pour ajouter ensuite : « Quand on s'ennuie, ça donne de la tristesse, on pense que quelque chose vous manque, qu'on est abandonné. Maman quand elle est triste, ça lui manque de ne pas avoir d'enfants, elle en veut toujours d'autres à naître pour se sentir pleine au lieu du vide avec du manque. Être sans enfants ça lui fait du chagrin. »

Le problème de la castration, Mireille ne peut l'aborder sans toucher à la position respective des parents face au signifiant (phallus, nom du Père), provoquant ainsi leur propre effondrement.

— Mireille mène une vie de château, me dit le père, elle a tiré le bon numéro, ça ne peut plus continuer comme ça.

L'enfant est retirée de la pension, et réintègre le milieu pathogène. La fillette, à la recherche d'une solution, choisit de rester dans son rôle de folle.

— Le soleil pourrait guérir la petite fille, il la démolit par amusement, on ne peut rien faire.

L'enfant désigne ici les limites de l'action thérapeutique. De quelle démolition s'agit-il ? Sur ce point, Mireille est muette. Elle suggère ce qui se passe, à moi de comprendre.

Dans le vide d'où Mireille me regarde, les mots n'ont pas de sens. Elle se définit bien comme fille par rapport au garçon, oppose la vie à la mort, introduit la notion de parenté et l'interdit de l'inceste, et les thèmes majeurs circulent, comblant les signifiances perdues; mais un axe fait défaut. Non seulement l'appréhension de l'ordre symbolique apparaît impossible, mais si quelque chose à ce niveau devait pouvoir se faire, le père à cet instant intervient dans le réel dans le sens même d'une démolition : il m'avoue qu'il examine le sexe de son enfant, lui prend sa température, et guette les signes de puberté :

— Dans le train, dans la rue, j'ai l'impression que tous les hommes n'ont d'yeux que pour elle et veulent lui faire des saletés.

— Des prisons, des papas comme ça, répond l'enfant en écho, Dieu ne devrait pas faire exister ça.

Au fur et à mesure que se précise la figure paternelle, l'enfant signifie l'impossibilité de guérir avec des adultes fous.

— Les parents ne veulent plus d'une psychothérapie pour Cocotte. Ils n'acceptent ça qu'avec des conditions. Et pour Cocotte, Dieu c'est une énorme psychothérapie.

Ce thème de Dieu, nous allons le retrouver en fin de cure dans un rêve où Mireille comme garçon est appelée par Dieu, c'est-à-dire appelée à mourir.

— Mes paroles sonnent faux avec Mireille, me dit le père. Je suis irrité contre elle. Elle ne me croit pas. Le pire c'est qu'elle a raison. Mon autorité part, je la trouve suffisamment guérie. Après tout, c'est à sa famille qu'elle doit s'adapter et non à la Société. La Société qu'est-ce que c'est ? — Rien que des vendus, des traîtres, tout est pourri.

— C'est pas commode pour Mireille, lui dis-je, de guérir, car elle n'est pas seule en cause.

Effondrement du père :

— C'est vrai, me dit-il, qu'on a besoin de Mireille comme ça.

Quelques jours après, il amorce un délire paranoïaque. L'enfant est blessée dans un accident de voiture et témoin d'une rixe où le père blesse un rival.

— Les hommes de ma famille, me dit l'enfant, c'est des choses pas polies à dire que je ne veux pas dire. La psychothérapie est venue, ajoute l'enfant, la petite fille est devenue sa propre personne. Puis elle s'est dit, ah non, je ne peux lui faire ça. Je veux être où je dois être, auprès de maman.

Après cet aveu, Mireille retrouve le ton prophétique du début, faisant surgir au-delà d'elle une succession de mythes. Ces mythes me touchent, ils surviennent à un moment où l'enfant assiste aux écarts de conduite d'un père délirant. J'en reçois le message en résonance à une situation impossible qui lui est faite. C'est à partir de là que l'enfant introduit l'idée de Dieu, tout en désignant l'innommable du côté du père. Ce père rempli de haine à l'égard de son propre père est en procès non seulement avec les hommes de sa lignée (les trois frères), mais encore avec les hommes de la lignée maternelle pour des questions d'héritage. C'est face au risque réel de mort rencontré avec son père que Mireille fait surgir le *mythe* des trois grands rois et le mythe des trois hommes. *Les trois grands Rois* viennent sur le chemin de Mireille pour lui montrer l'endroit du bien et du mal. Un des rois dit qu'elle a péché et elle se noie. Dans le mythe *des trois hommes,* l'enfant raconte ce qui suit :

— Un homme t'a soignée, il était vieux, 57 ans. Tu en as 39. Tu t'es mariée. Tu t'es dit : l'homme de fer, le nègre de fer qui fabrique les sabots, les voilà donc. Tu avais le choix entre un blanc et un nègre. Tu as choisi celui qui était l'homme de ton père et qui lui apportait des sabots. Ton homme était de fer. Il fabriquait des sabots de fer. Il pensait à ton père. Ton père a giflé l'homme de fer qui a pleuré, c'était ton époux. Tu as choisi un autre qui plaise mieux à ton père, c'était l'homme du coiffeur. Ton père devenait vieux. Tu as laissé trois hommes. Tu as eu alors des nègres en jouet et tu en as eu marre. Tu les a donnés à ton cousin le jour de ton mariage. L'homme de fer et le nègre sont devenus ivres. Tu as fini ta vie avec un homme, tu lui obéissais.

Dans la famille de Mireille un drame couve. Chaque fois que l'enfant a l'air de démarrer, elle trouve dans le réel l'expérience d'une mutilation qui l'accable.

La grand-mère paternelle meurt. Le deuil de sa mère, le père se veut seul à le porter. Une lutte s'engage avec le troisième frère, qu'il accuse de meurtre. C'est à travers un jeu de miroir dans lequel il se trouve emprisonné qu'il découvre ce qu'il veut être : « C'est franc voleur ou bel assassin qu'il me faut devenir. » Quelque chose est en panne et ne peut plus s'exprimer. Mireille prend alors le relais et joue le rôle de bouffon du Roi. Elle dit la vérité, celle qui concerne Père.

— C'est pas papa qui commande. Papa il fait le fou. Il est un fou. Mais c'est un secret. Papa fait le salaud contre lui-même. Il fait des choses qu'un papa ne doit pas faire. Le Seigneur est arrivé trop tard pour m'aider.

L'enfant n'ira pas plus loin. Ce qu'elle a à me dire est dit. Prisonnière au sein d'un symptôme, elle refuse qu'on vienne, par une interprétation, la déloger de sa position. Pendant longtemps Mireille reste dans une alternative : ou la folie ou la guérison; ou la vie ou la mort pour elle ou pour ses parents. Dans ce choix, Mireille nous renvoie à la folie du père. Elle ne peut y faire face qu'à travers son masque d'arriérée ou de folle. L'enfant jusqu'à la fin cherche à combler les signifiances perdues; elle réhabilite la mémoire du grand-père paternel à travers l'image de la bonne grand-mère :

— Elle était vieille la maman de papa. Elle me racontait des histoires d'un homme qu'elle aimait bien, elle se plaisait avec lui.

Quand, dans son discours, Mireille est à la recherche d'une certaine maîtrise, elle se heurte à ce qui dans les parents ne peut être abordé sans amener leur propre effondrement :

— C'est avec toi que je suis folle, me dit un jour Mireille, pas avec les autres.

Elle m'explique ensuite le bénéfice du symptôme :

— Ce qui fait sa joie à la folle, c'est qu'on rit d'elle.

Au même moment, l'enfant interroge sa mère :

— Ceux qui sont anormaux et le font exprès, est-ce que c'est bien ?

La folie et l'arriération, Mireille a l'air de les poser comme une maladie à développer pour un Autre ou avec un Autre, nous désignant par là qu'elle s'y trouve comme sujet. C'est alors que Mireille m'apporte sa dernière histoire et me laisse son déguisement :

— Ce n'est pas moi qui parle mais mon déguisement, dit-elle.

On peut se demander si ce n'est pas du lieu où je me trouve que l'enfant articule son récit : le déguisement dont il est question ici, c'est la parole de Mme M. *plus* Mireille.

— Tu ne peux être bien. Tu n'es pas capable de distinguer le toi et le moi, donc tu es folle. Ce qui me fait rire, c'est qu'il y a quelqu'un qui a confondu Mme M. avec Mme M. C'est très bien de confondre. C'est la vie. C'est agréable de confondre les rires, les pleurs et la loi de Dieu. La vie est monstrueuse, toi tu es monstrueuse. Tu es dans les monstres. Tu n'avais confiance en personne, tu n'avais que ta parole pour t'aider. Ça t'a aidée à mourir. La parole des autres n'était pas assez riche. Ta difficulté t'empêchait de les entendre. Les autres entendaient ta parole. On ne faisait rien de bien de ta parole. Tu t'es beaucoup trompée sur la vie éternelle et sur la vie des Rois. Ta parole, pour finir, n'a pas été entendue. Le reste était pour toi. Tu n'en faisais rien. Tu étais pas capable d'en faire quelque chose. L'homme de fer te casse ton poumon en petits morceaux car il est en peine. Il fait mal aux gens pour de vrai. Que veux-tu, c'est la vie.

Quelques jours auparavant l'enfant, à propos d'un récit où « un père se cambriole sur sa fille », ajoutait : « Quand une fille remplace la femme auprès du Père, elle en meurt. »

A partir de ce récit, le ton du discours change, l'enfant s'exprime avec réserve. Elle campe avec férocité les membres de sa famille. Elle établit un bilan : pourquoi ce père fou, cette mère bonne à rien, ce frère dyslexique, cet autre énurétique et cette servante analphabète ? Est-il possible que Dieu ait voulu tout cela ? L'enfant apporte alors un rêve :

— C'est un garçon qui meurt appelé par Dieu; ce garçon c'est mon portrait. J'ai pas envie de mourir. Ça marche bien en classe. Compter reste ma difficulté. Si Dieu n'existe pas, quand même je le voudrais quelque part.

Compter pour un Autre. C'est ce qui apparaît au cœur même du délire paternel : « Si ce n'est pas moi qu'on veut supprimer, qui veut-on supprimer ? On est 4 et le partage a été fait pour 3. »

Mireille est entrée en analyse en posant le mythe des trois hommes à travers la voix du tonnerre rugissant de tout ce qui ne peut s'effacer. Ce mythe nous le retrouvons à la fin. Il nous renvoie au délire du père et à la relation perverse qui le lie à sa fille. C'est à ce niveau là que, d'une certaine façon, Mireille demeure en panne.

II

Mireille est-elle oligophrène ou psychotique ? c'est la question que je me pose après quatre années de cure psychanalytique.

Dès le départ, j'ai été saisie par la richesse étonnante d'un discours surgissant par-delà l'enfant afin qu'une vérité jaillisse, s'impose, mette en accusation parents, grands-parents, arrière-grands-parents. D'où vient cette parole, ce rythme, cette poésie qui éclate chez ces enfants atteints précocement par un drame qui les dépasse ? *Guy,* oligophrène de 8 ans, ne m'a-t-il pas tenu lui aussi un certain type de discours contrastant par sa richesse avec la pauvreté de communication du garçon ?

« Papa a fait beaucoup de péchés
avant sa mort, il était crevé.
Il était si fatigué
que ça n'a que trop duré.
Il est mort écrasé
Il est mort éclaté.
La paix est revenue
enfin. »

Le père paranoïaque s'était suicidé, l'enfant n'était pas censé le savoir. Le non-dit revêt dans ces cas toujours un caractère d'exceptionnelle gravité. Ce non-dit renvoie la plupart du temps à ce que l'enfant sait mais ne veut pas savoir.

La cure psychanalytique peut arracher ces enfants à l'asile, mais non toujours préserver cette promesse qu'ils semblent porter en eux : au fur et à mesure que la cure avance, le discours se fait plus terne, l'enfant est « adapté »; au prix de quoi ? au prix de la mort, parfois, d'une certaine forme de la réalisation de lui-même. Si l'enfant paye avec son corps (à travers maladie ou accident) une malédiction, il garde, semble-t-il, plus facilement à sa disposition cette richesse verbale qui chez d'autres se perd avec la guérison. (Cette perte de richesse verbale coïncide avec le tassement des phénomènes de suppléance lorsqu'il y a eu échec de toute possibilité de symbolisation. La perte a lieu aussi dans les cas où le sujet, par suite de l'évolution de la cure, s'est rapproché du névrosé, introduisant alors des mécanismes de défense contre le retour du refoulé.)

Pour comprendre ce qui s'est passé, redisons-le encore une fois. C'est dans le sens même de son désir que ce type d'enfants a été précocement atteint, annulé ou perverti. Dès le niveau oral, le besoin a apporté la mort; la demande de la mère étant que le bébé ne s'éveille pas au désir. Meurtri dans la représentation qu'il peut avoir de son corps, l'enfant sent ensuite peser sur lui le désaveu d'un sexe, lieu de désir. Dans la scène primitive, il ne peut se situer, car ce qu'il rencontre au niveau des parents, ce sont des fantasmes ou vœux de mort. Le travail, dans l'analyse, consiste à permettre à l'enfant d'arriver à vivre de cette mort-là. C'est loin d'être toujours possible. Le pronostic d'une guérison dépend en partie de l'intensité du lien qui lie l'enfant au parent pathogène. Le cas de Mireille pose d'une façon particulièrement aiguë un problème qui est loin d'être exceptionnel en psychanalyse d'enfants. L'analyste se trouve confronté d'emblée avec l'impuissance, la perversion, la délinquance, la folie de l'adulte, d'un adulte dont une parole s'est trouvée véhiculée à travers la famille. L'enfant s'est fait le représentant d'une malédiction, ou tout simplement du non-dévoilable. En lui subsistent deux possibilités de discours : la communication directe d'une extrême pauvreté très souvent, et ce discours de tragédie ou de vaudeville qui le traverse et dans lequel à un moment il arrive à se situer comme sujet pour conserver un langage de mythes, de contes, servant à exprimer l'inexprimable.

Au fur et à mesure que se dit ce qui n'a pu jusqu'alors entrer dans le dire, l'enfant abandonne le mythe, revient au discours direct avec, semble-t-il, le choix de demeurer prisonnier d'une certaine pauvreté verbale ou d'arriver à la dépasser en accédant véritablement comme sujet au monde des symboles où la parole est porteuse de sens. C'est seulement alors que sur le plan de l'analyse, l'enfant se trouve tiré d'affaire. Cette étape n'est pas aisée à atteindre et le risque d'impasse demeure jusqu'à la fin.

Nous touchons là, sur le plan technique, au problème des limites de l'analyse. *Pour qui l'enfant doit-il continuer à demeurer le fou qu'il n'est plus ?* est la question qui se pose.

Ma position est d'engager une cure, même dans les cas désespérés (si j'obtiens un certain accord des parents, et s'ils acceptent le dialogue). Les pronostics les plus sombres se trouvent démentis avec la même constance que les pronostics les plus optimistes. Le type de discours que j'obtiens dans certains cas privilégiés étonne. On me reproche de les induire, voire de les inventer. Il y a là un problème qui mériterait d'être approfondi : c'est parce que l'enfant se trouve en situation de dire ce qu'il sent comme vrai, de le dire à une personne à qui il impute le pouvoir, non seulement de connaître ses pensées, mais encore de démasquer le non-dit, qu'il peut tirer d'un autre monde, avec les incantations des autres, ce qui dans ses mots à lui ne peut être traduit, pas plus qu'avec nos mots quotidiens d'ailleurs. Ce qu'on arrache à ces enfants, c'est la colère du poète ou des dieux — et c'est par-delà cette révolte que quelque chose peut ensuite s'ordonner dans le langage. L'analyste a une légende, celle dont les parents l'ont revêtu.

Laurence, 9 ans, en ouvrant la porte, s'arrête pétrifiée. Aucun son ne sort de sa bouche, elle me dévore du regard, se jette dans mes bras, se cache la tête. Je ne dis rien. Je lui caresse les cheveux.

— Alors, c'est vrai, c'est bien vrai, c'est toi Mme M. ?

— B'en oui, c'est moi. Peux-tu me dire ce que c'est Mme M. pour toi ?

Un long silence.

— C'est celle qui n'embrouille pas les noms. C'est pas beau d'embrouiller les noms.

Un temps d'arrêt. Laurence enchaîne dans un autre discours, son discours de schizophrène, qu'elle va dès lors tenir pour moi.

Il est à peine besoin d'expliquer à ces enfants-là ce qu'est l'expérience analytique. On dirait parfois qu'ils l'ont attendue depuis toujours. Ils ont attendu la rencontre avec quelqu'un qui, parce qu'il porte en lui la dimension d'un drame, est désigné pour entendre ce qui au-delà des mots a à se faire reconnaître chez l'Autre.

Laurence est née après un frère mort, Laurent. C'est comme morte qu'elle s'est sentie désirée par sa mère. Elle ne savait rien de l'existence du frère et c'est pourtant de ce savoir-là qu'elle va d'emblée me revêtir.

Mireille, elle, me dit qu'il n'y a rien à comprendre. « Les tonnerres ne parlent plus. Ils ont tout dit et toi tu m'embêtes. » Cependant, elle va parler, tantôt mutine, tantôt grave — ça parle et elle n'y est pas, ça parle et elle s'y trouve — c'est-à-dire qu'elle devient maîtresse de faire appel, au-delà d'elle, à des mythes, de faire entendre ainsi l'insoutenable vérité, l'inhumaine solitude. Après quoi on découvre que le règne des dieux est révolu. L'enfant qui se voulait non concernée enchaîne à un autre niveau sur le problème qui demeure et qu'elle peut ensuite aborder sans masque. Ce certain discours que l'enfant livre dès le départ de la cure, il le livre parce que, parallèlement, un autre mouvement s'opère : les parents viennent eux aussi parler ou déparler chez l'analyste de leur enfant — c'est-à-dire amener leur problème ou plutôt les fantasmes dont l'enfant, par son symptôme, s'était jusqu'alors fait le représentant.

C'est à travers Mireille que la mère exprime ses plaintes, le père ses revendications. Le rythme du discours de l'enfant alterne avec celui des parents : « C'est comme les facettes d'une boîte magique, constate le père en réponse à une de mes remarques, quand le rouge s'allume ça déclenche le vert ailleurs. » L'évolution de Mireille (c'est-à-dire son interrogation à travers le sexe, la mort, la métaphore paternelle) met l'un et l'autre parent en danger : chacun intervient alors à sa manière pour arrêter la cure ou en limiter les effets. La mère exprime clairement son vœu de « garder Mireille comme ça » (nous avons vu comment toute séparation plonge la mère dans une angoisse phobique ou dans une crise somatique, Mireille prenant ainsi une fonction de prothèse auprès d'elle). Entendre la mère ne signifie pas l'analyser; l'inviter à parler permet de faire entrer dans son discours ce qui demeurait, sinon, dans le non-dit, et dans ce non-dit, il y a les fantasmes sexuels de la mère que l'enfant représente dans son symptôme (son allure ou discours de folle). Ce sont les aberrations sexuelles des parents que Mireille a pour mission de masquer — et ces aberrations nous ramènent au problème œdipien des parents.

Nous avons vu, d'autre part, combien la relation perverse du père à sa fille rend impossible pour celle-ci tout refoulement de l'Œdipe. Mireille semble n'avoir de sens pour lui qu'à se situer à une certaine place, dans la faille de son voyeurisme. Ce père est ce qu'il est... je n'ai pas eu d'autre choix que de l'écouter. A travers Mireille, il m'a posé son problème œdipien, sa haine pour son frère et ses obsessions sexuelles. Sa relation à son enfant est faite d'une succession d'agressions anales, de mises en danger à travers des accidents de voiture, de menaces verbales de mort. Le sexe de Mireille, on en parle, il est à voir, mais l'enfant n'a pas le droit d'en disposer pour elle.

Dans les agressions du père sur l'enfant, la mère est complice passive; ils sont deux à rechercher véritablement à travers leur fille une forme de jouissance sexuelle (ce qui suppose, au niveau de l'enfant, l'abolition d'un sexe qui n'a pas à lui appartenir en propre). Quand les parents me disent : « Mireille nous appartient », c'est aussi bien de son sexe qu'il s'agit que d'elle en tant que malade. Non encore pubère, n'est-on pas déjà préoccupé à l'idée qu'elle puisse ne pas demeurer vierge ? Lorsque Mireille en fin de cure quitte son discours de folle pour m'apporter son premier rêve, elle y désigne ce qu'elle croit être le vœu maternel à son sujet : « être un garçon qui meurt appelé par Dieu ».

L'impasse dans la cure de Mireille, c'est bien qu'elle ne voit jamais d'autre solution à la situation qui lui est faite, que la mort ou le non-désir. Comme sujet de désir, Mireille se trouve, nous l'avons vu, la plupart du temps dans un intervalle (ce qui se montre d'une façon assez saisissante dans l'apparition et la disparition du *JE*). C'est seulement face à la maladie qu'au niveau du désir l'enfant a, semble-t-il, le droit de se compter (du fait qu'elle s'y annule). La maladie, Mireille y disparaît et s'y accroche en même temps. Elle y disparaît pour que le dialogue avec l'Autre se fasse par le biais de son symptôme (c'est sa folie qui occupe les adultes). Elle s'y accroche et puise dans l'imaginaire une réponse qui devient un point de repère, même s'il s'agit d'un alibi (Mireille dans la situation transférentielle me demande de participer à son jeu de défense). L'enfant tout au long de la cure recherche dans le discours de l'Autre un élément tiers qui interviendrait pour introduire un ordre, afin de la soustraire à une situation duelle sans issue — mais elle se heurte alors au vœu du père : « C'est franc voleur ou bel assassin que je veux être » — c'est-à-dire : j'entends demeurer en marge de toute Loi, moi représentant de la Loi [1]. Les accès de violence d'un père meurtrier en puissance mettent Mireille dans un désarroi *qu'elle ne veut pas voir*. Ce père la séduit par son intelligence, bien qu'il la mette en danger sur un autre plan; sa mère, elle la méprise dans tous les domaines. L'enfant n'a personne *sur qui compter*, et en fin de cure, rappelons-le, « c'est compter qui reste ma difficulté », nous dit l'enfant qui formule le vœu de pouvoir situer quelque part une image de Père transcendant (en opposition) au père réel pour qui *compter* signifie : meurtre ou suicide). Intuitivement la fillette connaît les repères qui lui manquent, mais elle

1. Le père est un haut fonctionnaire dans la Police.

a bien du mal à faire le deuil des repères en défaut chez les parents, chez le père en particulier. C'est là que se noue le point d'impasse.

L'enfant, dans ses progrès, participe donc aux effets produits dans l'inconscient des parents.

Nous distinguons dans la cure deux mouvements : Dans l'un, Mireille répond au désir inconscient de la mère en se situant comme *objet* servant à masquer l'angoisse de celle-ci. Il suffit d'une maladie, n'importe laquelle pourrait faire l'affaire. Ce qui compte, c'est d'éviter la dépression de la mère en lui donnant préoccupations et soucis. A ce niveau-là, on peut dire que Mireille est le symptôme des parents, de la mère en particulier. La situation transférentielle nous fait comprendre que si dans un premier temps la maladie de la famille c'est Mireille, c'est ensuite moi qui prend le relais et qui supporte l'angoisse parentale. Ceci permet à l'enfant une évolution en son nom propre. Ici se situe le deuxième mouvement qui ne peut se distinguer toujours radicalement du premier. Mireille y apparaît comme *sujet* tout en continuant à être le symptôme de quelqu'un.

Dans le premier mouvement, la cure ne se fait pas en son nom. Elle est successivement Mireille + Mme M., Mireille + Mère, Mireille + tante Eugénie, Mireille + cousine. Je suis complice de ce qu'elle ne veut ni voir ni entendre; elle me fait participer à son jeu de défense tandis qu'elle se défend d'autre part dans la situation transférentielle contre toute menace de dévoration voyeuriste. Mireille m'annule en tant qu'Autre dans ses crises hypomaniaques, et c'est à travers des déguisements divers qu'elle va ensuite se donner à voir. Le *JE* s'éclipse, le nom s'efface. Lorsque Mireille apparaît dans le discours sous le déguisement de Mireille + sa mère, c'est pour désigner de cette place que la comédienne, la vraie, c'est l'Autre et pas elle. Nous l'entendons également à travers le discours de tante Eugénie, la tante schizophrène aimée par le père; elle s'affirme comme Mireille sotte à l'instar de la cousine oligophrène du même âge, dénommée Mireille, et enfant préférée de la grand-mère paternelle. Il y a là comme une fuite dans une série d'identifications, identification même à l'image du père (c'est le discours du père qu'elle nous livre par instants). Ce sont des fuites successives au cours desquelles l'enfant semble se retenir dans une certaine capture narcissique pour se défendre contre l'angoisse d'un arrachement possible aux identifications parentales. Mireille n'arrive à l'affronter qu'à travers le circuit des mythes qu'elle fait surgir d'elle-même, en quête désespérée d'une possibilité de symbolisation. C'est là qu'elle se trouve renvoyée au problème propre des parents, que se superpose leur discours et que s'engage entre elle et eux ce jeu de leurre. Lorsque dans la cure l'enfant semble prête à démarrer, le père à ce moment intervient dans le réel par des agressions, la ramenant ainsi sur un terrain où tout processus de symbolisation ne peut qu'être voué à l'échec. L'enfant s'efface à ce moment-là devant le signifiant de la maladie pour demeurer sous cet emblème marquée du signe de l'Autre.

Ici se situe le second mouvement, où elle découvre la nature du symptôme : « Est-ce bien d'être anormal si on le fait exprès ? » est la question posée à sa mère — tandis qu'elle me fait cet aveu : « C'est avec toi que je suis folle, pas avec les autres », signifiant ainsi qu'on est fou pour un Autre, avec un Autre et que, mon Dieu, elle est prête à se contenter de ma personne. Je suis ainsi devenue celle pour qui elle réserve son symptôme. Si Mireille a recouvré une intelligence normale [1], une adaptation scolaire suffisante, si son langage est devenu cohérent, il n'en demeure pas moins que sur le plan de l'analyse on ne peut la déclarer guérie. Elle garde la possibilité pour quelqu'un d'autre de recourir à d'autres symptômes.

Le problème de la castration n'a pas été abordé dans la cure ou plutôt, lorsque Mireille a eu l'air d'introduire cette question, c'est à travers les parents que l'interrogation s'est posée, entraînant les réactions persécutives de ceux-ci. Mireille ne peut en effet s'appuyer sur le phallus comme manquant à la mère, sans entraîner à chaque fois l'effondrement de celle-ci. Quand l'enfant se trouve portée par sa question, elle cherche en vain un axe autour duquel ordonner ce qu'elle dit. Il n'y a pas de saisie du Nom du Père, il n'y a pas de référence possible à la mère, l'enfant se trouve dans le vide. C'est

1. Ayant un niveau non homogène aux tests, elle réussit des épreuves de raisonnement mathématique d'adulte moyen mais échoue à une question de calcul de 9 ans. Mireille réussit également des épreuves d'ingéniosité de 14 ans tout en échouant à une question facile de 8 ans. Elle réussit ce qui lui plaît. L'examen est un jeu. Le meneur de jeu, c'est elle.

de ce vide qu'elle me regarde. Si je donne un sens à son discours, elle défait son jeu, mais s'angoisse lorsqu'une possibilité de symbolisation surgit. Dans le jeu de leurre qu'elle mène avec les parents ou l'analyste, il n'y a pas de symbolisation du désir de l'Autre; c'est avec son symptôme de folle qu'elle va se faire l'enjeu, d'où les fuites dans une série d'identifications dans lesquelles nous voyons Mireille se dédoubler à l'infini.

Nous avons rencontré dans la cure, trois sortes de discours :

1°) L'enfant est parlée par sa mère, par la tante Eugénie, par la cousine, par Mme M., par son père.

2°) Quand elle parle, elle, comme sujet, il n'y a rien : car d'enjeu, il n'y en n'a pas. Elle amène les mots-clés du non-dit, les mots majeurs circulent, noyés dans le discours, mais ne s'inscrivent pas dans un mouvement de signifiance.

3°) Sous l'effet d'une structuration dans l'analyse, la présence de Mireille se fait sentir, et c'est sous la forme de la négation que le *JE* va d'abord prendre un sens. C'est le *je ne veux pas revenir* du début de la cure, le *je ne veux pas mourir* de la fin. Entre ces deux mouvements, l'enfant va faire surgir les mythes; mais c'est dans le vide que les signifiants vont tourner; le Bien, le mal, la naissance, la mort, le père viennent là comme effets de suppléance à des significations perdues. L'effort de Mireille pour introduire ensuite l'image de la bonne grand-mère paternelle « qui dans son enfance lui racontait des histoires d'un homme », signe, peut-être, la date où une hystérie a essayé de se structurer comme défense contre des mécanismes psychotiques.

Dans l'analyse, il y a eu transfert, dans la mesure où, malgré son angoisse devant toute symbolisation, quelque chose de l'ordre symbolique est tout de même arrivé jusqu'à elle.

Mireille est-elle oligophrène ou psychotique ? telle est la question posée en début de cure. En fin de cure, je me demande si l'analyse n'a pas fait d'elle à un moment une hystérique avec identification à la tante psychotique. Je pose la question de savoir si l'éclosion psychotique ne s'est pas produite parce qu'à un moment donné l'hystérie n'a pas réussi à s'installer comme système de défense. Les diagnostics d'oligophrénie et de psychose ont été posés à des moments précis de l'histoire de l'enfant mise en difficulté avec ses repères identificatoires. La durée exceptionnellement longue de la cure est due à la relation particulière qui lie l'enfant à un père paranoïaque et pervers, à une mère hystérique et « débile ». Cela pose d'ailleurs un problème délicat quant aux limites de l'analyse chez des enfants élevés dans des foyers très perturbés. Écoutons pour terminer la mère de Mireille : « Jacques, 7 ans, dit maintenant tout ce que Mireille racontait de cochon, d'insensé, de pas comme il faut. Il n'a plus aucune retenue. Il faudrait que je vous l'amène, mais c'est assez d'avoir eu un enfant en psychanalyse, je ne vous donnerai pas l'autre. » Au moment où Mireille n'est plus à cette place qui cache à la mère sa propre angoisse, Jacques n'entre-t-il pas dans le jeu, voire dans le filet tendu par la mère pour sa propre satisfaction ? C'est la question que je me pose à l'instant où l'enfant, à une des dernières séances, me lâche ces mots : « Ma difficulté c'est qu'il me faut toujours quelqu'un pour parler à travers. » Il ne s'agit pas nécessairement d'un personnage réel. L'aveu de ce qu'elle appelle « difficulté » désigne en fait une impasse. C'est sur ce point qu'elle nous a ramené continuellement dans la cure, désignant le champ où elle se perd, se cache ou se déguise.

Conclusions

Dans la préface qu'il a donnée au *Wayward Youth* de Aichhorn [1], S. Freud admet que la recherche psychanalytique s'est déplacée de l'étude du névrosé à l'étude des enfants. Et il ajoute : « L'analyse a montré comment l'enfant vit, inchangé dans l'homme malade aussi bien que dans le rêveur ou l'artiste. »

La psychanalyse des enfants suppose une démarche qui dans son essence ne diffère pas de l'analyse des névrosés adultes. Dès qu'une question est posée dans une analyse, elle l'est à partir d'un Autre, sur l'autre qui est dans le patient [2]. L'analysé se constitue comme sujet parlant, à partir du sentiment qu'il s'adresse à quelqu'un qui est marqué par une expérience qui leur est commune. Cette relation de confiance se fonde sur le modèle de la relation la plus primitive qui lie l'enfant à sa mère : c'est en tant que sujet regardé par l'Autre qu'il s'est, à l'origine, constitué comme sujet parlant — l'échec de cette relation est lié à ce qui fut faussé dans la dialectique mère-enfant et ceci resurgit dans le type de discours articulé en analyse.

Dans le jeu qui s'instaure à partir de la demande de l'enfant, si la réponse maternelle donne à l'enfant l'impression qu'il est rejeté comme sujet désirant, il restera identifié à l'objet partiel, objet de la demande maternelle, sans pouvoir jamais aller au-delà, sans pouvoir s'assumer dans une parole à lui. C'est là que nous pouvons situer le nœud des formations psychotiques. Là où les analystes nous parlent d'environnement, de milieu, de comportement, il faut répondre par l'analyse du type de discours tenu par les parents

1. S. Freud, *Preface to Aichhorn's Wayward Youth,* in *Collected Papers,* vol. XIX, p. 274.
2. J. Lacan, *Les formations de l'Inconscient,* in *Bulletin de Psychologie,* 1957.

devant (ou à) l'enfant. C'est en comprenant ce qui, dans la parole adulte, a marqué l'enfant, que nous arrivons à rendre un traitement possible. Dans une anamnèse psychanalytique, ce ne sont pas tant les faits correctement rapportés qui comptent, que le sens qui va pouvoir leur être donné dans ce qui est en jeu à travers le message livré à l'analyste. Nous sommes confrontés aux effets de ce qui a été dit et tu à l'enfant. L'abord de la psychose restait impossible tant que le fou demeurait pour l'analyste un autre étranger à lui-même (c'est-à-dire, tant que la résistance de l'analyste prenait appui sur le fait que le fou c'était l'Autre et non pas lui). C'est en reportant l'interrogation de l'inanalysable de la psychose sur l'analyste[1] et non plus sur le malade, que l'on rendit possible la situation analytique.

En psychanalyse d'enfants, il convient de même de pouvoir s'interroger d'abord sur cet autre en nous — c'est-à-dire d'arriver à déterminer ce qui nous définit par rapport à l'enfant que nous traitons. En étant à l'écoute de ce que l'enfant et les parents nous disent, nous sommes amenés à nous repérer par rapport au discours qui se tient, c'est-à-dire à situer à qui nous sommes identifiés.

Toute démarche analytique inclut le transfert (aussi bien celui du patient que celui de l'analyste); ceci implique la mise à jour du jeu complexe de l'identification. A méconnaître cette nécessité, l'analyste risque de traiter l'enfant comme un autre absolu, afin de se débarrasser par projection ou refoulement de cet autre qui est en lui. C'est ainsi que l'on transforme le malade en un objet étranger, prenant pour lui des mesures au lieu de l'amener à donner un sens au malaise dans lequel il est aliéné. *On cherche à introduire un milieu meilleur, sans penser que le milieu c'est avant tout le discours collectif dans lequel le sujet se trouve pris.*

L'étude du mécanisme identificatoire ne signifie pas que l'on se définisse comme père, mère, enfant, ces termes pouvant se révéler interchangeables. Il s'agit pour l'analyste d'admettre ce qui est en jeu pour lui dans une situation (c'est-à-dire de définir le rapport qui le lie à son propre désir). Ce qui se joue ainsi dans une situation relationnelle, c'est le rapport de chaque partenaire à l'objet de son

1. P. Aulagnier, *Essai d'approche d'une conception psychanalytique des psychoses* (inédit), cours à Sainte-Anne, service du Dr Daumezon, 1964.

désir à partir de ce qu'il imagine être le rapport de l'Autre à lui comme objet du désir.

Lorsque la mère *demande* à son enfant d'être propre, l'enfant lui « donne » ses excréments en les *identifiant* à l'objet de la demande — mais ce que la demande maternelle (obéissance) vise en fait est le *sujet :* elle cherche en lui quelque chose qui est de l'ordre de son propre désir (et elle identifiera l'objet de sa demande à celui de son désir) [1]. La question que va soutenir l'enfant, c'est : « Que veut ma mère ? » La réponse, nous savons qu'il ne la trouvera que lorsqu'il aura pu faire intervenir dans sa relation à la mère quelque chose qui est de l'ordre de la Loi (ce qui suppose le dépassement du complexe de castration). Tant qu'il n'y sera pas arrivé, il oscillera dans un conflit identificatoire.

Ce que nous voyons à l'étape dite prégénitale, c'est la façon dont le sujet intériorise un type de rapport à l'objet partiel dans sa façon de se désigner à l'Autre comme objet de désir. C'est cela, cette désignation de lui-même comme objet de désir, que nous devons saisir dans son message. Nous pouvons évidemment, d'une façon descriptive, parler de l'identification du sur-moi de l'un à celui de l'autre. Ce n'est pas cela qui m'intéresse. J'ai cherché, tout au long de ce livre, à me dégager d'une description formelle en vue de l'approche dynamique de ce qui est en jeu dans une situation. M. Klein nous en a d'ailleurs donné l'exemple en parlant toujours de positions et de situations, et non de stades de développement. Seulement, son souci constant était d'offrir une possibilité de contrôle expérimental. Elle s'est efforcée de situer ses découvertes cliniques dans une évolution qui tienne compte de ce qui a été désigné sous le terme de développement affectif d'un individu. On a pu suivre dans ce livre une démarche plus limitée; mon souci fut de rendre compte du drame analytique et de montrer comment il n'est possible de le dégager qu'au prix d'une technique liée à une certaine conception de l'analyse. Là où les behaviouristes invoquent l'influence de *l'environnement,* nous constatons les effets de paroles entendues, comprises ou non, et qui forment une autre sorte d'environnement immatériel dans une perspective qui n'est plus

1. Développé par P. Aulagnier, *Sur le concept d'identification* (inédit), cours à Sainte-Anne, service du Dr Daumezon, mars 1964.

celle de la biologie. Je suis à l'écoute d'un vaste discours, non seulement celui qui est tenu par l'enfant et sa famille, mais celui qui a été tenu dans le passé et ce que l'on peut savoir, ou reconstruire, du discours dans lequel l'enfant a vécu auparavant.

Je montre [1] pourquoi c'est à l'analyste de leur enfant que les parents ont à apporter une parole. Je me suis opposée dans ce livre à la conception d'une psychanalyse définie comme « expérience corrective » à continuer par la mère chez elle. J'en ai fait entrevoir le caractère trompeur. Les auteurs qui mettent ainsi les familles en tutelle ne s'interrogent jamais sur la place de la parole de la mère dans le monde fantasmatique de l'enfant, ni sur la place du père dans la parole de la mère (les faits, à être entendus dans leur réalité, laissent échapper leur sens). On convient que tel père est « mauvais », sans approfondir ce que recouvre la plainte maternelle et sans s'interroger sur le bénéfice retiré par elle d'une situation qu'elle se plaît à décrire. A étudier l'enfant comme phénomène, on se prive de l'apport nécessaire de la parole parentale — ou lorsqu'on la sollicite, c'est à titre d'information pédagogique —; on ne semble guère se préoccuper de ce qui est en jeu dans le fantasme du désir parental. A obliger les parents à une analyse personnelle, on ne voit pas qu'il est vain d'analyser une mère pour son compte à elle, *lorsque son compte à elle est à ce point l'enfant, qu'elle exprime sa présence à travers le symptôme de ce dernier* (symptôme qui porte la marque du désir maternel). J'ai montré comment l'analyse séparée de la mère et de l'enfant laisse vierge le véritable terrain où se constitue la parole de l'enfant *et* de la mère. Dans ce discours symptomatique qui se tient à la maison [2] l'analyste est présent; s'il n'entend pas la mère, il ne peut comprendre la place qu'il occupe dans son fantasme. Et faute d'être entendue par l'analyste de son enfant, la mère risque de rester à l'abri derrière l'organisation de ses défenses. Ce que la mère *dit* arrive, bien sûr, à travers la parole de l'enfant; mais dans ces cas l'amélioration de l'enfant crée chez le parent pathogène des crises somatiques ou psychiques graves. En fin de compte, le symptôme demeure parce que l'analyste s'est fait à son insu le complice d'une parole trompeuse. Dans

1. Chapitre sur *le Symptôme ou la Parole,* 2e partie.
2. Cf. mon analyse des travaux de D. Burlingham et André Lussier.

tous ces cas, c'est la croyance à une explication positive qui est venue gêner la marche d'une cure. Tout au long de ce livre, j'ai insisté sur la nécessité de pouvoir repérer ce que représente l'enfant dans le monde fantasmatique des parents (et, bien sûr, aussi dans celui de l'analyste) — car l'enfant n'est pas seulement l'objet de toutes les projections, mais encore ce qui sert à masquer le manque à être de l'adulte. Je crois avoir montré aussi que le sens ne peut apparaître dans une analyse qu'à mieux situer le sujet dans son discours par rapport à sa demande et à son désir.

Ma démarche n'a rien de commun avec ce qui est désigné habituellement sous le nom de *Family Psychotherapy* [1]. Les auteurs en question s'élèvent contre les analystes « missionnaires » qui viennent au secours des enfants perturbés en « tuant » les mères (on les surnomme *mother killers*); il faut, disent-ils, « sauver la famille pour sauver l'enfant ». Les moyens mis en œuvre par eux sont toutefois issus d'une même veine évangélique. On persuade, on rééduque, on s'offre même comme image orthopédique. Or, lorsque Freud compare l'analyse du névrosé à une « post-éducation », il précise bien que cela n'a rien à faire avec une quelconque forme de rééducation ou de pédagogie. Il s'agit de l'effet produit par l'analyse elle-même dans la façon dont le patient peut désormais s'ouvrir en son nom propre à ce qu'on appelle éducation morale.

Lorsque nous écoutons le discours parental, c'est parce qu'il explique ce qui chez l'enfant ne peut être nommé. L'écart entre la parole de l'un et celle de l'autre fait surgir parfois la raison d'être d'un malentendu (il peut être utile d'en étudier ensuite le sens avec l'enfant). Erikson a su d'une façon magistrale utiliser la mise à jour dans la cure de l'enfant du *non-dit* [2]; cela s'est révélé particulièrement important dans les névroses dites traumatiques. Les difficultés commencent comme on l'a vu lorsque l'auteur aborde le problème des psychoses, car il s'écarte à ce moment-là de l'étude du langage pour s'appuyer sur une théorie du développement qui ne lui permet pas de saisir ce qui est véritablement en question dans une cure.

Notre recherche s'efforce justement de rendre compte du drame

1. Nathan W. Ackerman, *Family psychotherapy,* in *American journal of psychotherapy,* vol. XX, nº 3, july 1966.
2. Erik H. Erikson, *Childhood and Society,* Norton, 1963.

de la psychose. C'est un *message* que nous cherchons à dégager. Au-delà d'une description nosologique, je m'arrête au sujet qui *manque* dans le diagnostic. Sa place est à repérer dans un vaste discours qui implique enfant, parents et analyste. Mes conceptions rejoignent sur ce point les positions définies par Laing et Esterson dans leur livre *Sanity, madness and the family* [1]. Mais si Laing a basé ses études sur des malades non suivis en traitement, je me suis au contraire efforcée de lier étroitement l'objet de ma recherche au mouvement même de mes cures. Et ce qui m'a servi de repères, c'est le fait de chercher l'énigme du symptôme par une attention portée sur l'ensemble du *discours* de l'enfant et des *parents*.

Mon action est liée aux effets, dans le discours, des tensions, compromis, malentendus, etc., dont la signification dans l'histoire individuelle de chacun peut s'éclairer en référence au drame œdipien et à l'expérience de la castration. La découverte du sens jaillit d'une situation conflictuelle (support de désirs contradictoires). L'enfant répond par son symptôme à ce qui a été annulé ou détruit dans le fragment du discours de l'adulte. Sa parole se constitue à partir du lieu de l'Autre, elle est liée à la façon dont chez l'autre se sont structurées les relations de parenté, la métaphore paternelle, etc. [2]. Son avènement en tant que sujet dépend du désir parental de le laisser naître ou non à l'état de désirant. Dans le transfert qui se constitue, parents et enfant se trouvent à un moment confrontés avec ce qu'ils croient être le désir de l'analyste.

L'évolution d'une cure implique la mise à jour de ce qui est en jeu dans l'épreuve de séparation enfant-parent. Cette séparation est vécue en référence à l'analyste, à travers le vœu de mort, et c'est alors comme objet manquant à l'autre qu'enfant et parent s'affirment.

1. « Nous répétons que, quant à nous-mêmes, nous n'employons pas le terme schizophrénie pour indiquer quelque considération reconnaissable que nous penserions exister « dans » une personne. Toutefois, pour autant que le terme résume un ensemble de jugements cliniques portés par certaines personnes sur l'expérience et la conduite de certaines autres, nous conservons ce terme pour désigner cette série de jugements. Nous mettons entre parenthèses toute décision en ce qui concerne la validité ou les implications d'une telle série de jugements. » Cependant ces auteurs se placent dans une perspective différente (phénoménologique ou existentielle).

2. Ce que le sujet rencontre c'est le signifiant de l'Autre.

L'analyste est mis en demeure de choisir qui il accepterait de perdre. L'enfant, dans ses efforts pour se constituer comme sujet, rencontre ce qui dans l'inconscient des parents fait obstacle à l'avènement de son être. Autrement dit, il ne peut s'engager dans la dialectique de la castration sans mettre en cause d'une certaine façon le parent auquel il est lié. La cure de l'enfant touche à la position de l'adulte face au désir [1]. L'analyste doit pouvoir se situer dans le discours qui se tient de façon à rendre possible une dialectique. Et c'est alors du vœu de mort qu'une parole vraie surgira. C'est encore à partir de la mort, de la division, de l'aliénation que se constituera dans l'analyse le sujet, comme sujet qui parle, c'est-à-dire comme sujet né d'un drame, marqué et façonné par lui.

1. « L'important est de saisir où se fait l'enracinement de l'organisme dans la dialectique du sujet. Cet organe de l'irréel dans l'être vivant, c'est lui que le sujet à un moment vient placer au temps où s'opère sa séparation. C'est de sa mort que réellement, il fait l'objet du désir de l'Autre. Tous les objets autres qui vont venir à cette place en seront des substituts empruntés à ce qu'il perd, l'excrément, ou à ce qu'il trouve dans l'Autre qui soit support de son désir : son regard, sa voix. » J. Lacan, *Position de l'inconscient, Écrits,* p. 829.

Appendices

1
*La débilité mentale en question**

FREUD OUVRE UNE ÉPOQUE

Si on interroge le passé, on s'aperçoit que ce sont les administrateurs et les juristes qui ont été chargés par la société de tracer la limite acceptable entre la raison et la déraison. La folie, à la suite de la lèpre, s'est trouvée ainsi, à un moment de l'histoire, isolée, puis définie par l'Église et la jurisprudence. C'est semble-t-il un juriste, Zacchias [1], qui au XVIIe siècle donne une analyse tellement fine de l'imbécillité qu'elle va être reprise ultérieurement par un médecin, Esquirol, dans sa classification des débiles mentaux.

Au XVIIe siècle, on peut déjà voir la préfiguration de ce qui va s'élaborer plus tard sous le nom de tests de niveaux. Des catégories de débiles mentaux sont mises en évidence selon l'adaptation ou le rendement social. Il n'importe pas tant de connaître le débile que de lui assigner une place juridique, dans une société soucieuse avant tout de sauvegarder les biens de la famille.

Une relation humaine correcte n'a pu être établie avec l'aliéné, le simple d'esprit, le débile mental. Et c'est de cette faillite que va naître toute la rationalisation scientifique des troubles de la déraison. La *vérité* de la folie, de l'insuffisance mentale est mise à l'étude.

C'est à Tuke et Pinel que nous devons l'introduction du médecin dans l'asile, et ceci au moment même où ces éminents psychiatres découvrent le *rôle non médical* du médecin et font de la relation médecin-malade le support essentiel de toute thérapeutique [2]. Cependant,

* Paru in nº spécial d'*Esprit,* « L'Enfance handicapée », novembre 1965.

1. Cité par Michel Foucault (Zacchias : « *Quaestiones medico-legales* », Lyon, 1674).

2. Michel Foucault, *Histoire de la folie*, Plon, 1961.

c'est sous la forme du *justicier* que le personnage médical est introduit par eux, créant ainsi pour le fou un autre univers concentrationnaire. Libéré de ses chaînes, il est soumis à un procès moral, il se trouve entraîné dans une autre forme d'aliénation de son être. La folie, disent les spécialistes de l'époque, il ne s'agit pas tant de la connaître que de la maîtriser (arriération et psychose forment à ce moment une seule et même entité nosographique).

Cette ouverture rendue possible par la découverte du lien médecin-malade, il faut attendre Freud pour qu'elle prenne un sens et devienne effective. C'est lui qui va nous permettre, à travers le non-sens, de renouer avec le sens.

C'est comme clinicien que Freud est ouvert à toutes les découvertes. Il se méfie de l'esprit de classifications et se met à l'écoute de la souffrance qui parle dans son malade à son insu. Il ne se situe pas face à la *vérité* de la folie, mais face à un être de parole détenant une vérité qui lui est cachée, dérobée, ou qui ne lui appartient plus. Ainsi s'est ouverte une époque nouvelle pour la psychiatrie, et le rôle des psychanalystes devrait être avant tout de ne pas laisser se refermer cette ouverture. On peut craindre que le succès même de la psychanalyse, d'une certaine façon, n'arrête et ne fige ce mouvement à mesure qu'inévitablement elle s'institutionnalise. C'est un fait que beaucoup de psychanalystes se détournent de ce qui est débilité mentale et se dérobent au dialogue qui s'est instauré au sujet de cette affection. Ils ont mis quelque temps à admettre la psychose dans leur domaine. Même Freud la croyait inaccessible à l'analyse. C'est peu à peu, à la suite de succès isolés et d'abord contestés, que l'analyse s'est trouvée devenir le meilleur abord de la schizophrénie. Peut-être faut-il se demander si l'extension de la psychanalyse à certains cas de débilité mentale ne va pas suivre un chemin analogue.

Les obstacles qui faussent la communication entre l'homme normal et le débile semblent être les mêmes que ceux qui au cours de l'histoire avaient rendu impossible l'abord de la psychose [1]. La négation, le rejet, puis l'objectivation du fou comme matière d'étude scientifique sont le résultat d'une méconnaissance chez

1. N'oublions pas qu'au sein de la psychose, l'arriération mentale avait à un moment sa place.

l'homme dit normal, non seulement de sa propre peur, mais aussi de ses rêveries sadiques, et encore des mythes et superstitions qui ont peuplé son enfance et se continuent en lui, à son insu. Quand l'adulte se trouve face à un semblable qui n'est pas à l'image de ce qu'il croit pouvoir en attendre, il oscille entre une attitude de rejet et de charité. Qu'il veuille à l'autre du mal ou du bien, là n'est pas la question. Le problème ne se pose pas au niveau des bonnes intentions, mais à celui, bien plus obscur, qui les sous-tend. Tout être humain qui, par son état, rend impossible certaines projections, provoque chez l'autre un malaise, — malaise nié, dont les effets vont se produire sur le plan imaginaire; ces effets, nous avons pu au cours de l'histoire en mesurer le caractère absurde (allant du rejet de l'aliéné au-delà des mers jusqu'aux mesures inhumaines d'internement, en passant par des soins « médicaux » les plus propres à frapper l'imagination). C'est le côté spectaculaire de ces mesures qui, par leur non-sens même, nous indique une direction à suivre pour que, de l'absurdité même des mesures coercitives exercées, un sens puisse se dégager. Un abord plus correct de l'aliénation semble avoir eu pour point de départ la mise en question de l'adulte face à un phénomène qui le dépasse et auquel il réagit d'abord en y résistant.

Cette situation, par ce qu'elle sous-tend comme ségrégation larvée, a quelque chose de commun avec certains racismes. Ce qui se passe entre un colonialiste raciste et un indigène n'est pas exactement la même chose que ce qui risque d'arriver entre un adulte normal et un enfant arriéré : ce serait en effet laisser croire que l'arriération n'existe pas. Pourtant, c'est par ce biais que la question mérite d'être introduite, si on veut comprendre quelque chose au malentendu actuel dans le domaine de l'arriération mentale. Ce malentendu est à la base même de nos conceptions pédagogiques et psychothérapiques et vaut la peine d'être examiné de plus près; il y a là en effet une possibilité d'impasse dans laquelle la rééducation, aussi bien que la psychanalyse, risque de se perdre. La mise en question de l'une et de l'autre, face au problème très particulier de l'arriération mentale, me semble une entreprise aussi nécessaire qu'urgente, à un moment où l'impulsion donnée par Freud à la recherche semble quelque peu se figer et où la présence trop rare d'analystes dans le travail hospitalier amène l'équipe des spécialistes de l'enfance inadaptée à se référer plus volontiers à Itard, à Piaget, à Decroly, qu'à Freud — c'est-à-dire à nous réduire tout au plus aux méthodes pré-analytiques ou à leur perfectionnement.

Ce qui nous gêne aujourd'hui encore, aussi bien en pédagogie qu'en psychanalyse, c'est la prépondérance des théories de développement. Celles-ci ne tiennent compte de l'histoire du sujet que pour autant qu'elle vient favoriser ou empêcher une « maturation ».

Un parallèle est dès lors établi entre le développement du corps et le développement mental, parallèle des plus discutables, puisque la psychanalyse nous montre de mieux en mieux à quel point ce qui compte dans un sujet, ce n'est pas ce qui lui est donné au niveau des besoins, mais la parole ou son absence à laquelle le donné, le senti le renvoient, introduisant ainsi le champ de l'Autre sans lequel toute étude de l'arriéré se trouve réduite à une description dans une perspective purement statique, décourageant à l'avance toute idée de progrès.

L'ERREUR D'ITARD

L'expérience d'Itard [1] (si mal comprise de nos jours puisqu'on s'y réfère avec constance au niveau le plus naïf) est l'illustration même de ce qui nous arrive aujourd'hui encore face au problème de l'arriération mentale. Le pédagogue cherche à imposer au débile sa propre conception du monde, le psychanalyste en est encore souvent à osciller entre la curiosité intellectuelle et le rejet du sujet débile, — de ce sujet, inintéressant, nous dit-on, à cause de la pauvreté même de son langage. Or, l'expérience du sauvage de l'Aveyron est à chaque instant si poignante, justement parce que le principal souci d'Itard, c'est de le faire entrer dans l'univers de la parole. Mais ses conceptions a priori en ce qui concerne la nature du langage font qu'en réalité il a barré le chemin aux possibilités que pouvait avoir encore son élève. Cette

1. Lucien Malson, *Les enfants sauvages, mythe et réalité,* suivi de *Victor de l'Aveyron* par Jean Itard, Collection 10-18.

erreur saute aux yeux de tout psychanalyste qui lit sa remarquable observation, mais les pédagogues ne la remarquent point et sont comme fascinés par l'ingéniosité dont il fait preuve sur ce chemin erroné. Le mérite d'Itard, c'est qu'il ne refuse pas l'inconnu de l'aventure clinique, mais il ne peut pas à cette époque être assez libéré de ses préconceptions. Ses méthodes sont encore aujourd'hui reconnaissables à la base des procédés de rééducation les plus employés. L'expérience d'Itard est là pour montrer aux analystes, médecins et pédagogues, que toute recherche dans ce domaine ne peut commencer que par une démarche les concernant. Quel est le piège dans lequel Itard dès le départ semble être tombé ? Ses réactions ne sont-elles pas déterminantes pour notre propre relation à l'enfant arriéré ? C'est la question que je pose. On attendait du sauvage la révélation philosophique de l'homme naturel à l'état pur et on pensait dans ce domaine apprendre tout de lui. Pinel, au contraire, en faisait un anormal incurable. Le but d'Itard, c'est de montrer quelles sont les ressources de la pédagogie, — mais il lui suffit en fin de compte d'obtenir une sorte de dressage supérieur et il s'en montre satisfait.

Itard s'imagine que Victor vit dans le monde du pur besoin (malgré tous les signes contraires, que d'ailleurs il note honnêtement) et que c'est sur cette base qu'il peut construire sa rééducation (ce n'est pas par hasard qu'un parallèle a été fait avec l'arriéré profond).

Victor se trouve ainsi pris comme objet de soins et de curiosité, pour devenir ensuite l'objet de mesures rééducatives et c'est ici, très exactement, que va se nouer un certain malentendu fondamental.

Victor n'est pas encore en état d'articuler une demande. Ceci semble angoisser le médecin puisque c'est bien à partir de cette non-demande de l'enfant que l'adulte lui oppose successivement l'attitude de dévouement, de rejet, pour enfin le garder par devoir. L'état de Victor est finalement *subi* et nous retrouvons ici le schéma même d'un certain type de relation mère-enfant chez l'arriéré — type de relation qui crée justement une sorte d'assujettissement de l'enfant à l'Autre. C'est à partir de cet échec d'une relation humaine correcte qu'Itard va innover des systèmes de rééducation — la théorie ayant pour mission, comme au cours des siècles passés, de colmater le désarroi créé par l'impuissance de l'adulte. Tout au long de l'expérience d'Itard, nous retrouvons, au cœur même du problème qui se pose, l'échec dans la communication avec l'Autre.

Que voyons-nous au niveau de la stricte observation ? Un adulte en désarroi devant un enfant qui n'articule aucune demande. L'adulte voudrait, à partir de cette absence de demande, retrouver chez l'enfant un désir. Mais il semble qu'il n'y ait pas de place pour la reconnaissance du désir chez un adulte qui se réfère sans cesse au besoin.

Pour le médecin, les mots traduisent l'expression d'un besoin (Victor est censé prononcer le mot lait pour demander du lait). Or, l'enfant en use comme à plaisir dans un jeu entre lui et les mots (lait a pour lui une signification indifférenciée. C'est un phonème au niveau duquel il paraît se soutenir).

Tout au long du récit, Itard nous montre, sans le comprendre, que l'enfant tend à user du langage à son plaisir sans en faire une demande. Mais c'est une demande qu'il continue à exiger. C'est cela qui infléchit la rééducation vers le dressage.

Ce qu'a fait Itard était incontestablement un énorme progrès pour son époque, mais s'il a su combattre les anciens préjugés au nom d'une admirable confiance dans la nature humaine, il risque de nous avoir lui-même laissé d'autres préjugés.

Nous pouvons reconnaître l'influence des idées d'Itard dans la situation actuelle. (Les progrès techniques certains accomplis sous son impulsion, dans le domaine de la rééducation, laissent cependant ouverte une autre question : l'expérience nous apprend qu'une rééducation ne s'avère efficace que dans les cas où, au-delà du symptôme à rééduquer, un message est d'abord à entendre. N'y aurait-il pas là aussi un thème à approfondir ?)

Le premier effet de notre intérêt pour l'enfant arriéré a été l'introduction d'une structure administrative visant à la prise en charge du déficient mental — prise en charge à vie dans certains cas. Les rouages administratifs nécessaires ne doivent pas nous faire perdre de vue leur caractère dangereux, s'ils ne se doublent pas d'une recherche clinique effective — et toute recherche clinique s'avérera stérile, si elle ne commence pas par une mise en question de nous-mêmes.

L'histoire est faite de conduites répétitives. Le danger est de s'installer dans un optimisme, dans une sûreté de conduite administrative, dont l'envers ne serait qu'angoisse et ignorance. L'utilisation du Q.I. règle ainsi bien souvent la position de l'adulte à l'égard de l'arriéré. Une place n'est-elle pas assignée à ce dernier, à partir de quoi tout rentre dans l'ordre ? Pour l'enfant, c'est à partir de cet ordre dans lequel on l'emprisonne que l'aventure commence.

L'ÉCOLE OU L'HÔPITAL : ALTERNATIVE NÉFASTE.

Dans le système administratif actuel, la loi d'obligation scolaire ne s'applique en fait qu'aux enfants reconnus normaux. Les classes surchargées transforment l'instituteur en « enseignant » qui ne peut rien faire d'autre que distribuer les connaissances du programme scolaire à ceux qui peuvent les absorber dans ces conditions. On en vient à méconnaître le problème fondamental qui se pose à l'écolier avant l'apprentissage des signes.

L'enfant a besoin d'apprendre d'abord *à se voir* d'une façon non mutilante pour son être, pour pouvoir se repérer ensuite, avec un corps par lui reconnu dans l'espace et le temps, et être enfin mûr pour un *savoir,* qui toujours subira des distorsions graves si le préapprentissage indispensable à cette connaissance scolaire n'a pas été effectué correctement. Ceci, bien sûr, dans les cas particuliers où l'enfant n'a pu arriver seul à se situer correctement par rapport à lui-même et à l'Autre. Mais tous ces enfants ne relèvent pas nécessairement d'une psychanalyse : ils sont entre 3 et 6 ans accessibles à une influence extra-familiale dans un milieu non névrosant. C'est l'échec de ces premières acquisitions qui se trouve être à l'origine de bien des dyslexies; on retrouve dans cet échec le nœud même d'un blocage chez toute une catégorie de débiles légers. Dès le cours préparatoire, ceux-ci vont connaître la hantise de la non-réussite, s'installer dans la queue de classe, ou connaître l'éviction du groupe scolaire normal, l'attente anxieuse d'une prise en charge en classe de perfectionnement ou en externat médico-pédagogique.

Il y a en France, selon les statistiques de Heuyer, 500.000 enfants déficients intellectuels. Combien de ces enfants (et je pense ici à la catégorie des débiles légers et à des cas dits limites) auraient-ils pu être récupérés dans un cadre scolaire normal, à même d'affronter les problèmes posés par leurs difficultés ?

Cette question mérite au moins une étude. Je la pose en interrogeant des données statistiques : le pourcentage de débiles mentaux varie de 1 à 16 % selon les pays et leur structure politique.

— Voyez, me rétorque-t-on, l'écart existant entre un pays à forte industrialisation et spécialisation (comme l'Angleterre) et un pays qui peut encore se permettre d'avoir une masse de main-d'œuvre non spécialisée (U.R.S.S. : 1 % de débiles).

Cette réponse ne me satisfait guère, car la Russie est un pays très attentif aux problèmes de l'enfance. Elle possède un éventail très large et bien équipé d'écoles. Il existe la possibilité pour l'enfant de passer sans cesse du circuit de réadaptation au circuit normal — et une possibilité de formation professionnelle précoce (9 ans), qui n'exclut pas la scolarité, est toujours offerte. L'apprentissage scolaire proprement dit ne commence guère avant 7 ou 8 ans. Pendant 4 à 5 ans, les petits apprennent à observer, à se servir de leur corps, ils sont initiés aux jeux d'adresse, à la danse, à la musique. Un apprentissage aussi tardif dans les classes primaires ne les empêche pas de rejoindre le niveau des classes secondaires au même âge environ que nos écoliers. Le système éducatif russe est conçu de telle façon que, dès leur jeune âge, les enfants ont l'impression d'être des sujets *œuvrants* au sein d'une communauté. Chez nous, l'enfant peu doué scolairement doit attendre 14, voire 16 ans, pour avoir accès à une formation professionnelle effective. C'est-à-dire que jusqu'à cet âge, on lui demande d'accepter passivement l'échec et une sorte de stérilité.

C'est ainsi que Pierre, 12 ans (Q.I. 0,70) est devenu un caractériel doublé d'un mauvais élève. Il sait à peine lire et compter « mais, au garage, me dit le père, c'est le meilleur des apprentis, le plus responsable ». Au bout d'un an de psychanalyse, le Q.I. de l'enfant se normalise. Étiqueté normal à toute une batterie de tests de niveaux, sa place n'est plus dans l'E.M.P. pour débiles qui l'avait accueilli.

Où est-elle, sa place ? Où le mettre en effet avec un niveau scolaire aussi bas ? De lui-même, l'enfant propose : « Qu'on me mette au garage et puis, le soir, je ferai du travail d'école, je suis sûr qu'alors ça m'intéressera. »

Cette solution est impensable dans notre système administratif. Elle pourrait être envisagée en U.R.S.S. Il y là, me semble-t-il, en suspens, une question qui mériterait un examen plus approfondi.

Zazzo nous dit que « les déficients mentaux posent en U.R.S.S. les mêmes problèmes que chez nous, mais ils sont abordés avec une autre attitude d'esprit, dans une autre perspective. Et, abordés différemment, les problèmes peuvent se modifier. »

Est-ce bien ainsi que la question se définit ? La débilité est-elle une constante naturelle qui se retrouverait d'un pays à l'autre, ou bien y aurait-il une loi sociologique favorisant ou empêchant le développement d'une catégorie d'handicapés ?

École ou hôpital est le choix que de plus en plus on tend à imposer chez nous. N'est-ce pas marquer par une réponse administrative un problème non encore étudié sur le plan clinique ? Cette réponse, tout comme la notion de Q.I., ne vient-elle pas là pour rassurer d'une façon un peu hâtive l'adulte, sans qu'ait été toujours clairement établi ce que l'enfant y gagne ou y perd ?

RENDRE LA PAROLE

Dans l'abord du problème de l'arriération mentale, la psychanalyse, sans nier le rôle du facteur organique dans bien des cas, ne le retient pas comme une explication radicale. Tout être diminué est considéré d'abord comme un *sujet parlant*. Ce sujet, n'est pas celui du besoin, ni encore celui de la conduite, ni même celui de la connaissance. C'est un sujet qui par sa parole adresse un appel, cherche à se faire entendre (fût-ce dans le refus), se constitue d'une certaine façon dans sa relation à l'Autre.

A travers son discours, il parle de lui-même à l'Autre, d'une façon mensongère, pathétique, morne ou vide, peu importe. Chez l'enfant arriéré, comme chez le psychotique, pour que ce discours advienne dans la cure, des conditions techniques précises sont requises. Un type de relation à la mère si particulier se crée en effet, que l'un ne peut être entendu sans l'autre. Il arrive même, dans des cas graves, que l'un ait besoin du support de l'autre pour s'exprimer dans un langage informe ou encore pour se souvenir... A d'autres moments, les progrès effectués par l'enfant ont besoin pour se maintenir que l'analyste reçoive en écho l'aveu de la part des parents de leurs propres fantasmes.

Le jour où, au cours de la cure de *Mireille*[1] (Q.I. 0,54), sa mère fait une dépression liée à une agoraphobie que l'enfant avait jusqu'alors pour mission de combler (« Qu'est-ce qui va m'arriver à moi, quand je n'aurai plus Mireille ? » — c'est-à-dire quand Mireille sera guérie), l'enfant en écho me livre ce discours : « Maman, quand elle est triste, ça lui manque de ne pas avoir un enfant. Elle en veut toujours d'autres à naître pour se sentir pleine au lieu du vide avec du manque. Être sans enfants, ça lui fait du chagrin. »

Mireille, en réponse à la mère, introduit d'ailleurs le thème d'une *poupée* dont elle a besoin comme d'une fille de vrai. « Mais, ajoute l'enfant, c'est à une poupée de rêve qu'on parle plus facilement. La poupée de vrai est d'ailleurs bonne à rien. C'est la poupée de rêve qui est bonne à tout. »

L'enfant semble exprimer ici sa réponse au fantasme maternel. Ce vide dans la mère qu'il lui faut combler en restant à sa place de débile, elle le rejoue avec cette poupée fétiche d'elle-même, et indique qu'il ne s'agit pas d'établir une relation, même imaginaire, à l'Autre. La vie n'est possible, a-t-elle l'air de nous dire, que dans une relation de rêve — d'ailleurs le remède contre la tristesse, n'est-t-il pas l'enfant ? Et où serait, dans cette relation, la place de Mireille comme sujet ?

Nulle part, semble-t-il, (si ce n'est dans la mère) puisque c'est à partir de cette dépression maternelle que l'enfant va perdre l'usage du je. Comment d'ailleurs traverser correctement l'épreuve œdipienne quand la mère, elle, n'y est pas parvenue ? Autant de questions qui sont celles même de la cure.

Le sujet dans son discours nous livre, à son insu, une forme particulière de relation à la mère (ou à son substitut). Sa maladie constitue le lieu même de l'angoisse maternelle, une angoisse privilégiée qui vient généralement en travers de l'évolution œdipienne normale. C'est cette valeur accordée par la mère à telle

1. Cf. ci-dessus chap. VII.

forme de maladie qui transforme celle-ci en objet d'échange sur un mode pervertissant puisque l'enfant, en refusant une véritable situation triangulaire, échappe ainsi du même coup à la castration. Il y a donc érotisation d'un certain lien à la mère, qui peut avoir lieu dans les tout premiers mois de la vie de l'enfant; elle peut n'intervenir qu'après l'acquisition du langage ou après l'autonomie motrice. L'étude plus approfondie de cette question permettrait peut-être d'expliquer le choix privilégié fait par l'enfant parmi les différents types possibles de réponses.

Même dans les cas où un facteur organique est en jeu, tel enfant n'a pas seulement à faire face à une difficulté innée, mais encore à la manière dont la mère utilise cette défectuosité dans un monde fantasmatique qui finit par leur être commun à tous deux.

Léon a maintenant 4 ans, électro-encéphalogramme perturbé. Lorsqu'il avait 6 mois, on a dit aux parents que « l'enfant était atteint intellectuellement ». Il est en retard dans son premier développement, insomniaque depuis l'âge de 6 mois, il n'accepte que de la nourriture liquide et ne parle pas. Ses colères sont spectaculaires, il se redresse, se raidit, hurle et se jette en arrière. Son comportement est véritablement suicidaire. Il ne peut exprimer en parole sa détresse et cherche alors à se détruire ou à détruire un objet. On conseille aux parents un placement en institution — pour finalement me l'adresser « à l'essai ». Il s'agit, au-delà d'une atteinte organique hypothétique, d'arriver à dégager un sens dans la perturbation du lien mère-enfant.

L'enfant se présente comme un beau bébé. Il refuse la plupart du temps de marcher : sa mère le traîne ou le porte. Quand il marche, il est à la recherche de ce qui brille, hypnotisé par ce qui reflète son image, — ce que sa mère supporte avec peine. Dans tous les jeux, à l'extase de satisfaction succède la colère la plus totale, au cours de laquelle il se blesse. L'adulte assiste impuissant à cette tentative d'auto-mutilation, impuissant, tant la force de l'enfant se décuple, comme s'il ne pouvait trouver le repos qu'après une agression contre lui-même.

Au premier entretien, l'enfant a chez moi ce type d'accès de colère. J'interviens par le moyen d'une marionnette que je nomme « gorille » et je lui dis : « C'est lui le gorille, c'est pas Léon. » L'enfant s'arrête net de crier et pleure. Je l'embrasse et lui dis :

« Mon bébé Léon, fils de papa et maman Rameau. » L'enfant, calmé, reprend la marionnette et j'ajoute « *ça* c'est le corps de Léon, ça c'est le gorille, ça [1] c'est le Monsieur; Léon et le Monsieur c'est pas pareil. » L'enfant se redresse, va, vient dans la pièce à la recherche de ce qui le reflète. La mère émue me dit : « C'est la première fois qu'une colère est coupée ainsi. J'ai remarqué que vous lui avez dit que le gorille, puis le Monsieur, c'étaient pas lui. Ça doit être important. Pour moi, il n'y a que lui que je vois et que j'entends pour hurler dessus tellement il me met à bout. »

Dans mon intervention, j'ai posé que *l'Autre n'était pas Léon,* et ce faisant j'ai introduit dans le rapport de l'enfant à l'image spéculaire une parole qui manquait. En introduisant dans le langage le rapport de Léon à son propre corps et à celui de l'Autre, j'ai rompu en quelque sorte un certain effet de non-sens dans le discours ambiant, discours où Léon se trouve toujours seul, isolé, caché. A cette place où l'on n'est qu'un de la manière la plus absurde, Léon s'efforce de se créer un compagnon imaginaire, son double spéculaire. Dans cette relation narcissique, plus il jouit de l'image de l'Autre, plus monte en lui une tension de frustration insupportable dont la seule issue est la destruction de l'Autre ou de lui-même. C'est véritablement l'irruption de l'angoisse dans sa forme la plus explosive.

La question que je me pose est alors la suivante : Qu'est-ce que cela veut dire, si Léon était l'Autre ? Pourquoi, du moment où l'Autre n'est pas lui, y a-t-il arrêt brusque de la crise avec tonicité motrice, dès l'instant où par ma parole son corps se trouve situé par rapport au corps du compagnon imaginaire, au corps de papa, au corps de maman ? Comme si, à partir de ce rapport quaternaire, il pouvait se trouver délivré d'une identification morcelante, mutilante parce que située hors de tout champ symbolique.

Les séances suivantes vont amener ceci :

1) L'enfant récupère très vite le sommeil et la mère me dit : « Depuis que je vous vois, je lui parle; avant c'était un retardé, donc on ne lui parlait pas. »

2) Ce qui va apparaître ensuite dans le discours de la mère, c'est à quel point la gestation de cet enfant et la mort de son père à elle

1. Il s'agit d'une autre marionnette.

(survenue à la même époque) ne font qu'un. Cet enfant porte le nom du père mort, d'un père dont la mère n'a pas fait le deuil : « Depuis sa mort, il me reste une boule dans la gorge qui m'obsède. » Ce père que la mère souhaite vivant est là, présent dans le fils : « Il a ses mains, ses pieds. »

La question posée par moi dès le départ, était celle-ci : « Quelle panique surgit chez Léon lorsqu'il est l'Autre ? » La réponse n'est-elle pas : « Si je suis l'Autre, je suis le mort » ?

Ce qui se précise pour la mère, c'est l'impossibilité d'un dialogue avec un fils non reconnu en tant que personne, au moment où elle-même, avec la mort de son père, perd tout point de référence. Il lui reste « une boule dans la gorge », c'est-à-dire un corps étranger, persécutif, qui est comme la survivance en elle du père introjecté. Son devenir féminin lui paraît absurde. L'enfant marqué par le drame maternel reste seul avec son image à lui (une image non médiatisée par la parole de la mère), en proie à la panique la plus totale, faute de l'existence d'un Autre à qui se référer.

3) L'insomnie de Léon va reparaître à un moment de la cure, lié très exactement aux fantasmes de suicide et de meurtre de la mère : « Je m'étais faite à l'idée d'avoir un arriéré, c'est dur de changer. » Et à nouveau, dans la relation avec son enfant, elle semble introduire quelque chose qui est de l'ordre de la mort : « Je fais comme s'il n'existait pas. »

Il n'est maintenant plus question d'après le médecin de « placer » l'enfant dans une institution — mais la mère tendue par l'angoisse, me dit : « Si au moins je pouvais croire à sa guérison. Je m'étais tellement habituée à l'idée de m'en débarrasser. »

Il y a du côté de la mère et du fils un type très particulier de rapport à l'objet partiel [1]. On peut se demander si l'agressivité de l'enfant devant le miroir ne correspond pas au moment où le sujet pourrait s'appréhender comme corps unifié [2]. La mère, à ce moment là, lui signifie très exactement que de cette image, elle ne veut pas. Chaque fois que l'enfant fait une expérience qui irait dans le sens de s'assumer comme corps unifié, la mère lui fait savoir qu'elle ne peut assumer son désir de le voir ainsi, le renvoyant de la sorte

1. Voir Mélanie Klein.
2. Cf. Lacan et le stade du miroir.

sans cesse à n'être que son objet partiel. L'enfant se trouve alors dans une situation sans issue. Toute réponse maternelle le renvoyant inexorablement au vœu inconscient *qu'il meure.*

Ce cas peut illustrer ce qu'une psychanalyse cherche à dégager au-delà de la réalité d'une maladie, et souligne l'importance des paroles de l'entourage ou de leur absence en relation avec un diagnostic médical, — diagnostic qui, par son caractère éprouvant pour la famille, ne peut pas ne pas prendre une résonance affective, voire se situer à une certaine place dans le fantasme parental. Seule la verbalisation d'une situation douloureuse peut permettre de donner aux parents et à l'enfant un sens à ce qu'ils vivent — et empêcher que ne s'installe une situation familiale psychosante, aggravant les difficultés éprouvées par l'enfant dans son évolution.

Ce cas nous montre aussi que le langage existe avant même la naissance de la parole. Je veux dire que c'est l'échange entre mère et enfant dès la naissance, qui permet au bébé de se structurer comme personne. Dans ce langage d'avant la parole, qui est le leur, il y a de la part de la mère un don toujours renouvelé de vie, ce don s'exprime à travers des mots, mais aussi des bruitements, et encore des gestes, un rythme ou simplement un silence, un silence de paix.

Il y a échange, parce que le gazouillis de l'enfant se heurte à une image d'adulte qui lui renvoie en écho ses premiers vagissements. C'est de ce jeu réciproque que va naître ensuite chez l'enfant le désir de prendre la parole. Lorsque cet échange avec la mère n'a pas lieu, à cause des fantasmes de mort de la mère, nous nous trouvons devant une catégorie d'êtres qui ne peuvent ensuite se reconnaître comme humains. Quelque chose au niveau de l'identification ne peut avoir lieu. L'enfant reste muet. Il peut aussi développer une forme d'aliénation ou de retard intellectuel.

Le départ d'une possibilité de guérison a lieu chez Léon le jour où dans une forme animale il peut reconnaître que le « méchant » n'est pas lui. Cette méchanceté donnée à un objet auquel il ne désire pas s'identifier va lui permettre ultérieurement de prendre la parole : « ma manon » [1] me dira l'enfant un jour d'une façon bouleversante au cours d'un jeu de cache-cache entre nos têtes, un jeu dans le silence des voix, mais non dans le silence des cœurs.

1. Jeu de mots sur Mme Mannoni.

ACCÉDER A SA PROPRE HISTOIRE

En cours de cure, il arrive, surtout dans les cas graves, que l'analyste soit amené à expliciter à l'enfant les difficultés de ses parents à l'égard de leurs propres ascendants. Il introduit une dimension qui permet à l'enfant de se situer comme le maillon d'une chaîne, en fonction d'un devenir. Le sujet prend conscience qu'il s'inscrit dans une lignée, à partir de cette mise en ordre de chacun dans son histoire. Il se trouve dès lors sur un chemin qui va lui permettre l'accès au symbolique. Ses points de repère ne sont plus ses parents réels, il est à la recherche d'un idéal parental en soi. Il souffre d'avoir à renoncer à ce qui en lui se sent blessé dans sa relation à une image parentale contaminante d'angoisse. Cette image mutilée de parents est ressentie comme mutilante pour le sujet, il se trouve confronté à ce moment-là de son analyse à la non-acceptation de la castration chez ses propres parents.

Cette analyse d'un certain rapport de l'enfant au géniteur se fait généralement à travers l'examen de fantasmes de corps morcelés apportés par lui. Ils viennent là comme autant de remparts contre l'angoisse. C'est lorsqu'on a pu aborder cette forme de défense narcissique du sujet, défense réactualisée au moment où se posent à lui les questions d'identification œdipienne, qu'on peut l'amener ensuite à se greffer d'une certaine façon à une image d'ascendant sain, au-delà du géniteur perturbé. Cela ne peut se faire qu'à travers un renoncement du sujet, dans une relation idéalisée à l'Autre (dont il serait l'objet idéalisé aussi), à une certaine période de son enfance. L'enfant sort de cette souffrance narcissique en se situant dans une lignée par rapport à un ascendant sain, fût-ce seulement en fantasme, et généralement mort. Dégagé d'identifications impossibles, il peut alors à travers une dimension symbolique très précise, accéder à une maîtrise de sa propre histoire. Ce qui nous permet de comprendre la possibilité de réussite de certaines cures d'enfants restés dans des foyers très perturbés.

Emmanuel a 6 ans, il est inclassable aux tests. Les psychiatres consultés hésitent entre le diagnostic d'oligophrénie ou de psychose. Le retard de langage est important. L'hôpital qui me l'adresse souhaite éviter un internement désiré par la mère.

Emmanuel est décrit comme dangereux, il aime voir jaillir le sang et agresse animaux et humains. Son père est interné. En interrogeant sa mère sur les raisons pour lesquelles elle préfère l'internement de son enfant à une psychanalyse, je reçois cette réponse : « Vous comprenez, madame, ce que l'on fait pour un homme, on ne le fait pas pour un enfant. »

Jusqu'à 3 ans, Emmanuel est sadisé par un père paranoïaque qui le frappe devant une mère hilare. L'enfant prend la place d'un objet qui se situe en travers des relations sexuelles parentales, il est véritablement le lieu de jouissance du couple. Un jour, le père lui donne un croc-en-jambe et lui dit : « Dis-moi que tu me tueras quand tu seras grand, je veux que tu me le dises. » Peu après on l'interne.

Voilà donc un enfant qui n'a d'autre choix que de devenir ou meurtrier de son père ou suicidaire, c'est-à-dire meurtrier de lui-même. Dans son comportement, il alterne une conduite de destruction avec une agression retournée contre lui-même.

La peur de la mort et en fait l'angoisse de castration sont projetées sur l'extérieur. Les animaux, les objets ou les humains deviennent alors des persécuteurs. L'enfant craint qu'ils ne s'introduisent dans son corps. Dans ces moments-là, il s'efforce de tenir l'autre à distance, comme pour sauvegarder un objet idéal qui se trouverait en lui. Persécuteur et objet idéal apparaissent cependant comme une même image à deux faces. C'est ainsi qu'aimer et détruire deviennent des équivalents, l'enfant ne sachant jamais si aimer (manger) va le remplir d'aise ou de malaise. Au niveau de l'interprétation, j'entends toujours la composante positive incluse dans toute tentative de destruction. J'introduis une parole qui permet au sujet de se situer face à une personne non angoissée, c'est-à-dire capable de résister en elle-même à l'angoisse d'annihilation dont le sujet est submergé.

Emmanuel est partagé entre la crainte de se séparer de l'objet aimé et la sécurisation que semble représenter pour lui le repérage d'un mauvais objet qu'il peut contrôler. C'est le rôle joué dans la cure par l'irruption de ce que je lui désigne sous le nom de « gorille » : l'enfant y projette des pulsions dangereuses non maîtrisées, c'est-à-dire l'échec de toute identification.

Possédé par le gorille, il est dans l'angoisse d'annihilation. De pouvoir le nommer suffit par moments à calmer net une crise, car, à être nommé, ce gorille par rapport à lui se situe et se contrôle.

Lorsque dans la cure, au cours des tentatives d'agression de l'enfant sur ma personne, je verbalise la position de mon corps et des objets que j'aime face à l'agression (en disant que j'aime mon corps et les objets de la pièce et que je les empêcherai d'être détruits parce qu'il n'y en aurait plus et que j'y tiens), j'interviens dans le sens d'une localisation du danger : face à un repère connu, l'angoisse de l'enfant tombe. Il sait, dirait-on, que la loi du talion ne jouera pas. Si je refuse l'agression de ma personne, je ne serai pas l'agresseur.

Ce n'est que dans un deuxième temps, que je fais intervenir une interprétation au niveau du vœu du sujet de rentrer dans le ventre maternel ou de manger pour garder la maman qu'on aime. Cette mère aimée est aussi ressentie comme dangereuse, puisque l'interprétation donnée le plonge dans une panique corporelle. Se roulant par terre, il gémit : « Mal au ventre, veux faire caca. » Au lieu de donner une interprétation qui irait dans le sens d'une mise à jour des défenses de l'enfant à l'égard des paroles qui font peur, je pose une question, à savoir celle-ci : « As-tu besoin de faire caca ou as-tu envie de faire partir ce qui te fait mal en toi ? » Par cette seule question, l'enfant est, semble-t-il, amené à se situer face à sa demande et à mon désir supposé. Ce que je souligne, ce que je suggère, c'est que je ne suis pas le lieu de l'objet de son désir (faire caca) et qu'une dialectique du désir est peut-être possible sans qu'il ait lui, comme sujet, à s'identifier à l'objet partiel.

La réponse de l'enfant à cette seule remarque va faire l'objet d'un nombre important de séances. Ce qu'il introduit en effet, c'est l'instance interdictrice en relation avec le sadisme démentiel du père. Cette instance interdictrice provoque chez le sujet une panique non verbalisable. L'enfant me parle de personnages sans tête ou sans cœur : ce n'est qu'ainsi, semble-t-il nous dire, que je peux arriver à vivre avec ce couple insensé. En perdant la tête, on ne risque pas de comprendre. En perdant le cœur, on évite une souffrance tellement insupportable qu'elle ne trouve que l'agression somatique pour s'exprimer.

Au moment où je mets en lumière ce qui est perverti au niveau du père, l'enfant m'adresse un appel *à boire* si pathétique, que je ne peux m'empêcher d'y répondre — tout en situant « à boire » en référence au don de la présence maternelle et à la souffrance que constitue son absence.

Dès lors, Emmanuel introduit dans la cure l'image de la tante maternelle en opposition à la mère carencée — non sans amener en même temps le fantasme de « l'homme formidable ». Cet homme a une jambe en élastique détachable. Il en a assez des rires des autres, et, pour qu'on ne se moque pas de lui, dans une crise de colère, « il se la fixe ». Emmanuel souligne ici son refus de l'angoisse de castration : l'homme, face à l'Autre, montre que rien ne lui manque. Ce thème est abordé directement après qu'ont été mis en lumière les sévices dont l'enfant dans le réel a été l'objet.

Une longue période de dénégation suit : l'enfant ne peut supporter l'idée d'avoir des parents perturbés et il se met au niveau de leur sadisme (« C'est rigolo de tuer, de faire mal »). A quoi invariablement je réponds : « C'est triste dans ton cœur d'avoir des parents malades. » Interprétation somme toute au niveau des défenses de l'enfant, mais sans les dénoncer.

Ce deuil d'une image parentale structurante qui est à faire, le met en danger, lui, au niveau de l'angoisse de castration que ce deuil semble réveiller.

Le tournant décisif dans la cure se situe le jour où le sujet découvre le téléphone et se crée un téléphone *imaginaire*. Dès cet instant-là, il entre dans un circuit où la parole s'adresse à un Autre, et du lieu de cet Autre des questions peuvent jaillir enfin. Emmanuel s'interroge sur l'origine du monde, les générations, le temps; la signification du plaisir, du déplaisir. Il découvre les odeurs, le sens du beau, les valeurs éthiques. A partir de ce jour, l'enfant est *scolarisable* et dans l'analyse, il peut se confronter aux symboles; nous sommes dans un autre registre, celui où la parole porte un sens.

Oligophrène ou psychotique ? Telle est au départ la question posée par les psychiatres.

Emmanuel, d'abord arraché à l'asile, peut ensuite quitter la classe de perfectionnement pour regagner le circuit scolaire normal. Il découvre dans la situation analytique un témoin à sa souffrance. Il reçoit en écho à ses cris une parole non mutilante pour son être. L'accès au langage peut se faire le jour où la « méchanceté » est investie par lui sur des objets animaux non désirables; c'est l'amorce d'une rupture avec des identifications impossibles. Il lui faut ensuite s'accepter comme orphelin, par-delà l'absence des parents, par-delà les épreuves témoigner par le verbe de sa naissance comme sujet et de sa maîtrise. Pendant des années, c'est par son corps meurtri qu'Emmanuel témoigna de son abandon et de son inhumaine solitude...

Lorsque, dès le départ dans la cure psychanalytique, on situe parents et enfants face au problème du désir dans la relation de chacun à l'autre, on obtient des parents une mise en question d'eux-mêmes dans leur histoire; et de l'enfant sollicité en tant que sujet, on reçoit alors un discours parfois si étonnamment articulé, que ceux qui n'ont pas l'habitude de cette méthode se demandent s'ils ne sortent pas de ma seule imagination.

Il arrive qu'un enfant très atteint livre dans la cure un langage élaboré, quitte à reprendre l'instant d'après le langage régressif, qui est celui sous lequel il est connu, aimé. Pourquoi dans cette relation d'objet oublie-t-il à ce point son état de sujet désirant ? Pourquoi répond-il par une régression à ce qu'il croit être le désir parental ? Autant de questions en suspens auxquelles il ne faut pas attendre dans l'immédiat une réponse. Il m'arrive de reprendre avec les mères certains fragments du discours de l'enfant; je suis toujours frappée par l'étonnement qu'elles manifestent : « Comment se fait-il que ma fille dise « mon père » en parlant de son papa ? Son langage est bébé. Il est vrai, ajoute cette même mère, que pour nous, elle reste notre bébé. » Cette remarque mériterait à elle seule une étude, elle laisse entrevoir l'importance du rapport qui existe entre le langage et la situation du sujet dans ses liens interpersonnels. Telle autre mère, hantée par l'idée que son enfant est retardé, peut aller dans son désarroi jusqu'à ne plus lui parler du tout dans cette période capitale du premier âge. Ce sont alors chez des petits de 1 à 2 ans, les paniques surajoutées, les insomnies rebelles qui s'installent, aggravant la déficience d'un enfant qui, pour se reconnaître comme humain, a toujours besoin de la parole de l'adulte.

Écoutons *Sybille*[1]; l'enfant a 8 ans (Q.I. 0,50). C'est comme

1. Voir Maud Mannoni, *Problèmes posés par la psychothérapie des débiles*, in *Sauvegarde de l'enfance*, janvier 1965.

objet à soigner relayant les malaises de la mère qu'elle se présente : « Je suis fragile, me dit la petite, maman aussi est beaucoup fragile, c'est pas une vie d'être tout le temps dans la maladie. »

« C'est pas une vie, me dit la mère, nous ne sortons plus, tout est axé sur l'enfant, nous sommes une famille morte... J'étais maladive, on m'appelait graine de tuberculose, cela s'est arrangé avec les soucis que m'a donnés cette enfant. Maintenant que je vous l'ai confiée, je suis à nouveau malade, comme jadis, je sens que je vais craquer. » Cette mère fatiguée attend la prise en charge de son enfant pour flancher à son tour. Dans son discours, le corps fragile de l'une se mêle curieusement au corps fragile de l'autre. Ce fut, à la troisième séance, ma seule remarque. A la quatrième séance, la mère me dit : « Vous m'avez ouvert les yeux et cependant vous ne m'avez pas donné de conseils. Pour la première fois, je laisse Sybille aux W.-C., je ne suis plus à mesurer ses selles. Sybille fait des courses seule, elle cherche à se libérer de nous. Oui, voyez-vous, tandis que je laisse mon enfant à son corps, c'est moi qui suis épuisée. » En introduisant le père dans la cure, je recueille de l'enfant ce discours : « Tu as bien fait, Mme M., de voir mon père, il faut le voir souvent. Tu vois, ces mots, ces mots qui ne veulent rien dire, ces mots de rien, ça pourrait devenir des mots de Sybille. » (C'est précisément cette Sybille-là qui a étonné sa mère, en employant le mot père avec moi.)

Ces mots dépourvus de sens, parce qu'appartenant aux autres, pourraient, en effet, devenir un jour les mots de Sybille. Il appartient au psychanalyste, s'il le peut, et il ne le peut pas toujours, de les lui restituer. Dans le rapport psychanalytique à l'enfant débile ou psychotique, quelque chose se passe alors qui est de l'ordre du don. Cet enfant emmuré dans sa panique, figé dans sa non-communication, nous avons à le rendre à lui-même pour qu'à son tour il puisse être au monde. Objet de soins divers, objet de toutes les sollicitudes, lieu de toutes les angoisses, l'enfant arriéré, en tant que *sujet désirant,* est parfois trop méconnu ou incompris. L'enseignement donné par une certaine orientation de la recherche psychanalytique met en lumière à quel point l'être le plus déshérité a toujours tout à gagner en supportant une mise en question.

Un jour dans un E.M.P. de la région parisienne, on demande aux enfants de se fabriquer eux-mêmes des masques ; ils en choisissent le thème. RITA, dans son langage malhabile, articule son vœu *d'avoir un mur*. L'éducateur n'est pas sûr d'avoir bien compris et essaie de proposer à l'enfant des figures plus vivantes. Mais non, c'est bien un mur qu'elle *veut*. Ce mur, en fait, elle *l'est* et l'adulte s'en arrange. Mais de l'avoir verbalisé, a créé du côté de l'éducateur un malaise et la prise de conscience qu'une vérité pouvait se cacher là, dans la parole. Pour le psychanalyste, cette anecdote n'a rien que de très banal. Ce qui l'est moins, c'est l'effet que cela a fait aux *autres*. Pour l'enfant, ça n'a rien changé. Ce vœu, en quelque sorte, *lui a échappé*. Elle aurait peut-être même du mal à comprendre qu'il y a là un lien entre ce vœu et ce qu'elle donne à voir d'elle-même. Mais l'adulte s'est curieusement senti en position d'accusé.

« Voilà, a l'air de dire cette enfant, ce que vous acceptez que je sois. » Le scandale il est là, dans cette ambiguïté même. C'est l'aveu *en parole* de l'enfant qui a donné à l'adulte mauvaise conscience et lui a fait dire « s'il dit qu'il est un mur, tout n'est peut-être pas tellement perdu, il doit y avoir quelque chose derrière ». Le mérite de cet éducateur est d'avoir pu accepter *sans y résister* d'avoir mauvaise conscience. Mauvaise conscience. Pourquoi ? — Parce que de cette enfant, effectivement, il n'attendait plus rien.

Le danger dont j'ai conscience, celui de faire du mal en portant ces questions devant une partie du public qui peut en sentir de la culpabilité, à la façon de cet éducateur, ce danger ne doit pas être sous-estimé. On me dit : « Si on peut attendre quelque chose, que faire avec les pauvres moyens dont nous disposons ? » « A quoi bon donner de l'espoir, pour ajouter ensuite qu'on manque de spécialistes ? »

Il est vrai qu'il faut un courage qui peut paraître cruel pour poser ouvertement un problème quand on ne peut s'appuyer que sur des succès qui restent isolés. Mais l'alternative est entre ce genre d'inquiétude et la fausse quiétude qui, plus confortable, fait quand même au total plus de mal. Le plus urgent, c'est encore d'essayer d'intéresser à des possibilités nouvelles de recherches, les spécialistes divers de l'enfance inadaptée. Il ne s'agit pas dans mon esprit de transférer les compétences aux psychanalystes, qui d'ailleurs seraient radicalement incapables de répondre à la demande.

Mais, ce qu'une attitude psychanalytique révèle dans certains cas, peut profiter à chacun pour des remises en question et rendre attentif à des possibilités de découvertes, plus à notre portée que nous ne croyons, pourvu que soient écartées les réponses prématurées.

2

Bilan d'une expérience en E.M.P. *

Les psychiatres sont d'accord sur la nécessité de rendre l'hôpital « vivant, vivable et souple [1] » avant toute introduction de psychothérapie individuelle. Lorsque Daumezon aborda l'étude du problème institutionnel, ce fut pour mettre en lumière un *obstacle :* l'existence dans l'hôpital de « transferts » diffus, difficilement situables et malaisés à manier. On sait comment les partisans de la psychothérapie institutionnelle s'efforcèrent par la suite d'élaborer une doctrine, en utilisant les instruments qui jouent dans une analyse individuelle (transfert, contre-transfert, interprétation). Leur souci était d'arriver à faire de la structure hospitalière l'outil même de la cure. Leurs travaux sont marqués par l'influence de la psychanalyse et se distinguent des recherches contemporaines entreprises (en Amérique et Angleterre notamment) par les psycho-sociologues. Il est reproché à ces derniers de ne pas tenir compte [2] de la dimension de l'inconscient dans leurs études sur les groupes réels (équipes de travail, etc.), ce qui limite leur efficacité.

Des équipes psychiatriques-psychanalytiques américaines se sont efforcées de rendre compte de la vie d'un hôpital fonctionnant avec des spécialistes divers [3]. Ils ont étudié l'effet auprès du

* E.M.P. 28, rue d'Estienne-d'Orves à Thiais, Seine, à paraître *in* n° spécial de neuropsychiatrie infantile. La coopération des membres de l'équipe a rendu possible cette étude.

1. Cf. F. Tosquelles, *Introduction au problème du transfert en psychothérapie institutionnelle* in *Psychothérapie institutionnelle,* n° 1.

2. Didier Anzieu, *Étude psychanalytique des groupes réels,* in *Les Temps modernes,* juillet 1966.

3. *Mental Hospital :* Alfred H. Stanton & Morris S. Schwartz, in *Basic Books,* 1954, New York. *Psychiatric ideologies and institutions,* in *The free press of Glencoe Collier,* Mac Millan Ltd, London, 1964.

malade de la cohésion ou dissension des membres de l'équipe, et souligné le rôle joué par le type de rapport qui s'établit entre le malade et les différentes personnes du « staff ». — « *How about patients?* », telle est la question posée avec humour par l'équipe hospitalière de Chicago. On voit le malade se débattre au milieu des querelles idéologiques qui le traversent, devenant l'enjeu de tendances psychiatriques opposées et faisant immanquablement les frais des expériences nouvelles (organicistes, psychanalystes et sociologues se disputant un même patient). L'hôpital est décrit comme un lieu où convergent des influences diverses, des intérêts opposés, des buts contradictoires; le malade se trouve pris dans un filet à nœuds multiples. Une même thèse se dégage de ces différents travaux [1] :

1° Le fonctionnement de l'hôpital est étroitement lié aux besoins de chacun (malades et personnel). L'Institution ne peut devenir un lieu thérapeutique que si elle offre au personnel non seulement des conditions de vie correctes, mais encore des possibilités de promotion et d'intérêt. Des remises en question continues sont nécessaires (pour les malades et les membres du staff) afin de préserver la dimension dynamique indispensable à la bonne marche de l'établissement.

2° Une des fonctions de l'hôpital est de servir de « gouvernement » pour les malades. Les détails de fonctionnement du gouvernement sont d'une importance pratique et théorique capitale. Les auteurs considèrent les règlements intérieurs de la maison comme des outils thérapeutiques. Ils illustrent cette thèse par de nombreux exemples cliniques. Le psychiatre est toujours étroitement associé à toutes les interventions administratives (on distingue la psychiatrie administrative de la psychiatrie psychothérapique). Quelles que soient les positions doctrinales des chercheurs, leur interrogation se porte sur la structure institutionnelle qu'ils s'efforcent d'utiliser comme instrument de libération de l'individu plutôt que comme instrument d'oppression. Les moyens employés sont divers. Chaque équipe procède par tâtonnements, son expérience se fait à partir de difficultés, malentendus et tensions agressives. Chacun est amené à dépasser une forme d'oppres-

1. Cf. *Mental Hospital.*

sion par la saisie d'une réalité institutionnelle et par une maîtrise acquise dans le travail. C'est à partir de là que naît pour l'équipe une possibilité d'échanges sur le plan scientifique. Ces travaux ont été menés en milieu adulte.

En France, les structures institutionnelles, aussi bien en milieu adulte que chez les enfants, ont été repensées (Tosquelles) et l'étude de Georges Amado [1] demeure elle aussi d'actualité. Il a su poser d'une façon pertinente les problèmes tels qu'ils apparaissent dans la pratique médico-pédagogique quotidienne. Il nous offre à la fois l'analyse d'une situation et une synthèse des différentes questions restées en suspens. L'accent est mis d'emblée sur l'incidence au niveau de l'enfant [2] de toute faille chez l'adulte.

I. LES PSYCHANALYSTES DANS UNE INSTITUTION

L'expérience, dont je vais rendre compte, n'a rien de très original. Il s'agit d'une petite institution d'existence récente. Il est trop tôt pour que nous puissions en tirer un enseignement véritable. C'est de ma place de psychanalyste que je vais à mon tour témoigner d'une expérience, non pour rendre compte de résultats importants sur le plan institutionnel, mais pour montrer à quels genres de questions le psychanalyste est confronté. En ce qui concerne les rapports des psychanalystes avec les problèmes institutionnels, deux thèses peuvent ici se défendre :

A) *Les psychanalystes n'ont rien à voir avec l'Institution :* Ils travaillent dans les mêmes conditions qu'en clientèle privée. C'est eux qui se déplacent au lieu que ce soit les enfants qui viennent chez eux. Cette thèse était la nôtre au départ. Nous estimions que les effets, au niveau de l'enfant, des difficultés propres à l'Institution elle-même devaient se retrouver dans le discours de l'enfant

1. Georges Amado, *Douze ans de pratique médico-pédagogique*, in *La psychiatrie de l'enfant*, vol. IV.

2. « Tel il sera avec ses collaborateurs, tels ceux-ci se montreront avec les enfants... tels seront les enfants entre eux, et tel sera chaque enfant avec lui-même... Si l'on veut que les enfants éprouvent une certaine sécurité dans un climat de compréhension, il est nécessaire que le personnel se sente lui-même assuré et qu'il ait l'impression que ses besoins essentiels sont compris. »

et devaient être entendues dans leur dimension analytique pour que la cure soit possible, ce qui excluait qu'on intervînt dans la réalité de la vie scolaire de l'enfant. Celui-ci invite souvent par ses symptômes l'analyste à prendre parti, et à renouveler ainsi en analyse le jeu mené avec les parents (jeu qui sert à voiler la problématique œdipienne). Sa maladie (et ses malheurs), il en use parfois comme unique enjeu dans sa relation à autrui. La dimension analytique est certainement plus difficile à introduire et à maintenir en E.M.P. qu'en clientèle privée. C'est d'une façon continue que l'analyste doit avoir pour souci de privilégier un certain discours, afin que l'enfant arrive à distinguer la portée symbolique d'une parole. C'est dans les cinq premières séances que va se jouer le sort de ce qui va pouvoir advenir en analyse, et toutes les précautions seront prises pour la distinguer au départ des multiples formes de rééducation. « Le dessin pour le Monsieur ou la Dame » est parfois demandé dans la même semaine par quatre spécialistes différents [1]. Au-delà du dessin, quelque chose dans le discours qu'on tient à l'analyste doit donc être reconnu, et les interprétations profondes sont peut-être à donner plus vite en E.M.P. qu'ailleurs; le transfert va se nouer à partir de là (dès cet instant, l'enfant évitera de lui-même la confusion de fonctions et de personnes).

L'importance de pouvoir entendre les parents au début de la cure s'est avérée capitale, surtout dans les cas de psychose. Aucune cure n'est entreprise si les parents refusent de se déplacer. Le discours de l'enfant psychotique gagne, comme nous l'avons montré ailleurs [2], à être entendu avec celui du parent pathogène. L'interférence de la parole de l'un avec celle de l'autre va donner très rapidement à l'analyse sa véritable dimension. C'est dans les dix premières séances que l'essentiel du problème œdipien des parents se dégage (la situation œdipienne de l'enfant gagne ainsi à être examinée à la lumière de ce que fut le drame œdipien des parents).

La dimension analytique ne peut être préservée dans la cure qu'au prix d'une rigueur, cette rigueur ne se situe pas dans des *atti-*

1 Les indications de rééducations diverses doivent être repensées et la nécessité d'éducateurs polyvalents se fait sentir. Le découpage en spécialités multiples n'est pas bénéfique à l'enfant.

2. Maud Mannoni, cf. chap. II : Le transfert en psychanalyse d'enfants.

tudes (gentilles, sévères, distantes ou proches) mais dans ce qui est à privilégier dans le discours. La thèse de consultation psychanalytique en milieu E.M.P. peut ainsi se défendre : il suffit de savoir délimiter le cadre dans lequel on va opérer.

Quant aux rapports de l'analyste à l'Établissement, c'est une erreur naïve de croire qu'il lui suffirait d'être discret pour ne pas jeter le trouble dans le milieu adulte. Il a beau raser les murs, sa présence se fait sentir. Sa propre culpabilité à l'égard des méfaits qu'il risque de susciter ne fait qu'accroître l'anxiété persécutive du groupe. Intrus, il l'est, plus que n'importe quel autre collaborateur. Ce n'est pas sa présence réelle qui est pesante. Le poids, c'est ce que va représenter pour l'inconscient des adultes le mythe analytique. L'étiquette d'analyste, ce sont les adultes qui l'épinglent, c'est une erreur de croire que l'on peut s'y soustraire en se faisant « oublier », je dirais « pardonner » par des comportements de camaraderie. Le psychanalyste est *pour l'Autre* celui qui est supposé savoir. On peut même dire qu'il tire l'essentiel de son prestige du fait qu'il y en a toujours un qui y croit (à l'analyse); cela suffit pour qu'il soit obligé de jouer le jeu, c'est-à-dire de supporter les projections agressives et persécutives des collaborateurs qu'il *met en danger* exactement de la façon dont la psychanalyse met en danger celui qui s'y engage. Il s'agit d'une rencontre avec une vérité qui risque de surgir et que l'on souhaiterait garder voilée. Cette peur de la vérité, c'est essentiellement la confrontation de l'inconscient au mythe œdipien [1]. Nous avons été ainsi amenés à poser ce second postulat qui ne contredit pas le premier :

B) *Si l'analyste ne s'occupe pas de l'Institution, l'Institution s'occupera de lui.* Pour voir comment la question se pose, nous pouvons essayer de raconter comment les choses se sont plus ou moins arrangées tant bien que mal, par retouches dans une petite Institution. Ce que nous chercherons à dégager ce sont les interrogations que l'analyste est amené à poser.

1. Il n'est pas rare dans les entretiens individuels avec l'analyste qu'un éducateur fasse spontanément le rapprochement entre les difficultés qu'un enfant soulève en lui, et sa propre problématique œdipienne abordée à travers le problème de la mort.

II. APERÇUS SUR LE FONCTIONNEMENT D'UNE MAISON

L'E.M.P. dont il s'agit est habilité à recevoir des débiles moyens et légers présentant des troubles graves du comportement. Sur une population d'une quarantaine d'enfants (de 6 à 14 ans), on compte environ un quart de psychotiques. Il existe deux classes pré-scolaires et trois classes scolaires, qui vont en principe du cours préparatoire à la classe de fin d'études. Le niveau demeure toutefois extrêmement faible et ne dépasse guère celui du cours moyen.

Avant la création officielle du Centre, il existait un noyau d'éducateurs s'occupant à Paris d'enfants handicapés dans des conditions matérielles pénibles. Il n'y avait aucune structure médicale administrative à proprement parler. Ces pédagogues dévoués et compétents s'occupaient au mieux des enfants qui leur étaient confiés, les conditions de vie étaient difficiles, l'exiguïté des locaux gênante. La création officielle du Centre était attendue avec espoir et crainte à la fois. Tutelle administrative, contrôle médical, apparaissaient comme une entrave. Au démarrage de l'Institution, les membres font toutefois corps avec elle. Les difficultés matérielles rencontrées dans une maison non encore installée pour accueillir les enfants renforcent la solidarité du corps enseignant. Enfants *et* adultes font d'ailleurs face aux mêmes épreuves — et c'est là un point important sur lequel nous reviendrons. Le local exigu, le bruit des maçons, le chauffage imparfait, tout cela fait partie de « l'inclémence de la nature », adultes et enfants entrent en lutte pour dominer ce qui les entrave. La naissance de l'E.M.P. se fait imperceptiblement : l'équipe d'éducateurs effectue dans un premier temps un déménagement dans une maison remplie d'ouvriers.

Le problème d'une organisation véritable ne se pose qu'ensuite, lors de la seconde année de fonctionnement du Centre. Matériellement, tout est enfin en place pour accueillir au mieux les enfants déficients. Les éducateurs ne sont plus seuls, l'équipe spécialisée traditionnelle a fait peu à peu son entrée (depuis la secrétaire jusqu'au médecin-chef en passant par les rééducateurs). La tutelle se fait sentir dans des contraintes administratives diverses : on ne peut « officialiser » un groupe sans rendre des comptes à l'égard d'instances variées. L'introduction d'un médecin-chef modifie d'ailleurs l'allure purement pédagogique de la maison; elle suppose une remise en question d'habitudes établies. La naissance de l'E.M.P. (comme l'arrivée d'un enfant) ne correspond jamais exactement à ce que l'on attend. Il y a toujours un écart entre ce qu'offre la *réalité* et ce qui a été investi sur le plan fantasmatique. Plus l'écart est grand, plus importante sera l'impression d'un manque impossible à combler; la situation peut être vécue alors sur un mode persécutif (sensation d'avoir été floué dans la réalisation d'un projet). Dans ce deuxième temps de démarrage de l'Institution, les adultes éprouvent une sorte de désarroi. Ils se trouvent pour la première fois véritablement seuls avec leurs problèmes. La tension d'un monde extérieur inclément a disparu pour faire place à une tension diffuse, mal définie au sein des éducateurs.

Personne, au début, n'a vraiment conscience d'un malaise; des signes avant-coureurs de ce malaise sont pourtant perceptibles à l'observateur. Le milieu adulte redoute les contacts avec l'extérieur, toute intrusion étrangère est ressentie comme une fatigue supplémentaire. Peu à peu les échanges à l'intérieur du groupe d'éducateurs se raréfient, il y a des moments de blocage vécus par certains sur un mode particulièrement aigu. Le blocage atteint enfin l'échange de certains adultes avec les enfants. C'est à ce moment de crise que l'équipe psychanalytique fait son entrée. Elle la fait avec la crainte de perturber un milieu adulte replié sur lui-même. L'installation se fait en « vase clos », à côté d'un groupe lui-même clos. C'est l'intrusion d'un État dans un État. Le malaise s'accentue tant du côté des éducateurs que du côté des analystes. Ces derniers forment une équipe avancée sur le plan de la recherche, mais leur intégration à la vie de la maison est nulle. Les effets du malaise adulte se font sentir au niveau des enfants et c'est là que se fait notre mise en question : l'analyse n'est pas possible dans un milieu opprimant; que faisons-nous pour contribuer à la création d'un tel milieu ? *Dans cette oppression nous avons une part*. Le groupe s'est fait son propre oppresseur, se séparant ainsi des enfants. Dans le milieu adulte, il y a toujours présent « un persécuteur » censé être la cause majeure d'une fatigue. Chacun, par l'autre, se sent « pompé » ou « dupé ». L'élément tiers dans la relation à l'Autre a brusquement disparu, un type de situation duelle s'y est substitué, introduisant un élément pathogène qui produit à tous les niveaux ses effets démolissants.

III. L'ENTRÉE DANS UNE SITUATION

Le corps institutionnel est aux prises avec une angoisse de morcellement. L'unité s'était faite au départ sur un idéal. L'évolution de l'Institution implique des buts nouveaux (recherche d'un autre idéal) soulevant chez certains des résistances qui provoquent une forme d'enkystement. Dans une équipe il suffit parfois de la paralysie d'un seul membre pour que se crée un blocage des échanges (il s'agit généralement d'une atteinte à l'idéal du moi, introduisant des conduites revendicantes ou une forme de démission morale). L'entrée de la psychanalyse peut se comparer à la mise en place d'un phare éclairant un malaise, mais l'éclairant inutilement tant que l'analyste n'entre pas avec sa problématique propre dans le jeu transférentiel. L'analyste-observateur est ressenti comme un voyeur, un espion, assimilé soit à celui qui chercherait à ravir « le bon objet », soit au « mauvais objet » à rejeter. Cette position d'observateur est destructrice, puisqu'elle ne permet pas la verbalisation des fantasmes inconscients. L'analyste se trouve pris à son insu dans les rets d'une fascination imaginaire qu'il ne peut maîtriser, comme il ne peut prévenir les positions dépressives et persécutives engendrées par une telle situation. L'analyste non intégré aux adultes de la maison ne peut qu'assister à la pathologie d'un groupe, il est impuissant à en prévenir les effets. La place que nous lui avions réservée *hors* du groupe, si elle pouvait avoir un sens au niveau des enfants, n'en avait aucun au niveau des adultes. C'est bien en tant qu'analyste qu'il faut amorcer un type de rapports avec chacun, afin de dégager les individus de leurs fantasmes et captures imaginaires. Ceci implique une *mise en question propre de l'analyste à l'égard de son propre contre-transfert institutionnel.*

Nous nous apercevons avec le médecin-chef que la psychanalyse individuelle en institution n'a de sens qu'intégrée à un ensemble institutionnel. Une structure fait défaut, elle est entièrement à créer. On ne peut laisser se prolonger des luttes de prestance, des relations agressives sans courir le danger d'une stérilisation du travail, dont les effets ne peuvent manquer de se répercuter au niveau des enfants. Les analystes offrent l'image d'une équipe dynamique centrée sur la clinique et la recherche, leur activité productrice tranche avec celle des éducateurs isolés dans leurs difficultés. La notion d'équipe ne nous paraît valable dans la marche générale de la maison que si l'analyste responsable de son propre groupe (moi-même en l'occurrence) s'introduit dans l'organisation institutionnelle. Cette introduction a pour but non seulement de rétablir un circuit d'échanges, mais encore de garantir une politique d'intérêts communs (options idéologiques, recherche scientifique), et sur un plan pratique : remise en question d'habitudes établies.

Quel est le type de médiation que nous pouvons introduire ?

C'est à partir de cette interrogation que le problème va être examiné. Il s'agit de réintroduire une dimension tierce (verbale) qui a disparu dans le type de rapport instauré non seulement entre les adultes eux-mêmes, mais encore entre les adultes et les enfants [1]. Il nous semble pour cela utile de focaliser l'intérêt des entretiens entre éducateurs sur des thèmes de recherches établis à partir des *obstacles* rapportés par eux. L'impasse pédagogique, scolaire, matérielle, panique l'adulte et le renvoie à un problème qui se situe ailleurs qu'à la place où se fige l'apparente difficulté (le lien avec une forme d'angoisse persécutive est manifeste). Si on ne débusque pas les éléments fantasmatiques sous-jacents à l'obstacle présenté, on risque de voir se dessiner des formations réactionnelles figées, fermant la porte à toute possibilité d'interrogation, c'est-à-dire à toute recherche véritable. (Le vœu de « réorienter » certains enfants peut reposer sur un constat d'échec pédagogique qu'il importe de pouvoir examiner. Une maîtrise scientifique n'est possible qu'à partir de l'analyse des cas de réussites et d'échecs. Toute analyse de cette sorte évoque une *situation* impliquant le maître *et* l'élève, qu'il importe d'examiner en tant que telle.) L'intervention de l'analyste peut demeurer à un niveau apparem-

1. Cette dimension tierce existait dans le renvoi des adultes et des enfants à des préoccupations ou intérêts supérieurs commandant leur style de relations réciproques.

ment superficiel : il lui suffit, au cours de la discussion, de maintenir des possibilités d'ouverture là où une réponse définitive et sans appel était apportée; il laisse ainsi à chacun la possibilité que se fasse en lui le jeu des substitutions signifiantes (le temps pour comprendre n'est pas le même pour tous). Telle demande de réorientation touche à l'angoisse de l'adulte face à une angoisse insoutenable émanant de l'enfant. Si on peut arriver à formuler cela sous la forme d'une question : « A qui donner Fanny ? » (sous-entendu : comment s'en débarrasser et se débarrasser de sa propre angoisse), on entre dans un registre où il n'est déjà plus nécessaire de « donner » l'enfant, puisque aura été reconnu ce qui était impliqué dans la demande.

Les réunions de synthèse avec l'analyste ont pour but de garantir les conditions mêmes d'une recherche. Une démarche phénoménologique n'est possible que si l'éducateur ne se sent pas en faute d'avoir échoué. C'est sa culpabilité qui l'amène à proposer des mesures là où des questions sont à poser.

Les réunions de synthèse sans l'analyste (en présence du médecin-chef) vont permettre l'élaboration d'un travail théorique à partir des témoignages apportés par les éducateurs. (Ceux-ci se réunissent également spontanément entre eux pour en discuter.) Les résultats de ce travail ont été maintenus « secrets » à l'égard de l'analyste pendant une période. Il a fallu du temps pour que les éducateurs acceptent de situer leur témoignage au lieu même de l'échange. Tant que le travail est demeuré soustrait à la communauté, il est resté amputé de tout apport scientifique valable, et la notion d'équipe n'a pris tout son sens que le jour où l'impact pédagogique a pu être étudié à la lumière des disciplines annexes. (Cette forme de résistance n'était en fait que l'expression d'une résistance à la psychanalyse, à quoi les analystes eux-mêmes ont contribué en n'entrant pas d'abord dans le dialogue.) Le travail et la recherche ont été ensuite introduits comme médiateurs dans les liens interpersonnels.

Mais, dans un premier temps, les individus en ont fait un usage *oppressif* parce qu'il ne fut pas mis consciemment au service de la libération de chacun. Les problèmes pédagogiques étaient affrontés en fonction de la situation personnelle des adultes face au travail. La tendance de l'équipe, dans ses rapports avec l'enfant, irait dans le sens d'une individualisation de l'enseignement, ce qui soulève des difficultés spécifiques dans les cas de psychose et troubles graves du comportement[1]. La classe conçue comme un groupe institutionnalisé crée un cadre dans lequel il est possible de confier à une équipe d'enfants l'élaboration d'un travail commun. Ceci permet l'amorce d'un type de relations se structurant par rapport au travail et non plus par rapport aux personnes. Maître et élève échappent dans cette situation à l'angoisse dépressive persécutive qu'engendre toute situation duelle. Cette conception de l'enseignement applicable ailleurs [2] est actuellement à l'étude dans cet E.M.P. Les résistances qu'elle rencontre dans son application sont dues d'une part à des difficultés d'ordre technique (insuffisance de locaux, de matériel et nombre trop restreint d'éducateurs), d'autre part à des difficultés d'ordre psychologique : un système éducatif communautaire amène l'éducateur à mettre en question la place qu'il occupe dans une hiérarchie fondée sur l'autorité. La participation des élèves à l'organisation du travail commun situe le maître à une place d'animateur du groupe plutôt qu'à une place de leader proprement dit. Cette expérience a été introduite de façon occasionnelle avec certains éducateurs, elle montre à quel point ils occupent dans cette situation une position clé. Pour ajuster son dire à la situation dans laquelle il est impliqué, il importe que l'éducateur ne soit pas lui-même agi par ses propres processus inconscients. C'est lorsqu'il en perd le contrôle qu'il risque une perturbation qui peut avoir ses effets au niveau du groupe. L'intervention d'un analyste dans l'établissement peut alors aider l'éducateur à prendre de la distance à l'égard d'une situation dans laquelle il se trouve emprisonné. Le risque de perturbation se trouve diminué si l'analyste n'est pas pris aveuglément dans le jeu de son propre contre-transfert. L'enfant peut tirer profit de tout un jeu de réactions si l'éducateur reste suffisamment maître de la situation.

Les effets thérapeutiques de cette conception pédagogique

1. Certains enfants particulièrement réfractaires à toute scolarisation paraissent accessibles à une formation professionnelle précoce, elle ne peut malheureusement leur être donnée que de façon tout occasionnelle.

2. Dans une série de classes de perfectionnement de la région parisienne. Cf. thèse de Aïda Vasquez, juin 1966, sur *la Pédagogie institutionnelle*.

méritent d'être étudiés à travers les cas de réussite et d'échec. Dans ce travail commun, bien des problèmes ont été remis à l'étude (depuis l'obstacle pédagogique jusqu'au délicat problème de l'orientation professionnelle, en passant par des questions d'organisation matérielle à l'intérieur de la maison). Chacun, à des moments différents, est amené à réviser ses positions, quelque chose est en marche vers un renversement de l'idéal du moi (en corrélation avec le nouveau statut dans lequel chacun se trouve pris depuis que le centre est devenu un lieu organisé); mais ceci ne se fait pas sans crise sérieuse et certains, en proie à la crainte de perdre leur identité propre, ont été exposés à appeler une exclusion qu'ils redoutaient et qui allait dans le sens de leur angoisse d'abandon. Dans une évolution, le groupe risque de se montrer intolérant à l'égard de celui qui inconsciemment freine les possibilités de progrès. La vie d'une équipe connaît des moments d'angoisse intense, liés aux projections fantasmatiques individuelles. Une personnalité perturbée peut accentuer l'angoisse collective en rendant présente à chacun sa propre panique; cela peut conduire à des situations où le groupe cherche à rejeter un de ses membres. C'est là que le médecin-chef occupe une position clé en déjouant par une parole juste (touchant à l'angoisse persécutive) les passions. L'équipe paralysée par des terreurs imaginaires qu'elle a créées de toute pièce peut ensuite en triompher ; la maîtrise de toute situation conflictuelle sera rendue d'autant plus aisée que les bases du travail et de la recherche se trouveront plus solidement établies. C'est la préservation d'une dimension symbolique qui empêche les passages à l'acte.

IV. LE PROBLÈME CLINIQUE peut se poser plus sainement à partir de cette première mise en question : comment faire pour que le milieu E.M.P. offre aux enfants une possibilité d'amélioration ? Si les enfants et le personnel contribuent au développement de malentendus, ils doivent pouvoir contribuer aussi à leur résolution.

Deux modes d'interventions apparaissent :

a) s'occuper directement des enfants perturbés (c'est la tâche des analystes),

b) s'occuper de ce qui se passe dans le personnel de l'Institution (c'est la tâche que nous partagerons avec le médecin-chef).

La collaboration avec les éducateurs s'avère précieuse dans les cas où il s'agit d'enfants psychotiques. Ceux-ci continuent parfois en classe le jeu du transfert analytique, cherchant à exprimer dans le réel ce qu'ils ne peuvent faire advenir dans le registre symbolique (ce type de transfert est appelé par Mélanie Klein « transfert psychotique »). Le discours amorcé dans la cure se trouve alors repris dans l'ensemble institutionnel. C'est là que nous assistons à un jeu de transferts latéraux intéressants à utiliser à bon escient. Le milieu scolaire en E.M.P. est un lieu d'investissements et d'identifications (des enfants entre eux, des enfants avec les adultes).

Il existe pour les psychotiques des lieux privilégiés, comme la cuisine, et le rôle joué par la cuisinière s'avère parfois capital. (Celle-ci doit aussi pouvoir se faire entendre à l'analyste, dans la mesure où elle supporte des tensions d'angoisse en acceptant la présence d'enfants perturbés.)

Il est important de pouvoir sauvegarder en un lieu de l'établissement une possibilité d'expression dans un contexte non pervers. Un discours qui se bloque en classe peut être repris ailleurs, mais ceci n'a d'effet structurant qu'à condition de pouvoir entrer dans un cadre institutionnel où un règlement prévoit une participation aux activités de la vie communautaire, dans les cas où l'enfant est absent à ce qui se passe en classe. (Un séjour plus ou moins prolongé à la cuisine a pu faciliter l'insertion scolaire de certains.) Le seuil de tolérance de l'adulte doit cependant être respecté; on ne peut que regretter l'inexistence d'activités annexes qui faciliteraient l'insertion institutionnelle d'une série d'enfants allergiques scolaires. La scolarité n'a de sens en tant qu'apprentissage que si elle trouve la possibilité d'introduire la dimension tierce qui fait radicalement défaut chez le psychotique.

Pour la conduite de la cure, il n'est pas nécessaire que l'analyste soit informé du prolongement « scolaire » du discours amorcé en séance. Mais du point de vue institutionnel, il n'est pas indifférent que l'analyste ait connaissance des blocages des uns, des passages à l'acte des autres. Ces réactions sont souvent liées à une situation émotionnelle dans l'Institution, perçue par l'enfant. Si l'éducateur qui a en charge l'enfant se trouve lui-même rejeté par le groupe, l'enfant en subira directement les effets. C'est au moment où le maître me dit : « Je ne peux plus communiquer avec personne », que l'enfant de son côté me dit : « Je ne peux plus lui parler, au maître, c'est fini. » L'approfondissement de la situation avec le maître a mis à jour, dans sa problématique personnelle, un contenu persécutif avec des mécanismes d'exclusion qui l'amenaient à établir des rapports faussés avec les adultes et les enfants. L'autorité employée névrotiquement a des effets pervertissants par la relation sadomasochique qu'elle ne manque pas d'instaurer. Lorsqu'il y a pervertissement des fonctions d'autorité, on voit disparaître la référence à la Loi comme gardien de l'ordre, le rapport des sujets entre eux se trouve alors ramené à la dimension d'une situation duelle, et nous en avons étudié les méfaits.

L'organisation administrative d'une institution devrait sans cesse être repensée en fonction de l'ordre et du désordre qui y règnent. Les règles elles-mêmes gagnent à ne pas demeurer figées afin de s'adapter aux nécessités de vie d'un groupe en mouvement. L'expérience nous a permis de souscrire à une vérité bien connue de ceux qui travaillent en milieu hospitalier : l'existence d'une Institution n'est viable que si les malades et le personnel y trouvent un moyen de progresser. C'est lorsque l'échange n'est plus bloqué au niveau adulte que les enfants peuvent trouver une possibilité d'expression. Pour qu'une Institution ne se referme pas sur elle-même, il importe de garantir à chacun de ses membres des possibilités de projection dans l'avenir. La participation au travail scientifique de tous comporte en soi des effets thérapeutiques : l'élaboration correcte d'une recherche suppose en effet le dépassement de conflits personnels, et la continuité d'un discours est garantie.

v. Le but de l'E.M.P. est de traiter les enfants en difficultés; mais la maison va fonctionner également comme *Centre de recherches et de formation, pour les jeunes analystes*. Les crédits ne permettent pas le paiement correct du personnel spécialisé et la situation de l'externat dans une banlieue difficile d'accès ajoute un obstacle supplémentaire; mais en proposant aux jeunes une formation et non une situation, en leur offrant un travail clinique contrôlé et en les intégrant dans une équipe de recherches, on obtient un recrutement valable. Cette formule d'enseignement bénévole ne peut cependant représenter une solution d'avenir. C'est un expédient provisoire.

Les postulants sont au départ des candidats sérieusement accrochés au travail. Il arrive que des jeunes inexpérimentés se tirent aussi bien d'affaire que des vétérans (à condition bien entendu qu'ils soient en analyse). Les effets produits en eux par les projections agressives de certains psychotiques remettent en question leur position propre à l'égard du signifiant (mort, Nom du père, etc.). Le fait d'être marqué par l'angoisse de l'enfant deviendra un outil majeur dans la cure (l'enfant est amené à vivre à partir du désir de l'analyste). Tout ce qui pourrait apparaître comme interventions inopportunes ou maladroites du candidat peut être utile, si le contrôleur aide le candidat à situer ce certain discours qu'il amorce avec l'enfant dans sa problématique personnelle. C'est à partir de là que le candidat va pouvoir de lui-même trouver une parole juste dans une situation qui, au départ, est faite pour le surprendre.

L'E.M.P. poursuit ainsi parallèlement des recherches dans le domaine pédagogique et dans le domaine psychanalytique. Nous essayons de préserver une unité de vues dans l'orientation des travaux. L'entreprise n'est certes pas aisée et les querelles idéologiques véhiculent facilement des passions. Il est indispensable, comme on l'a vu, que le souci du travail s'introduise comme référence tierce dans les rapports interpersonnels. C'est par rapport à une recherche commune que se constitue désormais le discours des adultes. Cependant il serait naïf de croire toutes les difficultés résolues parce qu'on a introduit des préoccupations d'ordre didactique dans le groupe. Disons qu'il y a là un terrain de combat moins nocif et plus utile que les formes de luttes duelles dans une situation d'agressivité spéculaire. La possibilité est donnée aux adultes de parler à l'analyste de l'effet produit en eux par les tensions en milieu institutionnel, et les conflits deviennent moins aigus. Le maintien d'une ouverture analytique ne supprime pas les tensions et les difficultés de vie en groupe, mais permet de dédramatiser la portée de certains malentendus, liés souvent à un contenu fantasmatique à thème persécutif. Toute équipe de travail apporte avec elle son lot de difficultés, de heurts inévitables, conditions même de toute évolution — mais il importe que le discours qui se tient ne se bloque pas; c'est là qu'une médiation tierce s'avère indispensable.

EN RÉSUMÉ, c'est comme analystes que nous sommes entrés dans une situation et que nous avons été marqués par les effets d'une tension en milieu institutionnel. Ces effets gagnent à être étudiés à deux niveaux :

a) la mise à jour du contre-transfert institutionnel de chaque adulte;

b) la compréhension des réactions d'identification ou contre-identification de l'adulte à la maladie d'un certain type d'enfants.

Cette étude a une valeur d'expérience, nos choix, nos options sont fonctions de notre formation, de notre style, mais aussi de nos défenses. Les études publiées sur les problèmes institutionnels [1] mettent en lumière les difficultés inhérentes à toute vie en milieu fermé. La séparation entre le monde des malades et celui des bien-portants [2] est une séparation introduite comme protection contre notre propre peur. L'expérience est là pour nous montrer qu'une approche thérapeutique n'est possible que si nous participons à l'univers du malade. Mais nous risquons alors d'être sauvagement agressés dans notre être par les projections de sujets psychopathes. Une protection est donc nécessaire, mais elle ne réside ni dans l'emploi judicieux du divan, ni dans le maintien d'une structure hiérarchique hautement organisée. Cette protection réside dans la possibilité technique que nous avons de maintenir le discours à un niveau maîtrisable (en lui garantissant une dimension tierce). Cette maîtrise, l'analyste l'apprend à ses dépens lorsqu'il commence à assumer la direction d'une cure. Il l'apprend à ses dépens aussi lorsqu'il s'engage, tel un ethnographe, dans l'aventure d'une vie communautaire. Il ne peut s'y maintenir à une place de pur observateur, il lui faut participer à la tension commune, mais y participer en tant qu'analyste suppose la maîtrise d'un discours qui tend toujours à se dégrader, à ne pas être maintenu à une dimension symbolique garante de l'ordre du langage. C'est dans cet ordre-là (ou dans ce chaos) que va se situer le discours que l'enfant cherche à tenir. Sa parole vient en écho à la parole dans laquelle il se trouve pris. Ce qui est entendu dans le monde adulte peut entraîner l'en-

1. Cf. les différents numéros de la *Revue de psychothérapie institutionnelle.*
2. Thomas Szasz, *Le Mythe de la maladie mentale*, in *Médecine et Hygiène*, Genève, juillet 1962.

fant à élaborer un type de discours aliéné; le milieu hospitalier ou le milieu scolaire peut ainsi renforcer chez un certain type d'enfants la marque laissée par une forme d'aliénation familiale [1]. C'est dire l'importance qui doit être accordée à la structure institutionnelle avant toute mise en place de cures individuelles.

1. Laing et Esterson, *Sanity, madness and the family*, Tavistock, 1964.

3

Les difficultés de collaboration entre psychanalystes et éducateurs en institution *

Des difficultés surgissent lorsque n'a pas été clairement définie au départ la différence existant entre une *position pédagogique* et une *position analytique*. Dans la première, c'est autour de la *réalité* de l'enfant débile et psychotique que s'organise une action adaptative; dans l'autre, c'est à partir de notre propre *représentation* de l'enfant que s'élabore notre interrogation. Dans notre rapport à l'enfant, nous savons que le sujet se trouve généralement *ailleurs* que là où il se présente à nous. Tout l'art de l'analyste est de pouvoir justement l'interpeller dans cet ailleurs où il nous fuit et se fuit lui-même.

Si on s'en tient à cette différence radicale, on en est réduit à une conception pédagogique traditionnelle, maintenant un cloisonnement étanche entre deux disciplines distinctes. Mais on peut se demander s'il n'y a pas en fait une interaction entre psychanalyse et pédagogie; dans ce cas il y aurait lieu de repenser la pédagogie à la lumière des découvertes psychanalytiques.

« La psychologie que l'on enseigne, nous avoue un enseignant, nous apparaît comme radicalement fausse à partir du moment où l'on trouve la parole analytique dans un livre. A partir du moment où tout ce qui nous a été enseigné est faux, nous ne pouvons pas continuer à enseigner [1]. »

* Extrait d'un article publié en commun avec M. Safouan dans un nº spécial de *Recherches,* septembre 1967 « Enfance aliénée » (travaux préparatoires à un colloque international sur les psychoses, Paris, octobre 1967). Notre expérience des éducateurs, nous la devons aux éducateurs eux-mêmes : Mmes Dubois, Marteau, Raynaud, Hamele; M. Billiet et Brochard.

1. J. Danos, 6 octobre 1966, intervention au cours d'une réunion de travail consacrée à la pédagogie des psychotiques.

Il faut sans doute distinguer la gêne que l'éducateur peut ressentir devant l'idée qu'il se fait de la psychanalyse, telle qu'il a pu la trouver dans un livre, et l'effet que peut produire chez lui l'accès qu'il peut gagner à son propre inconscient. C'est à partir des effets produits par la confrontation avec le refoulé que se fait la remise en question du spécialiste dans sa discipline. Il est amené à repenser ce qui lui a été donné dans une certaine tradition culturelle, et à opposer à l'enseignement reçu une mise en question radicale de lui-même dans son métier. « Suis-je là pour transmettre un savoir et qu'est-ce qu'on transmet quand on croit enseigner ? » Y a-t-il lieu de séparer la notion d'*éducation* de celle d'enseignement ?

Dans les sociétés primitives [1], le langage, le devoir envers les parents, ne relevait pas de la pédagogie. Ce que l'on enseignait, c'était les mythes, et ce qui dominait dans une certaine forme de tradition sociale, c'était la mystification des enfants. Cette *fonction mystifiante,* dans le rapport de l'adulte à l'enfant subsiste de nos jours d'une façon méconnue et constitue le support de bien des préjugés éducatifs. C'est à partir de là que peut être repensée une forme d'action pédagogique dans laquelle, par exemple, une place serait à nouveau faite à l'enseignement des mythes.

C'est parce que l'éducateur ne met pas en cause son rapport *au désir* qu'il se trouve dans une situation différente de celle de l'analyste. Ce dernier est essentiellement concerné par tout ce qui touche à son propre rapport à la vérité. Néanmoins, l'éducateur marqué par l'analyse aura plus facilement accès à la parole juste, celle qui ne « s'enseigne » pas mais qui surgit de l'expérience personnelle d'un adulte concerné par l'enfant en lui.

Si la position du pédagogue se distingue de celle de l'analyste, le problème de la coexistence pédagogue-psychanalyste se pose en Institution à un tout autre niveau.

Le terme même de « collaboration » évoque le cloisonnement de spécialités, leur rencontre en séance plénière autour de « l'enfant ». Dans cette perspective l'analyste apparaît comme un spécialiste supplémentaire venant élargir le rang des orthophonistes, kinésithérapeutes, rééducateurs divers. Enfermé dans sa spécialité,

1. O. Mannoni, intervention à la réunion de travail d'octobre 1966 sur la pédagogie des psychotiques.

il demeure sourd à ce qui se passe dans l'Institution, il croit pouvoir y travailler comme en dispensaire, mais ne se rend pas compte qu'il fait partie là plus qu'ailleurs des rouages d'un système qu'il est bien forcé d'interroger. C'est un fait que la dimension analytique en séance est plus difficile à sauvegarder en Institution qu'à l'extérieur. Ici, l'enfant pris entre le jeu de ballon individuel, le dessin avec la dame orthophoniste, la dame psychologue, l'entretien réglementaire avec le médecin-chef, ne sait plus toujours de quoi il vient parler chez l'analyste : de quoi parler ? à qui parler ? Le problème se pose d'une façon très nette dans les cas de névrose. Une psychanalyse individuelle en Institution n'est donc possible que si les structures de base de l'Établissement sont d'abord repensées. Ces positions ont été défendues par Daumezon dès 1936, reprises par Bonnafé, Fouquet en 1944. Les thèses de Tosquelles et d'Oury ont reçu, d'autre part, de multiples développements [1]. Notre visée est ici bien plus modeste. Notre préoccupation n'est pas tant de rendre l'Institution thérapeutique par elle-même, que de faire en sorte que le travail effectué dans la cure ne soit pas défait dans l'Institution, parce que les structures ou leur absence se rapprochent trop des structures familiales psychosantes. Nous avons rendu compte ailleurs [2] d'un éclairage analytique concernant l'Institution. Ce que nous cherchons à dégager ici, c'est la *situation* du pédagogue telle qu'une certaine approche analytique arrive à nous la faire découvrir. Notre champ d'étude est très limité : il entend ne cerner que la pédagogie spécialisée s'adressant à un type d'enfants rebelles à toute scolarisation normale. La position traditionnelle basée sur des critères d'adaptation, l'adaptation étant donnée comme une fin en soi, constitue de par sa visée même l'obstacle majeur auquel nous nous heurtons. Devant les difficultés rencontrées avec le psychotique, le pédagogue constate la faillite de ses repères théoriques. Ce sont ces repères (et l'enseignement qui lui a été dispensé) qu'il met alors en question. En quête d'autres repères, il interroge la psychanalyse.

C'est la croyance à l'origine physiologique de troubles psychiques

1. Cf. thèses de G. Michaud, Aymé, Racine, Colmin, etc.
2. Maud Mannoni, Bilan en E. M. P., in nº spécial de la revue de *neuropsychiatrie infantile*, appendice 2 du présent volume.

qui a donné ses bases médicales à la pédagogie. Dans cette perspective, les techniques éducatives visent essentiellement à réaliser des apprentissages de compensation qui suffiraient à une adaptation relative. C'est l'éducateur qui naturellement *désire* ce degré d'adaptation relative et le détermine. Il croit tenir compte des besoins et des intérêts de l'enfant, sans se douter que ces besoins et intérêts sont avant tout les siens (en tant qu'adulte). Il prête à l'enfant sa propre représentation du monde de l'enfance, ignorant bien souvent ce qui en lui risque d'être mis en cause dans son affrontement au psychotique. Il peut en résulter une méconnaissance de l'enfant en tant que sujet d'une parole ou d'un désir. C'est là que l'apport de l'analyse peut amener l'éducateur à repenser tout son mode d'être avec le psychotique. Sa réponse « juste » à l'enfant ne peut se faire qu'à partir de la façon dont lui, l'adulte, se sent d'une certaine façon impliqué dans le symptôme. Les techniques pédagogiques usuelles ne sont pas opérantes avec le psychotique. Apprendre le renvoie à un danger : celui d'être pris en tant que corps morcelé dans la dialectique de l'adulte. Aliéné comme sujet, le psychotique se présente successivement comme bouche à nourrir, anus à remplir. Il provoque une pure relation de maternage et se fige dans une forme de corps-à-corps. Le problème qui se pose alors à l'adulte c'est de savoir comment faire entrer l'enfant dans l'ordre du désir. Comment lui faire dépasser l'étape d'une demande stéréotypée, incessamment renouvelée ?

C'est dans une position où l'adulte va pouvoir, lui, renoncer à formuler des demandes directes qui mettent en jeu le corps de l'enfant qu'une situation *non duelle* va se créer, laissant au *désir* la possibilité de naître entre l'éducateur et l'enfant. Encore faut-il pour que la situation se structure, que le désir puisse être symbolisé, c'est-à-dire que quelque chose s'organise par rapport à une parole et permette chez l'enfant la création du discours inconscient avec ses effets de sens. Dans la relation habituelle de l'enfant psychotique à l'éducateur, on le voit « faire ceci », « faire cela » sans que jamais il puisse donner un sens au message de l'adulte. C'est cette *aliénation imaginaire* qu'il importe justement de dépasser (ceci, bien sûr, est surtout l'affaire du psychanalyste dans la conduite de la cure, mais il peut être notablement aidé par le milieu, c'est-à-dire la *parole* dans laquelle l'enfant se trouve pris).

Lorsque l'Institution est entièrement centrée sur l'enfant, ce dernier risque de se sentir piégé dans ses demandes. En effet, le psychotique plus qu'aucun autre enfant a besoin que l'éducateur s'intéresse à autre chose que lui. Pour cela, tout l'art est d'arriver à diriger le désir de l'enfant vers autre chose que l'adulte lui-même [1]. Les éducateurs notent, pour illustrer ce repli sur soi, la facilité avec laquelle l'enfant psychotique (lorsqu'il n'est pas complètement enfermé dans son autisme) *imite* ce que « fait » un camarade, n'importe lequel. Il va d'une imitation à l'autre, d'un masque à l'autre. Il n'y a pas d'entrée véritable dans une forme d'identification structurante. Pour entrer dans une telle possibilité d'identification, l'enfant doit pouvoir se distinguer de l'autre. L'enfant psychotique n'établit pas cette distinction. Il demeure très dépendant d'un désir de toute-puissance maternelle. Lorsqu'il nous parle, ou bien il nous situe en lui, ou bien il donne une parole qui n'est pas la sienne. Il ne s'agit pas là, comme on serait tenté de le croire, d'un problème de *communication,* mais du rapport même de l'enfant au langage. C'est là que doit être étudié le sens du message adulte qui « passe » ou « ne passe pas ». Le malentendu adulte-enfant est, dans les cas de psychose, toujours radical, car l'adulte en tant qu'Autre est bel et bien rayé par l'enfant. Nous assistons aux effets produits chez l'éducateur par cette forme d'annulation. Ces effets se traduisent dans une parole. C'est bien à partir d'une parole que l'enfant à son tour mène le jeu. « Je suis perdue », affirme *Carole* au moment où l'éducateur nous dit : « On n'y arrivera jamais. » Nous sommes là face à une crise de l'enfant *et* de l'adulte. La compréhension de ce qui est en jeu dans cette situation permet à l'éducateur de trouver non seulement le mot juste, mais aussi de ne pas répéter avec l'enfant un type de conduite parentale (en l'occurence, ne plus lui renvoyer le mot de sa mère : « Tu me pousses à bout », ce qui ne faisait qu'augmenter la violence de l'enfant aux prises avec l'angoisse suscitée par ses fantasmes meurtriers).

1. C'est là que réside l'intérêt de l'apport de techniques éducatives comme celles de Freinet, étudiées et appliquées notamment par F. Oury, Aïda Vasquez (thèse sur *la Pédagogie institutionnelle,* juin 1966). Consulter aussi *vers une pédagogie institutionelle,* Maspero, janvier 1967.

De vivre en Institution l'aventure que constitue la « scolarisation » d'enfants handicapés, nous a amenés à repenser tout le problème de l'apprentissage scolaire en fonction de la nature des obstacles rencontrés. Le rôle massif joué par l'interrelation des difficultés de l'enfant avec l'effet qu'elles causent dans l'inconscient de l'adulte, met l'accent sur l'importance des facteurs psychologiques dans toute démarche pédagogique. Nous nous sommes aperçus que la place de la psychanalyse en Institution n'était pas seulement du côté des cures des enfants (elles pourraient n'être réservées qu'aux cas sévères), elle est surtout du côté de l'écoute analytique à apporter à l'éducateur. Du temps doit pouvoir être consacré aux adultes qui sont les supports de l'angoisse de l'enfant. Ceci réduit d'ailleurs les risques de crises dépressives et crises de dépersonnalisation dans le milieu d'éducateurs, trop souvent exposés dans leur être (sans la protection que confère une analyse personnelle) à l'agressivité, l'apathie d'un certain type d'enfants. L'analyste peut donner à l'éducateur une compréhension qui lui permet d'ajuster son dire à une situation dont le sens lui échappait dans la mesure où il s'y trouvait impliqué autrement qu'il ne le savait.

Dans cette perspective, nous assistons à la *transformation* que va subir la pédagogie dès qu'elle quitte le milieu traditionnel. Cette transformation, elle la subit dès l'instant où elle prend place dans un discours collectif avec la présence d'un analyste. Mais cela suppose la mise en place préalable d'une structure institutionnelle. Si cette mise en place n'a pas été faite en accord total avec l'administration, on risque l'échec de l'expérience. Dans ce discours qui se tient dans l'Institution, quelque chose va se jouer au niveau d'un remaniement de l'être. L'éducateur aux prises avec un travail difficile et ingrat comprend le bénéfice qu'il tire d'un tel type de relations. Il en arrive à acquérir une véritable maîtrise dans sa fonction.

Mais cela ne suffit pas. L'Institution ne se réduit pas aux analystes et aux éducateurs et on découvre que ce qui s'y joue, c'est le drame de l'Œdipe. Elle a à l'organiser. Lorsqu'elle échoue, c'est que les structures mises en place ont failli (par leur insuffisance) à permettre une maîtrise technique des situations émotionnelles engendrées par une forme de libération des adultes ou des enfants dans l'Institution. Dans une réforme de structure administrative qui met en jeu les implications personnelles de chacun, on ne peut *faire semblant* « d'institutionnaliser ». La pleine accession du personnel enseignant à une forme de maîtrise personnelle, oblige l'administration à jouer elle aussi le jeu (c'est-à-dire à repenser sa fonction en tenant compte d'une Institution voulue non figée). Les systèmes hiérarchiques traditionnels, comme Jean Oury nous l'a montré à plusieurs reprises [1], entretiennent une forme de dépendance privilégiant un type de rapports très particuliers, où tout se centre sur la demande à l'autre et la demande de l'autre. Cette structure-là maintient une forme de relation masochique et engendre des passages à l'acte qui toujours ont leurs effets auprès des enfants. Lorsqu'une position analytique correcte est introduite dans un établissement, la question d'une demande d'analyse personnelle se pose à plus ou moins brève échéance pour une partie du personnel. Dans cette évolution il est impossible d'avoir une administration qui demeure *isolée,* à l'écart d'une transformation qui touche l'ensemble des adultes de la maison. En restant isolée, elle va provoquer dans l'Établissement même un noyau de résistance qui va créer une insécurité dans le personnel et interférer fâcheusement sur l'évolution même des psychothérapies. La parole « libérée » de l'enfant et des éducateurs, si elle ne peut être reprise à un même niveau d'échanges ailleurs, engendre un blocage qui provoque dans le monde adulte des passages à l'acte.

Il y a évidemment, dans ce souci apporté à la mise en place correcte d'une Institution, *une part d'utopie.* En tant qu'analystes, nous savons que le sujet est toujours *ailleurs* que là où il se présente dans sa responsabilité et son adaptation. Ce n'est que dans une cure individuelle qu'il est possible de l'interpeller d'une façon véritable. Les structures institutionnelles les mieux rôdées gardent toujours un caractère d'artifice, elles cherchent à nier qu'elles portent en elles-mêmes la dimension de l'impossible. Il n'en demeure pas moins que lorsque a été introduite dans une Institution cette position analytique, *il n'est plus possible aux éducateurs* de travailler

1. Jean Oury, intervention à une réunion de travail sur les problèmes institutionnels, 1er décembre 1966.

dans des conditions différentes. Le bénéfice qu'ils en tirent peut se comparer aux effets d'une analyse personnelle. Nous ne voulons pas dire qu'une réorganisation institutionnelle peut dispenser d'analyses personnelles — et cependant, on ne peut manquer d'être frappé en voyant combien dans cette forme de discours collectif, à travers certains blocages, on assiste au surgissement de la parole authentique.

L'éducateur comprend de lui-même qu'il doit situer le psychotique dans *un style de vie* avec une gamme variée d'investissements. *C'est là que s'arrête la pédagogie* [1]. Ce que l'on visera avec le psychotique, c'est non l'apprentissage, mais l'intégration de l'enfant dans une réalité de la vie institutionnelle (balayage, cuisine, vaisselle, courses, marché), et des rencontres entre enfants à partir de fonctions communes entreprises. La demande de l'éducateur ne visera plus l'enfant, mais le rouage de travail dans lequel il va se trouver pris. Une certaine souplesse dans la conduite va pousser l'adulte à suivre certains enfants dans ce qu'ils cherchent à faire *ailleurs* que là où la demande de l'adulte les fixe. Les découvertes du pédagogue avec ce type d'enfants (relevant de *soins* avant toute possibilité de scolarité) se situent toujours du côté de ce que l'enfant *n'arrive pas à faire* [2]. Ce à quoi il faut être attentif, c'est ce que l'enfant apporte quand l'adulte ne s'y attendait pas.

Plus nous avançons dans notre travail en Institution, plus nous demeurons persuadés que l'efficacité de la présence analytique dans un établissement ne se situe ni au niveau de la pure conduite des cures individuelles, ni au niveau d'un prétendu « dialogue » avec les éducateurs. Il s'agit d'introduire au niveau de l'*Institution* une position analytique, à partir de laquelle l'éducateur pourra être lui-même en mesure de faire ses propres découvertes. Psychanalyste et pédagogue n'ont pas à s'instituer comme deux ouvriers collaborant *autour d'un même objet,* mais comme *gardiens* du fonctionnement correct de l'Institution. C'est à partir de là que l'éducateur peut enseigner et le psychanalyste penser à ses cures individuelles. Dans une Institution, psychanalyse et pédagogie ne doivent pas

1. Ginette Michaud, intervention à une réunion du 1er décembre 1966 sur les problèmes institutionnels.

2. O. Mannoni, *Itard et son sauvage,* in *les Temps Modernes,* octobre 1965.

coexister en tant que disciplines différentes, coexister à côté de la kinésithérapie, de l'orthophonie, de la psychomotricité, réalisant ainsi le morcellement de l'enfant à travers des spécialités multiples. La psychanalyse dans un Établissement n'a de sens que si elle peut se tenir d'un lieu où l'éclairage analytique va permettre de modifier le dire pédagogique lui-même. Freud avait naturellement été confronté à cette même question en dehors de tout problème institutionnel. Il voyait et disait que la tâche de l'éducateur et celle de l'analyste sont de nature différente, mais il n'entrevoyait pas d'autre solution pour faire bénéficier l'éducateur des avantages de l'analyse que de le soumettre lui-même à une analyse personnelle. C'est évidemment une solution, mais onéreuse au point d'être pratiquement inapplicable — et dans une Institution, on découvrirait bientôt que c'est à tous ceux qui y participent qu'il faudrait appliquer la même mesure, sans compter cette difficulté supplémentaire qu'une analyse n'est valable que si elle *est demandée*. En tout cas, de cette position de Freud, il résulte qu'il ne s'agit en aucune façon de transformer l'éducateur en analyste. Les fonctions sont au départ, comme on l'a vu, radicalement différentes. Freud voulait simplement en faire un *analysé*. Si nous croyons pouvoir renoncer à cette exigence, nous ne renonçons pas aux effets que, dans une Institution, l'éclairage latéral apporté par l'analyse peut provoquer utilement.

Ces questions n'ont pas été assez étudiées. Il ne s'agit pas de psychothérapie collective, ni d'analyse de groupe, mais de quelque chose de plus subtil qu'un analyste est amené à sentir quand il travaille en Institution et dont il est obligé de tenir compte, car il le rencontre toujours *d'abord* sous la forme désagréable d'obstacle, de résistance ou de demandes agressives.

Bibliographie

Karl Abraham, *Rêve et Mythe* (1907-1914), Payot, trad. de Ilse Barande et Élisabeth Grin.

— *Les Différences psychosexuelles entre l'hystérie et la démence précoce, Œuvres complètes,* Payot, 1908.

Louis Althusser, *Freud et Lacan,* in *Nouvelle Critique,* janvier 1965.

P. Aulagnier, *Essai d'approche d'une conception psychanalytique des psychoses,* cours à Sainte-Anne, 1964, inédit.

— *Sur le concept d'identification,* cours à Sainte-Anne, 1964, inédit.

— *Remarques sur la structure psychotique,* in *La Psychanalyse,* nº 8.

John Apley et Ronald Mac Keith, *The child and his symptoms,* Blackwell Scientific Publications, Oxford, 1962.

Georges Amado, *Douze ans de pratique médico-pédagogique,* in *La Psychiatrie de l'enfant,* nº IV.

Didier Anzieu, *Étude psychanalytique des groupes réels,* in *Les Temps modernes,* juillet 1966.

Nathan W. Ackerman, *Family Psychotherapy,* in *American Journal of Psychotherapy,* vol. XX, nº 3, july 1966.

Jenny Aubry, *La Carence des soins maternels,* in *Éditions de la Parole,* 1965 (1re édit. 1955, P.U.F.).

— *Pédiatrie psychosomatique à l'hôpital des Enfants malades, service de J. Aubry,* in *Revue de médecine psychosomatique,* 1963 (tome 5), nº 4.

— *Médecine psychosomatique chez l'enfant du 1er âge à l'hôpital,* in *Médecine psychosomatique,* Paris, 1965.

— *La Relation du rééducateur du langage et de l'enfant : journées des centres psycho-pédagogiques,* 19-20 mai 1966.

Jenny Aubry et R. Bargues, *Les Facteurs psychologiques de l'hospitalisation,* in *Probl. act. Pédiat.,* vol. 9, p. 151-153 (Karger-Bâle/New York, 1965).

L. Binswanger, *Existence,* Basic Books, 1958.

W. R. Bion, *Language and the schizophrenic,* in *New Directions in psychoanalysis,* 1954.

E. Bleuler, *Dementia praecox oder Gruppe der Schizophrenien,* Deuticke, Leipzig Vienna, 1911.

— *Dementia praecox or the group of schizophrenias,* International Universities Press, New York, 1966, trad. de Joseph Zinkin.

M. Bleuler, *Eugen Bleuler's conception of schizophrenia, an historical sketch, Bull. Isaac Ray. méd. Libr.,* I 47 60 34.

E. Buxbaum, *Technique of child psychotherapy,* in *Psychoanalytic study of the child,* vol. IX.

Dorothy Burlingham, *Simultaneous analysis of mother and child,* in *Psychoanalytic study of the child,* vol. X.

Bruno Castets, *L'Enfant nounours,* in *Annales médico-psychologiques,* t. I, 124e année, n° 5, p. 649-676.

R. Diatkine et C. Stein, *Les Psychoses de l'enfant,* in *Évolution psychiatrique,* avril 1958.

F. Dolto, *Hypothèses nouvelles concernant les réactions de jalousie à la naissance d'un puîné,* in *Psyché,* nos 7, 9, 10, Paris, 1947.

Erik H. Erikson, *A neurological crisis in a small boy* in *Childhood and Society,* Norton & Cie, New York, 1963.

— *Childhood and tradition,* in *Psychoanalytic study of the child,* vol. I.

H. Ey, *L'Inconscient* (6e colloque de Bonneval), Desclée de Brouwer, 1966.

Faergeman, *Psychogenic Psychoses,* Butterworths, London, 1963.

Michel Foucault, *Les Mots et les Choses,* Gallimard, 1966.

— *Histoire de la Folie,* Plon, 1961.

Anna Freud, *Le Traitement psychanalytique des enfants,* P.U.F., 1951, trad. de E. Rochet et Anne Berman.

— *Le Moi et les Mécanismes de défense,* P.U.F.

S. Freud, *Lettres à Fliess,* 1887-1902, P.U.F., 1956.

— *L'Homme aux rats.*

— *Analyse d'une phobie chez un garçon de 5 ans.*

— *Dora.*

— *L'Homme aux loups,* in *Cinq psychanalyses,* P.U.F., 1954.

— *Further remarks on the defence neuropsychoses, Collected Papers,* vol. I.

— *Dreams and Occultism, lecture* 30, vol. 22, *Stand-édition,* 1932.

— *The poet and daydreaming, Collected Papers,* vol. IV.

— *Outline of psychoanalysis,* in *International Journal of psychoanalysis,* XXI.

— *History of psychoanalytic movement,* in *Collected Papers,* vol. I, 1914.

— *Au-delà du principe du plaisir,* in *Essais de psychanalyse,* Payot.

— *A general selection;* Rickmann), Hogarth Press, 1937.

— *Mourning and Melancolia,* in *Collected Papers,* vol. IV, 1917.

— *Preface to Aichhorn's Wayward Youth,* in *Stand. edition,* vol. 19.

S. Freud, *Science des rêves,* Club français du livre.

Selma H. Fraiberg, *Clinical notes on the nature of transference in child analysis, in Psychoanalytic študy of the child,* vol. VI.

A. Green, *L'Objet* (a) *de J. Lacan, sa logique et la théorie freudienne,* in *Cahiers pour l'analyse,* n° 3.

Glover, *Examination of the Klein syštem,* in *Psychoanalytic študy of the child,* vol. I.

L. Grinberg, *Psycopatologia de la identificacion y contraidentificacion proyeċtivas y de la contraferencia,* in *Revišta de psycoanalysis,* Buenos Aires, t. XX, n° 2, abril-junio 1963.

Ilse Helman, *Simultaneous analysis of mother and child,* in *Psychoanalytic študy of the child,* vol. XV.

Mary Hayworth edit., *Child Psychotherapy,* Basic Books, 1964.

A. Hesnard, *L'Œuvre de Freud et son importance pour le monde moderne,* Payot, Paris, 1960.

Luce Irigaray, *Communication linguištique et communication spéculaire,* in *Cahiers pour l'analyse,* n° 3.

Kanner, *Child Psychiatry,* Springfield, III, 1935.

Mélanie Klein, *Les Origines du transfert,* in *Revue française de psychanalyse,* janvier 1952.

— *The Œdipus complex in the light of early anxieties,* in *Contributions to psychoanalysis,* Hogarth Press, 1948.

— *The Psychotherapy of psychoses* (1930), in *Contributions to psychoanalysis.*

— *Notes on some schizoid mechanisms,* in *Developments in psychoanalysis,* Hogarth Press, 1952.

— *Mourning, its relation to manic-depressive štates,* in *Contributions to psychoanalysis,* Hogarth Press, 1948.

— *Our adult world and other essays,* Heinemann, 1963.

— *La Psychanalyse des enfants,* P.U.F., 1959, trad. de J.-B. Boulanger.

M. Klein, P. Heiman, R. M. Kyrle, *New Direċtions in psychoanalysis,* Tavištock, 1955.

E. Kraepelin, *Psychiatrie,* Barth, Leipzig, 1896, 5e édit.

Sara Kut, *Changing pattern in the analysis of an eleven year old girl,* in *Psychoanalytic študy of the child,* vol. VIII.

J. Laplanche & S. Leclaire, *L'Inconscient,* in *Les Temps modernes,* 1961.

J. Lacan, *Situation de la psychanalyse et formation du psychanalyšte en 1956,* in *Écrits,* Éditions du Seuil, Paris, 1966, p. 459.

— *Les Complexes familiaux dans la formation de l'individu,* in *Encyclopédie française sur la vie mentale,* t. VIII.

— *La Relation d'objet et les štruċtures freudiennes,* Séminaire de textes freudiens, 1956-1957, compte rendu de J.-B. Pontalis, in *Bulletin de psychologie.*

J. Lacan, *Les Formations de l'inconscient,* Séminaires de textes freudiens, 1957-1958, compte-rendu de J.-B. Pontalis, in *Bulletin de psychologie.*

— *Le désir et son interprétation,* Séminaire, 1958-1959, inédit.

— *La Direction de la cure et les principes de son pouvoir,* in *Écrits,* p. 585.

— *La Causalité psychique,* in *Écrits,* p. 151.

— *D'une question préliminaire à tout traitement possible de la psychose,* in *Écrits* p. 531.

— *La Parole et le Langage en psychanalyse,* in *Écrits,* p. 237.

— *Intervention à la XIVe conférence des psychanalystes de langue française,* in *Revue française de psychanalyse,* janvier 1952.

R. D. Laing, *The self and the others,* Tavistock, 1961.

— *The divided self,* Tavistock, 1960.

Laing & Esterson, *Sanity, madness and the family,* Tavistock, 1964.

J.-L. Lang, *L'Abord psychanalytique des psychoses chez l'enfant,* in *La Psychanalyse,* nº 4.

S. Lebovici & Joyce Mc Dougall, *Un cas de psychose infantile,* P.U.F., 1960.

S. Leclaire, *A la recherche des principes d'une psychothérapie des psychoses,* in *Évolution psychiatrique,* avril 1958.

Lucien Malson, *Les enfants sauvages, mythe et réalité,* collection 10-18.

O. Mannoni, *Rêve et Transfert,* in *La Psychanalyse,* vol. 5.

— « *Je sais bien... mais quand même* », in *Les Temps modernes,* janvier 1964.

— « *Itard et son sauvage* », in *Temps modernes,* octobre 1965.

A.-A. Pichon Rivière, *Quelques considérations sur le transfert et contre-transfert en psychanalyse d'enfants,* in *Revue française de psychanalyse,* janvier-juin 1952.

Psychiatric ideologies and institutions, in *The free Press of Glencoe,* Collier Macmillan Ldt, London, 1964.

Emilio Rodrigue, *The Analysis of a three year old mute schizophrenic,* in *New Directions in psychoanalysis,* Tavistock, 1954.

Herbert Rosenfeld, *Notes on the psychoanalysis of the superego conflict in an acute schizophrenic patient,* in *New Directions in psychoanalysis,* Tavistock, 1954.

G. Rosolato & D. Widlocher, *Karl Abraham, lecture de son œuvre,* in *La Psychanalyse,* vol. IV.

A. H. Stanton & Morris S. Schwartz, *Mental Hospital,* in *Basic Books,* New York, 1954.

Thomas Szasz, *Le Mythe de la maladie mentale,* in *Médecine et Hygiène,* 1962, Genève.

— *Psychiatry in public schools,* in *Teachers College record,* vol. 66, nº 1, 1964.

David Shakow & David Rapaport, *The influence of Freud on american psychology,* in *International Universities Press,* 1964.

M. Safouan, *Le phallus dans le rapport mère-enfant,* inédit.

A.-L. Stern, *Qu'est-ce que consulter pour un enfant ?,* Journées d'études des centres psycho-pédagogiques, mai 1966.

V. Smirnoff, *Un certain savoir ou quelques propos sur le IIe congrès international de psychiatrie,* Zurich, 1957, in *La Psychanalyse,* vol. IV.

Symposium of Child Analysis, july 1927, *International Journal of psychoanalysis.*

M.-A. Sechehaye, *Introduction à une psychothérapie des schizophrènes,* P.U.F., 1954.

F. Tosquelles, *Introduction au problème du transfert en psychothérapie institutionnelle,* in *Revue de psychothérapie institutionnelle,* no 1.

— *Pédagogie et Psychothérapie institutionnelles,* in *Revue de psychothérapie institutionnelle,* nos 2 et 3.

— *La Pratique du maternage thérapeutique chez les débiles mentaux profonds,* Jean-Louis Aupetit éditeur, 1966.

J.-P. Valabrega, *Aux sources de la psychanalyse,* in *Critique,* mai 1956.

Aïda Vasquez & F. Oury, *Vers une pédagogie institutionnelle,* Maspero, janvier 1967.

A. de Waelhens, *Crise de la psychanalyse,* in *Critique,* mars 1958.

D. W. Winnicott, *Psychoanalysis and the sense of guilt in maturational processes and the facilitating environment,* Hogarth Press, 1955.

Adolf G. Woltman, *Varieties of play techniques in child psychotherapy,* Basic Books, 1964.

Index analytique *

* Je remercie Marie-Antoinette Poisson d'avoir bien voulu se charger de la confection de l'index.

Index des cas cités

(cas suivis par l'auteur).*

Index des auteurs cités

Table

IMPRIMERIE HÉRISSEY À ÉVREUX (11-90)
DÉPÔT LÉGAL : 4e TR. 1974. Nº 3457-6 (53111)

Collection Points

DERNIERS TITRES PARUS

145. L'Évangile au risque de la psychanalyse (tome 2)
par Françoise Dolto
146. Rhétorique générale, *par le Groupe μ*
147. Système de la mode, *par Roland Barthes*
148. Démasquer le réel, *par Serge Leclaire*
149. Le Juif imaginaire, *par Alain Finkielkraut*
150. Travail de Flaubert, *ouvrage collectif*
151. Journal de Californie, *par Edgar Morin*
152. Pouvoirs de l'horreur, *par Julia Kristeva*
153. Introduction à la philosophie de l'histoire de Hegel
par Jean Hyppolite
154. La Foi au risque de la psychanalyse
par Françoise Dolto et Gérard Sévérin
155. Un lieu pour vivre, *par Maud Mannoni*
156. Scandale de la vérité, *suivi de* Nous autres Français
par Georges Bernanos
157. Enquête sur les idées contemporaines
par Jean-Marie Domenach
158. L'Affaire Jésus, *par Henri Guillemin*
159. Paroles d'étranger, *par Élie Wiesel*
160. Le Langage silencieux, *par Edward T. Hall*
161. La Rive gauche, *par Herbert R. Lottman*
162. La Réalité de la réalité, *par Paul Watzlawick*
163. Les Chemins de la vie, *par Joël de Rosnay*
164. Dandies, *par Roger Kempf*
165. Histoire personnelle de la France, *par François George*
166. La Puissance et la Fragilité, *par Jean Hamburger*
167. Le Traité du sablier, *par Ernst Jünger*
168. Pensée de Rousseau, *ouvrage collectif*
169. La Violence du calme, *par Viviane Forrester*
170. Pour sortir du XXe siècle, *par Edgar Morin*
171. La Communication, Hermès I, *par Michel Serres*
172. Sexualités occidentales, Communications 35
ouvrage collectif
173. Lettre aux Anglais, *par Georges Bernanos*
174. La Révolution du langage poétique, *par Julia Kristeva*
175. La Méthode
2. La vie de la vie, *par Edgar Morin*
176. Théories du symbole, *par Tzvetan Todorov*
177. Mémoires d'un névropathe, *par Daniel Paul Schreber*
178. Les Indes, *par Édouard Glissant*

179. Clefs pour l'Imaginaire ou l'Autre Scène
par Octave Mannoni
180. La Sociologie des organisations, *par Philippe Bernoux*
181. Théorie des genres, *ouvrage collectif*
182. Le Je-ne-sais-quoi et le Presque-rien
3. La volonté de vouloir, *par Vladimir Jankélévitch*
183. Le Traité du rebelle, *par Ernst Jünger*
184. Un homme en trop, *par Claude Lefort*
185. Théâtres, *par Bernard Dort*
186. Le Langage du changement, *par Paul Watzlawick*
187. Lettre ouverte à Freud, *par Lou Andreas-Salomé*
188. La Notion de littérature, *par Tzvetan Todorov*
189. Choix de poèmes, *par Jean-Claude Renard*
190. Le Langage et son double, *par Julien Green*
191. Au-delà de la culture, *par Edward T. Hall*
192. Au jeu du désir, *par Françoise Dolto*
193. Le Cerveau planétaire, *par Joël de Rosnay*
194. Suite anglaise, *par Julien Green*
195. Michelet, *par Roland Barthes*
196. Hugo, *par Henri Guillemin*
197. Zola, *par Marc Bernard*
198. Apollinaire, *par Pascal Pia*
199. Paris, *par Julien Green*
200. Voltaire, *par René Pomeau*
201. Montesquieu, *par Jean Starobinski*
202. Anthologie de la peur, *par Éric Jourdan*
203. Le Paradoxe de la morale, *par Vladimir Jankélévitch*
204. Saint-Exupéry, *par Luc Estang*
205. Leçon, *par Roland Barthes*
206. François Mauriac
1. Le sondeur d'abîmes (1885-1933), *par Jean Lacouture*
207. François Mauriac
2. Un citoyen du siècle (1933-1970), *par Jean Lacouture*
208. Proust et le Monde sensible, *par Jean-Pierre Richard*
209. Nus, Féroces et Anthropophages, *par Hans Staden*
210. Œuvre poétique, *par Léopold Sédar Senghor*
211. Les Sociologies contemporaines, *par Pierre Ansart*
212. Le Nouveau Roman, *par Jean Ricardou*
213. Le Monde d'Ulysse, *par Moses I. Finley*
214. Les Enfants d'Athéna, *par Nicole Loraux*
215. La Grèce ancienne, tome 1
par Jean-Pierre Vernant et Pierre Vidal-Naquet
216. Rhétorique de la poésie, *par le Groupe μ*
217. Le Séminaire. Livre XI, *par Jacques Lacan*
218. Don Juan ou Pavlov
par Claude Bonnange et Chantal Thomas